｜光明社科文库｜

全域旅游发展技术导论

李柏文　　王成志◎ 编著

光明日报出版社

图书在版编目（CIP）数据

全域旅游发展技术导论 / 李柏文，王成志编著 . --

北京：光明日报出版社，2020.2（2022.4 重印）

ISBN 978 - 7 - 5194 - 5619 - 1

Ⅰ.①全… Ⅱ.①李…②王… Ⅲ.①旅游业发展—

研究 Ⅳ.①F590.3

中国版本图书馆 CIP 数据核字（2020）第 023392 号

全域旅游发展技术导论
QUANYU LÜYOU FAZHAN JISHU DAOLUN

编　　著：李柏文　王成志

责任编辑：陆希宇	责任校对：周春梅
封面设计：中联学林	特约编辑：田　军
责任印制：曹　净	

出版发行：光明日报出版社

地　　址：北京市西城区永安路 106 号，100050

电　　话：010-63139890（咨询），010-63131930（邮购）

传　　真：010 - 63131930

网　　址：http://book.gmw.cn

E - mail：gmrbcbs@ gmw.cn

法律顾问：北京市兰台律师事务所龚柳方律师

印　　刷：三河市华东印刷有限公司

装　　订：三河市华东印刷有限公司

本书如有破损、缺页、装订错误，请与本社联系调换，电话：010-63131930

开　　本：170mm×240mm			
字　　数：278 千字		印　　张：17	
版　　次：2020 年 2 月第 1 版		印　　次：2022 年 4 月第 2 次印刷	
书　　号：ISBN 978 - 7 - 5194 - 5619 - 1			
定　　价：95.00 元			

前　言

习近平总书记指出：哲学社会科学研究要立足中国特色社会主义伟大实践，提出具有自主性、独创性的理论观点，更好地用中国理论解决中国实践。全域旅游是中国进入大众旅游时代后，旅游业自身的一种深刻颠覆与变革而形成的一种新的旅游发展观、新的旅游发展模式和未来旅游可持续发展的方式。它是中国对改革开放四十多年旅游业发展的深刻总结，以及对当前及未来一个时期中国旅游业处于或将长期处于大众化和散客化旅游时代而做出的科学研判，是中国旅游业发展战略的再定位，是中国旅游业发展理念、方式转变的分水岭，具有里程碑式的意义。截至 2015 年年末，中国 A 级景区总量达 7951 家，游客接待量达到 37.77 亿人次，其中全年国内旅游人次超过 40亿，景区容量已经出现"天花板效应"，景点式有限供给与大众化无限需求之间矛盾凸显。当前以大众化、散客（自助）化、全域化为特征的巨量旅游需求与景点式、团队式、线性供给模式之间发生了严重的错配。因此，亟需从供给侧重构旅游产业体系，建立适应旅游全域化发展的现代旅游产业体系和旅游经济体系。

历经 3 年来的政府主导和市场化推动，全域旅游正在从概念到理念，从理念到理论，从理论转变成中国生动的全域旅游实践，并且迸发出强大的市场生命力。截至目前，国家全域旅游示范区创建单位达到 505 家，包括浙江、山东、河北、陕西、贵州、海南、宁夏等 7 个省（区），91 个市（州），407个县（市），覆盖全国 31 个省区市和新疆生产建设兵团，总面积 180 万平方千米，占全国国土面积的 19%，总人口 2.56 亿，占全国人口的 20%。尤其值得关注的是一些未进入示范区创建单位名单的地方也在积极探索试点旅游产业集群、产业融合（旅游＋）、全县（镇）景区、大旅游等类似的全域旅游实践活动，一些地方甚至还在探索跨区域的全域旅游区建设。全域旅游实现了星火燎原之势，将对中国经济社会的发展发挥积极而深远的影响。习总书记在宁夏视察时赞赏：发展全域旅游，路子是对的，要坚持走下去。李克强总理在首届世界旅游发展大会上指出：探索全域旅游，推动一、二、三产业融合发展。在2017年、2018年和2019年政府工作报告中均把"全域旅游"作为一项重要任务。国务院发布的《"十三五"旅游业发展规划》明确了"以转型升级、提质增效为主题，以推动全域旅游发展为主线"。2018年国务院出台了《关于促进全域旅游发展的意见》。在文化和旅游部的机构改革中，发展全域旅游已经成为其重要的工作内容和职责。由此可见，全域旅游已经上升为一项国家发展战略，形成了中国旅游业中长期发展的定力。

全域旅游既具有旅游业转型升级的工具价值，是旅游自身提质增效、可持续发展的新方式，也具有国家战略价值，是新常态下"稳增长、调结构、增就业、惠民生"的新力量，这是历史赋予当代旅游人和中国旅游业的巨大战略机遇。当前，中国各地因地制宜，大胆创新，突出地域特色，探索符合自身实际的全域旅游发展模式，形成了百花齐放、百家争鸣、精彩纷呈的良好局面，彰显了全域旅游旺盛的生命力。但另一方面，全域旅游的发展过程中也出现了认知偏差、理论滞后、盲目发展、低水平重复建设、过度投资、特色不突出等一系列问题。因此，未来需要探索全域旅游发展规律，对共性的内容形成模块，以指导各地全域旅游的发展。在体制机制、多规合一、全域旅游数据中心、智慧旅游等模块，形成技术规范或操作手册。这就需要政府或行业协会对全域旅游实施分类、分区和分级管理和业务指导。本书旨在总结各地发展经验与教训，提高全社会对全域旅游的认知，强化全域旅游发展共识，为中国全域旅游实践提供最为直接的参考，冀望管控风险，推动中国全域旅游科学健康发展，助力全面小康社会的建设和中华民族的伟大复兴。

本书之所以命名为全域旅游发展技术导论，主要是因为本书撰写的视角是基于国家和地方全域旅游发展的相关标准，并总结吸收了国内数百家创建单位的经验与成果，同时结合旅游理论知识指导地方全域旅游发展的具体实践。本书能够顺利付梓得益于近几年来专注、热爱和呵护全域旅游事业的学术团队，他们既有扎实而专业的理论知识背景，也有丰富的多地区全域旅游工作实践。各章节承担作者分别为第一章王成志、陈晓芬、王娜；第二章李柏文、王娜、王莉莉；第三章李柏文、王尧；第四章王成志、王永琴；第五章李柏文、王莉莉；第六章王林生、李柏文；第七章杨秀奇、王成志；第八章王成志、贾贵鹏、李谢文；第九章王成志、闫婷；第十章李柏文、张迎迎。第十一章王成志；第十二章李柏文、胡光宇；第十三章李柏文、张美英。全书由李柏文、王成志和杨秀奇完成统稿。本书也得益于国家旅游主管部门、地方旅游主管部门的领导与同行，里面记录了一些地方的全域旅游发展典型做法、经验和亮点以及他们的与我们交流中未发表的观点。相关案例与相关知识链接均为根据新闻报道、课题研究等相关资料整理而来。本书受北京市一流专业旅游管理建设资金资助。在此一并致以敬意与谢意。

目 录
CONTENTS

第一章

全域旅游发展的背景与意义

第一节　全域旅游发展背景

一、全面小康社会即将到来

"小康社会"是邓小平同志于 20 世纪 70 年代末 80 年代初在规划我国经济社会发展蓝图时提出的战略构想。党的十八大提出五大发展理念和全面小康社会的新要求，最终建成的小康社会不是单方面的、个别领域的小康，而是全方位的、覆盖各领域的小康。党的十九大提出"决胜全面建成小康社会，开启全面建设社会主义现代化国家新征程"，新时代全面建成小康社会，不仅要解决人民群众对物质产品的需要，还要更好地满足其在政治、文化、社会、生态等方面的需要。我国全面小康社会建设，必将伴随大众旅游的崛起。2016 年，国内游达 47 亿人次，人均出游率达到 3.6 次，旅游已经成为大众消费品。大众旅游时代，有限的景点供给与无限的需求之间的供需矛盾成为我国旅游业发展的主要矛盾之一。发展全域旅游将成为应对我国全面小康社会大众旅游需求的新方式和新出路。反过来，推进从景点旅游转向全域旅游转变将极大地丰富国民的精神文化生活，促进公民文明素质和社会文明程度提高，以及提高乡村地区公共服务水平，促进城乡公共服务均衡化发展，因此全域旅游将成为推动全面小康社会的重要产业工具之一。

二、中国经济进入新常态

习近平总书记于 2014 年首次系统阐述了"新常态"，其主要表现：一是从高速增长转为中高速增长；二是经济结构不断优化升级，第三产业消费需求逐步成为主体，城乡区域差距逐步缩小，居民收入占比上升，发展成果惠及更广大民众；三是从要素驱动、投资驱动转向创新驱动。为此"要从当前中国经济发展的阶段性特征出发，适应新常态"。新常态将给中国旅游业带来前所未有的新的发展机遇：发展全域旅游对冲其他传统产业的下滑。在实践中，旅游业开启了全域旅游模式之后，全域旅游消费与投资成为热点领域，极大地提振了消费市场，对中国经济起到了"对冲"的作用，发挥了全国经济稳定器的功能。2016 年，中国国内、入境和出境旅游三大市场旅游人数 47 亿人次，旅游消费规模 5.5 万亿元；全国旅游业实际完成投资 12997 亿元，同比增长 29%，比第三产业和固定资产投资增速分别高 18 个百分点和 21 个百分点，比房地产投资增速高 22 个百分点。发展全域旅游有利于优化中国供给侧改革，通过"旅游＋"发挥"一业兴、百业旺"的巨大综合带动作用和高质量引领作用，极大地促进了农业、交通、水利等相关行业供给侧改革、创新和升级，开拓了其他产业的发展空间，提升了其他产业的发展质量。全域旅游贯通消费、流通与生产全领域，有助于推动中国经济"三去一降"和"脱虚入实"。全域旅游成为中国经济发展的新动能，发挥了对经济的助推器、对产业结构的转换器的作用。

三、国家战略密集实施

中国经过 40 年的改革开放，已经形成了先进的发展理念体系和完备的国家战略体系，全域旅游与国家发展理念和诸多战略高度契合。发展全域旅游与党的十八届五中全会提出"创新、协调、绿色、开放、共享"五大发展理念在内涵上具有高度一致性。全域旅游与我国"美丽中国、健康中国、生态文明建设"等重大国家战略具有天然的兼容性和互补性。全域旅游业的发展将推动农业产业化进程，丰富新的产业形式，拓展信息技术的应用领域，推动中国新型城镇化和乡村振兴进程。发展全域旅游也是美丽中国的主窗口，健康中国建设的重要平台和生态文明建设的主阵地。发展全域旅游还能够促进这些国家战略在一定的区域内统筹协调发展，推动国家战略互动与融合发展，产生国家战略实施的叠加效应。

四、国际旅游竞争日趋激烈

西方发达国家进入后工业化社会后，各国旅游在经济社会发展中的作用不断增强，纷纷把旅游作为推动经济发展和国家软实力的重要力量。例如，日本政府于 2003 年推出"观光立国战略"，2006 年日本国会通过了《观光立国基本法》。安倍首相上任后，亲自担任"推进观光立国阁僚会议"议长和"日本未来的观光发展构想会议"议长。美国前总统奥巴马于 2012 年 1 月签署关于实施《国家旅行和旅游战略》的总统令，开始实施美国国家旅行和旅游战略。此外，韩国制定战略性观光旅游产业培养方案，法国实施旅游质量计划，西班牙、德国、英国、俄罗斯、巴西、印度、南非等许多国家也优先发展旅游业，全球旅游竞争已经白热化。近年来，我国入境旅游增长乏力，相反出境旅游则高速增长。根本原因在于国内旅游产业规模巨大，但是全域型旅游产品和旅游目的地供给不够，旅游中高端化不够，产品质量不高，特别是优质旅游产品和全域型目的地供给不足，与世界旅游发达国家还存在较大的差距。因此，有必要实施全域旅游发展战略，促进旅游业供给侧的全域化创新与升级，从而有效应对国际旅游竞争，促进出境旅游消费的回流，促进旅游服务出口贸易，提振入境旅游市场。

第二节　发展全域旅游的意义

发展全域旅游对旅游业自身的发展，对其他产业的发展以及对区域经济、社会、生态和文化的发展均具有重要的意义。

一、实现旅游业可持续发展

中国旅游业通过 40 多年的发展，基本实现了我国旅游业的"从无到有，从小到大"，走完了景点旅游发展阶段。与此同时，也形成了旅游业的发展对景区、对门票的高度依赖。基于景点有限供给和大众化无限需求之间的主要矛盾，从旅游发展规律上需要尽快实现从景点旅游到全域旅游的转变，降低旅游发展对景区和门票的依赖，这关乎旅游业转型升级、提质增效和可持续发展。全域旅游是对景点旅游的继承与创新，是景点旅游的升级版。通过发展全域旅游来突破"景点旅游陷阱"是中国旅游业未来 40 年乃至更长时期内，实现旅游业可持续发展的最佳选择。此外，全域旅游也为旅游资源数量不多和品质一般，甚至缺乏旅游资源的地区提供了一种旅游发展的可能，也就是能够提供"绿水青山、蓝天白云""特色文化、生活方式"等全域旅游资源的地方也有可能成为全域型旅游目的地。由此可见，全域旅游的可持续性一方面体现在发展模式的转换，另一方面体现在生态的可持续性。

二、构建生态环境保护新格局

党的十八大提出，建设生态文明是关系人民福祉、关系民族未来的长远大计。习近平总书记在中共中央政治局第四十一次集体学习时指出，推动形成绿色发展方式和生活方式，正确处理经济发展和生态环境保护的关系，像保护眼睛一样保护生态环境，像对待生命一样对待生态环境，让良好生态环境成为人民生活的增长点、成为经济社会持续健康发展的支撑点、成为展现中国良好形象的发力点，让中华大地天更蓝、山更绿、水更清、环境更优美。旅游作为现代社会的一种资源节约型、环境友好型的绿色产业，一旦实现全域化发展将有利于推动在广大旅游活动区域形成绿色发展方式和生活方式，构建科学适度有序的国土空间布局体系、绿色循环低碳发展的产业体系，形成产业生态环保新格局①。

全域旅游产业生态环保功能主要在于以下几个方面：首先，全域旅游示范区与限制开发区、禁止开发区等生态敏感区有不少重叠，全域旅游有利于这些区域的保护式开发，能够较好地解决保护地保护资金、居民生计等问题。其次，全域旅游有利于调优工业生产空间，推动区域生产空间优化，丰富新型工业业态，促进工业生态化发展。再次，全域旅游有利于调优农业生产空间，提高农业生产的附加值，促进农业生态化发展。最后，全域旅游有利于提升生活空间和文化空间的生态性，倡导绿色生活方式。总之，通过持续推进全域旅游的发展，全域旅游将成为主体功能区中主要的资源利用方式和途径，甚至极有可能成为一种新的国土功能区划方式，为大众百姓创造一个优质的绿色旅游休闲区域。

三、减贫致富的中坚力量

发展旅游扶贫门槛低、投资少、见效快、就业容量大、参与程度高，是

---

① 产业生态环保：利用绿色生态低碳产业替代污染型产业，提高绿色产业比例和扩大绿色产业空间，从而从产业层面上实现对生态系统的更好保护。

"造血式"扶贫，是一种有尊严的长效扶贫，兼具物质和精神"双扶贫"功能。全国贫困人口7000多万人，旅游扶贫占全国扶贫任务的10%左右，达746万。可见，旅游是名副其实的脱贫攻坚生力军。全域旅游对中国欠发达地区既是经济发展新模式，同时也是一种"面上"的扶贫，发展全域旅游会更加在全域范围内凸显、巩固和放大旅游业的减贫致富效应。与景点旅游相比，全域旅游扩大了对贫困人口的覆盖率和扶贫人口规模，提高了旅游扶贫的有效性。首先，通过在贫困地区发展全域旅游可以有效改善城乡基础设施，促进大城市人口有序向乡村旅游地区流动，促进现代农业、物流运输、餐饮酒店、创意设计、文化演艺、贸易展览等其他产业在贫困地区集聚，推动就地就近就业和就地市民化。其次，旅游扶贫也是精神文化扶贫，全域旅游除了在更大范围上帮助群众脱贫致富，还能在全社会中引导群众扶志增智，既能改变旅游乡村地区的生产生活环境，又能提升群众的综合素质，提升农村整体文明程度。最后，发展全域旅游已成为东部地区乡村和郊区普通民众致富、实现城市文明和乡村文明融合、提高居民文明素质、加快城市郊区从传统生活方式向现代生活方式转变的重要产业工具。

四、推动区域发展的新模式

在经济新常态下，由于旅游需求的持续旺盛、旅游市场规模的持续扩大，特别是中国自改革开放以来，旅游业一直保持着持续、高位增长，产业规模不断壮大，对相关产业和社会经济的整体贡献也大幅提高。2017年度旅游业对全国GDP的综合贡献为9.13万亿元，占GDP总量的11.04%；旅游业为2825万人直接提供就业，其中旅游直接和间接就业7990万人，占全国就业总人口的10.28%，已经发展成为国民经济重要的战略性支柱产业。因此，旅游业带动区域经济的能力越来越强，发展全域旅游越来越被地方政府所接受和采纳，越来越多的地区通过全域旅游这条路，探索区域经济社会发展的新路径。全域旅游的本质是以旅游产业推动或服务于区域经济社会的发展，对于经济欠发达地区全域旅游是发展的动力产业，对于经济发达地区全域旅游是生产性服务业产业，主要与其他产业互动融合发展，提高其他产业发展质量，优化区域经济结构，美化人们的生活内容和方式。例如，全域旅游已经成为中西部地区县域经济发展的重要模式，云南丽江、四川九寨沟、湖南张家界等地区旅游业对国民经济的贡献值均已超过50%，全域旅游成为这些地方未来发展的必由之路。全域旅游已经成为东北老工业基地转型升级的重要选择。在东北地区，一些矿产资源塌陷区已变成美丽的湖泊，矿产遗址已变成美丽的酒店和遗址公园。全域旅游能够统筹东部地区城市空间、生产空间和生态空间，也是一项重要的民生工程。

五、营造美好旅居生活方式

旅游发展的根本目的在于增加国民个人与家庭的幸福感，而旅游是一种典型的幸福产业和快乐产业，2016 年李克强总理提出旅游、文化、体育、健康、养老"五大幸福产业"，旅游被列为五大幸福产业之首。正如《马尼拉世界旅游宣言》中所言"人类旅游在 20 世纪末已经由原来精英旅游发展到人人能够参与的、具有普遍意义的大众旅游阶段，旅游不仅已经完全融入人们的社会生活，而且在人们生活中发生的频率越来越高，地位越来越重要，已经真正成为人类生活不可缺少的重要组成部分"。全域旅游最终是一种新的主客和谐共处、共建和共享的旅居生产方式和生活方式。发展全域旅游可以加快乡村居民从传统生活方式向现代生活方式转变。发展全域旅游将会极大地扩大老百姓的出游空间，为老百姓提供多元化的旅游选择，推动景区价格理性回归，大幅提升老百姓的出游意愿、出游频率和降低出游成本，全面提高国民旅游福利，提高百姓生活的幸福指数。可以预见，全域旅游将成为中国大众旅游时代的一种主流的旅游方式，将引领中国新时代的生产方式、消费方式和消费时尚。

第三节　全域旅游的国家战略价值

全域旅游的意义和影响远远超越旅游业本身，其发展关乎我国经济发展新动力，关乎国计民生和建设全面小康，也关乎两个百年目标和中华民族伟大复兴的实现。

一、践行"五大发展理念"的产业平台

发展理念是发展行动的先导。在党的十八届五中全会上，习近平总书记系统论述了"创新、协调、绿色、开放、共享"五大发展理念。它丰富发展

了中国特色社会主义理论，是全面建成小康社会的行动指南和实现"两个一百年"奋斗目标的思想指引。全域旅游业与"五大"理念高度兼容，是落实和实践"五大"理念的良好平台。全域旅游是对发展理念和模式的创新，它拓展了区域旅游新空间，培育了旅游市场的新主体和消费新热点，形成了旅游发展的新动力，并形成现代旅游业的新体系和现代旅游经济新体系。全域旅游业是推动协调发展的有效工具。全域旅游是一种流量经济形态，有利于促进关联产业协同发展和高质量发展，促进城乡要素流动并统筹城乡发展，优化国民经济结构。全域旅游业的发展将为我国生态敏感地区和乡村旅游资源富集地区提供一种百姓生存和生态保护、利用、开发的兼容发展新模式，为国民创造更多的绿色财富和生态福利，把生态环境转变为生态资本。全域旅游打破区域和行政区划，打破各种制约因素，实现旅游产业一体化发展，具有空间开放、产业开放、市场开放等特征，是一个开放的平台型经济系统。全域旅游也是一种共享经济形态，通过共建共享旅游基础设施、旅游公共服务和旅游公共产品，将释放旅游业综合带动效应，主客共享旅游发展红利，共建共享美丽生态环境和美好旅居生活，从而提升老百姓的生活质量。

二、乡村振兴的重要产业支撑

乡村是兼具生产、生活、生态、文化等多重功能的自然、社会、经济特征的地域综合体。它与城镇互促互进、共生共存，共同构成人类活动的主要空间。习近平总书记在党的十九大报告中指出："农业农村农民问题是关系国计民生的根本性问题，必须始终把解决好"三农"问题作为全党工作的重中之重，实施乡村振兴战略。"乡村振兴的总体目标是"产业兴旺、生态宜居、乡风文明、治理有效、生活富裕"，这与乡村地区全域旅游发展的目标高度一致。事实上，乡村旅游的全域化发展是全域旅游的重点，全域旅游的使命就是利用旅游产业推动一个地方社会、经济、生态、文化等多位一体的包容性增长。与其他产业相比，全域旅游资源涉及面大、资源消耗少、带动力强、就业容量大、综合效益高，是乡村地区经济社会发展最佳的产业选择之一。全域旅游的极化和扩散效应将成为新型城镇化和乡村振兴的产业动力，极大地推动乡村地区的旅游城镇化进程。全域旅游能够建立城乡交换渠道，促进城乡一体化发展。全域旅游也将有效推进农村"六小工程"和"三改一整"①，极大地提高乡村地区基础设施水平，改善农村生态环境和卫生环境。全域旅游也会促进乡村开放，有利于开拓村民视野和培养现代意识，提高村民整体文化素质和文明程度，培育一支适应乡村振兴的现代新型农民队伍。

三、建设"健康中国"重要阵地

健康是人类生存和发展的根本需求，是经济社会发展的基础条件，是衡量社会文明进步和社会总体发展水平的重要指标，因此它是广大人民群众的共同追求。根据党的十八届五中全会精神，我国编制了《"健康中国 2030"规划纲要》，计划到 2030 年，促进全民健康的制度体系更加完善，健康领域发展更加协调，健康生活方式得到普及，健康服务质量和健康保障水平不断提高，健康产业繁荣发展，基本实现健康公平，主要健康指标进入高收入国家行列。到 2050 年，建成与社会主义现代化国家相适应的健康国家。全域旅游在健康中国建设过程中可以发挥独特的作用，通过"旅游+健康"所形成的旅游健康产业，能够向人们提供最直接的健康服务和产业支撑。旅游业态与针灸、推拿、药浴、食疗、食养、意疗、刮痧、敷贴等中医药手段的融合，可形成康养旅游、养生度假、度假养老、康复旅游等复合型的中医药旅游健康产业。全域旅游与健身休闲运动相融合，形成冰雪、山地、水上、汽摩、航空、极限、马术等具有消费引领特征的运动康体旅游产业。全域旅游也把倡导健康文明的全域型旅居生活方式作为行业社会责任，引导人民群众通过旅游来促进身心健康。因此全域旅游的全社会影响力和全方位的融合力与带动力，将推动健康产业的"旅游化"发展，并创新旅游健康产业的产品和业态，形成具有中国特色的健康旅游产业体系，助力健康中国的建设。

四、建设美丽中国的助推器

中国共产党第十八次全国代表大会提出"美丽中国"的概念，强调把生态文明建设放在突出地位，融入经济建设、政治建设、文化建设、社会建设各方面和全过程。2017 年，习近平总书记在十九大报告中指出："加快生态文

---

① 六小工程：游客中心、购物店、停车场、垃圾站、指示牌、医务室；三改一整：改水、改厨、改厕，整理院落。

明体制改革，建设美丽中国"。旅游活动本质上是一个创造美、发现美和审美的过程。旅游业是绘制美丽的过程，是美丽经济、美丽产业，为人们创造出美丽的环境，让每个地方变得更加美丽。全域旅游践行"绿水青山、蓝天白云、冰天雪地"就是最好的全域旅游资源的理念，树立生态环境就是旅游产品，就是吸引物，就是旅游竞争力的全域旅游发展观。它强调全域生态化发展，培育绿色产业，倡导绿色消费，推动全社会培育和践行生态文明理念，是建设美丽中国的助推器，将成为展示美丽中国的主要载体和重要窗口。

五、全面深化改革的试验田

党的十八届三中全会提出全面深化改革，并描绘了全面深化改革的新蓝图、新愿景和新目标。2017 年，习近平同志在十九大报告中指出："必须坚持和完善中国特色社会主义制度，不断推进国家治理体系和治理能力现代化，坚决破除一切不合时宜的思想观念和体制机制弊端，突破利益固化的藩篱，吸收人类文明有益成果，构建系统完备、科学规范、运行有效的制度体系，充分发挥我国社会主义制度优越性。"全域旅游是推进旅游综合改革和创新发展的平台和载体，改革创新是全域旅游的前提和动力。从旅游产业内部来看，推进全域旅游首先通过体制机制创新建立党政领导机制，创新"两个综合机制"，即旅游综合管理体制机制和旅游综合执法体制机制，形成适应大众旅游时代的全域旅游管理体制机制，探索旅游主导型区域发展新模式和新路径。从外部来看，全域旅游产业关联国民经济中的 128 个相关产业，是一个关联带动性极强的产业，通过全域旅游改革创新极有可能对我国全面深化改革形成"牵一发而动全身"引爆效应，从而成为推动我国全面深化改革的利器。全域旅游所面临的问题也是关系改革全局的深层次问题在旅游业中的反映。例如，旅游用地对一些红线划法的突破、全域旅游对产业融合和部门共建共管等制度的创新。这些制度性制约来自旅游业外部，在全域旅游发展过程中解决这些限制对中国社会经济的全面深化改革具有极大外部效应和示范引领作用。

六、促进其他产业高质量发展

中国共产党第十九次全国代表大会首次提出中国经济由高速增长阶段转向高质量发展阶段。2018 年政府工作报告围绕着高质量发展提出了深度推进供给侧结构性改革等 9 个方面的部署。全域旅游可以极大地提高产业发展质量，主要表现在两个方面。一是全域旅游助推其他产业的供给侧改革，推动中国产业优化、升级或转型发展。发展全域旅游的核心是推动产业融合发展，通过"旅游＋"和"＋旅游"的形式，与农业、林业、工业等产业融合发展，消化、替代或更新旧的产能，形成各行各业的新产能，并引导新需求，这既扩大了中国需求总量，又调整了产业结构。例如，"旅游 ＋ 信息"，将旅游业培育为信息化最典型的前沿产业，极大地拓展了信息产业的应用领域；"旅游 ＋ 交通"，推动交通服务设施的升级并开拓旅游公路建设新领域。二是全域旅游对传统产业具有"整合和改造"作用，能够推动中国其他产业深度发展。全域旅游与互联网等技术产业不同，技术产业主要是为其他经济形态"提供服务"，具有较强的"工具性"，所形成经济体的独立性较差。而全域旅游则兼具"实体性和独立性"，它融合其他产业形态使之变为自己的产业内容。全域旅游对国民经济的最大贡献在于对传统产业的"整合和改造"，并且这种整合和改造不是"工具性的"而是"融合性的"：全域旅游把其他产业直接变成旅游的对象和内容，为其他产业带来就地消费市场，为其他产业提供营销平台、提升社会形象，打通相关产业或部门的经济联系，实现多产业的一体化发展。全域旅游通过与其他产业的互动、带动、耦合或融合，可推动其他产业深度发展，对缓解中国其他产业发展不充分、不协调等问题具有巨大的实践价值。

第二章

全域旅游基础知识

国际旅游发展规律表明一个国家或地区的人均国内生产总值超过 5000 美元，旅游业进入大众消费阶段。目前，我国人均国内生产总值已超过 7000 美元，表明我国旅游业进入大众旅游时代。我国应对大众旅游的主要策略就是开启全域旅游发展模式。从景点旅游模式成功转型为全域旅游模式关系到我国旅游业可持续发展以及千千万万旅游从业者的就业机会。经济新常态为全域旅游的发展提供了历史契机，在传统产业下滑的背景下，全域旅游业逆势增长，对冲传统产业下行趋势。可以预见，随着"两个一百年"目标的推进，未来 30 年我国产业调整、经济转型、现代快速交通的出现和旅游自主消费习惯的形成将成功地把全域旅游业推进战略机遇期。

第一节 发展全域旅游的必然性

全域旅游是我国旅游业可持续发展的必由之路。首先，全域旅游是旅游业发展的内在规律所致，当前旅游生产力已经突破景区范围、突破行业范围、突破部门范围和突破区域范围，需向景区外、行业外、部门外和区域外寻求新的发展空间，这就需要不断改变旅游生产关系以适应旅游生产力的需求。其次，全域旅游是一种发展理念、一种发展思想和一种旅游发展观，是一种统筹整合景区内外、行业内外、部门内外、城乡之间、区域内外旅游资源，调动多种主体、多种力量和多种积极性来发展旅游的发展观。最后，发展全域旅游是信息化时代、高科技时代背景下旅游业主营业务转型的必然要求，旅游接待由团队游为主转变为以散客游为主，这需要旅游行业对既有的旅行社以团队为主的旅游组织接待方式向以在线旅游企业为主的散客旅游接待方式变革。因此，旅游主营业务内容变了，这要求组织管理方式也要变革。

一、旅游需求侧发生深刻变化

现代人的生活方式、旅游活动方式和旅游组织接待方式都发生了很大变化，对旅游目的地的功能需求、空间需求和类型需求也发生了深刻变化。随着世界旅游交流日益深入，入境游客除了对中国历史文化资源和名山大川感兴趣之外，更加关注旅游环境和气候条件，也更倾向于与当地人进行深入的交流与交往，不仅期望深入体验社会化的旅游内容，例如，乡村、社区、学校等，更重视对一个地方风土人情、生活方式、居民素质等的感受和体验。随着小康社会的到来，中国人民群众生活品质的提高，对一个地方的旅游需求，已经不单单是景区、景点传统观光内容，也不满足于旅行社、酒店、景区等传统旅游吸引物或传统旅游要素，而是日益关注社会化旅游资源、旅游新业态以及对旅游目的地的综合需求。

二、旅游供给侧变革以求生存

需求侧的深刻变化必然导致供给侧变革以求生存。现阶段中国传统的景点式旅游供给模式已经不适应全域化的旅游需求，也不适应全面小康社会对旅游消费的需求。我国旅游产业进入了一个深度调整和深刻变革期。一是景点旅游的边际效益下降，中国景点旅游已经产生了天花板效应，发展潜力和空间不足。旅游产业在新的时期急需拓展发展空间，形成新的产能。而全域旅游恰恰能开辟我国新时期的旅游发展新空间，开辟旅游业发展的第二战场，因此它关系到未来30年中国旅游业发展的出路和持久动力。二是中国旅游供给滞后于大众化和全域化的旅游需求，主要表现在全域化需求与景点式的供给、散客化旅游与团队供给模式、自助化旅游与线路供给模式之间发生了严重的错配。三是旅游业的核心业务形式发生了深刻的变化，游客散客化和自助化导致旅行社和导游等核心业务被削弱，在线旅行服务商逐步取代传统旅行社。散客化也导致了对旅游公共服务的供给要求越来越高。四是旅游核心竞争力由景点竞争转向旅游目的地的综合竞争。

为此需要推动旅游业调整与变革，推动旅游业从行业管理向党政统筹和社会治理转变，推进形成现代旅游治理的新体系；推动旅游产品和产业的转型升级，构建现代旅游产业体系；推动旅游业从单一景区向综合目的地建设转型，从门票经济向产业经济转型，建设现代旅游经济体系。唯其如此，才能解放和发展生产力，不断开拓旅游业发展的新境界，从而为地区经济社会可持续发展发挥更加重要的作用。

案例链接：

北京全域旅游的诞生与发展

　　北京市是全域旅游思想早期探索和理论创新的重要发源地之一。2005 年平谷提出全域无围栏大公园的构想，2008 年，延庆千家店镇提出"镇景合一"发展理念。2011 年，延庆在全国率先提出建设"'县景合一'国际旅游休闲名区"的发展目标，将全县按照景区标准进行谋划。2012 年，北京市作为全国首个省一级"全国旅游综合改革试点城市"，提出用全域旅游思维和全域旅游发展思想建设世界一流的旅游城市。2016 年 2 月 1 日，北京市的昌平区、平谷区、延庆区被原国家旅游局确定为首批全域旅游示范区创建单位。2016 年 11 月 3 日，门头沟区、怀柔区被原国家旅游局确定为第二批全域旅游示范区创建单位。

第二节　全域旅游的概念与特征

一、基本内涵与界定

　　只有正确把握全域旅游业的内涵，才能科学发展全域旅游。全域旅游首先需要旅游生产要素突破景区障碍、行业障碍、部门障碍、区域障碍等，在全域范围内自由流动和优化配置，从而提高全行业的全要素生产率。其次，全域旅游极大地推动了旅游生产力和旅游生产关系相适应、旅游经济基础和旅游上层建筑相协调，并主导区域社会经济发展，而不再以传统的农业、工业等为主导产业。最后，全域旅游目的地的社会形态发生了变化，形成了一种新型的旅居社会，它是以旅居民和为旅居民服务为主，而不是像农业社会和工业社会都是以定居民为主。因此，全域旅游的内涵是在一定区域范围内通过促进旅游要素充分自由流动和优化配置，提高全要素生产率，释放旅游生产力，构筑和谐旅居社会为目标的旅游主导型区域包容性发展思想与模式。

它包含四层含义：以旅游生产为主，形成了旅居社会形态，区域内要素自由流动，并能带动区域全面发展。也可以总结为"一个内涵，两个外延"，一个内涵就是全域旅游是一种新的区域发展理念，两个外延就是"旅游驱动区域发展"或"旅游辅助区域发展"两种基本的发展模式。

从政府的视角来看，全域旅游是指在一定区域内，以旅游业为优势产业，通过对区域内经济社会资源尤其是旅游资源、相关产业、生态环境、公共服务、体制机制、政策法规、文明素质等进行全方位、系统化的优化提升，实现区域资源有机整合、产业融合发展、社会共建共享，以旅游业带动和促进经济社会协调发展的一种新的区域协调发展理念和模式①。

国家全域旅游示范区就是以地方行政区为范围，以"全域旅游"理念打造的并经过文化和旅游部验收的全新的旅游目的地，在全国范围内具有示范推广的价值。原国家旅游局先后公布 2 批国家全域旅游示范区创建名单：2016 年 2 月公布首批国家全域旅游示范区创建名录，共计 262 个。2016 年 11 月公布第二批国家全域旅游示范区创建名录，共计 238 个。此后又先后增加宁夏、河北、山东、陕西、贵州、浙江等 6 个省级旅游示范区，这样截至 2018 年国家全域旅游示范区的总数达到 506 家。全域旅游示范区创建成功之后将成为名副其实的全域旅游目的地，成为一个旅游相关要素配置完备、能够最大限度地满足游客体验需求的综合性、整体性、一体化的旅居目的地。

二、全域旅游发展观与发展维度

（一）全域旅游发展观

全域旅游发展观包括以下几个层面：一是全域旅游动力观。旅游发展的动力由党政、旅游部门、行业与旅游相关的行业、部门、游客等利益相关者共同推动促进全域旅游的发展，以及区域旅游合作发展，实现由"小马拉车"向"多马拉车"的转变。二是全域旅游空间观。不仅包括传统的景区（点）旅游，以及由此而形成的旅游线路或旅游网络空间，更包括能够旅游化的园区、社区、村镇和城区等具备旅游消费条件的非典型景区空间场所。三是全域旅游资源观。不仅包括山水与人文景观资源，同时扩张到社会资源和环境资源，以及在社会发展与产业融合中形成的新的产业资源，等等。四是全域

---

① 李金早. 全域旅游大有可为 [EB/OL]. (2016 – 02 – 09).

旅游产品观。依托全域旅游资源而开发出来的非典型性旅游产品，具有无围墙、免（低）门票、大范围、社会化活动或生活化的内容和依托创意或科技的文化创意内容。五是全域旅游服务观。全域旅游更加强调旅游公共服务能力，不断提高旅游公共服务的覆盖率和有效性，旅游服务的主体不仅仅局限于从业人员，也包括本地涉旅的居民甚至官员。六是全域旅游市场观。全域旅游既要满足传统观光旅游市场，突破以往只重外地客源市场和观光市场的局限，重点发展主客共享的休闲度假市场，更要创造更有吸引力的新旅游生活方式。七是全域旅游治理观。旅游由行业管理向社会化治理转变，管理的主体由行业部门向党政转变，旅游综合协调与统筹能力增强。

（二）全域旅游发展维度

全域旅游发展的框架包括以下八个方面：一是政府。全域旅游建立"党委领导、政府推动、部门联动、社会参与"的全域旅游发展机制，吸引党政、部门力量和社会力量参与到旅游业的发展中来，形成旅游发展合力。二是旅游资源。全域旅游更加重视非典型性旅游资源的开发，强调社会资源旅游化和旅游资源社会化，全面挖掘自然旅游资源、人文旅游资源、社会旅游资源和环境旅游资源，甚至将整个目的地作为旅游资源。三是旅游要素。不仅满足游客在"厕、吃、住、行、游、购、娱"传统基本要素的体验需求，同时注重信息、科技、金融等现代旅游要素，丰富"文、商、养、学、闲、情、奇"等新型产品与业态的供给。四是旅游产业。不但要壮大旅游产业本身，使得旅游在整个目的地产业结构中具有产业首位度，更要通过旅游与工业、农业、房地产、商业等产业融合，来推动这些产业与旅游业的共同发展，形成产业生态群落和更大的跨产业经济循环。五是旅游服务。强调旅游公共服务，从游客进入目的地到离开目的地的过程中，保证公共服务能够覆盖游客旅游活动空间，并且能够让游客易于接触，有获得感。六是旅游时空。实现旅游景区（点）内向景区外延伸，无限逼近"处处是风景，时时可旅游"的全域旅游理想。七是旅游市场。要把居民作为内部游客，把游客视为内部居民，形成主客共游的市场格局，把刺激内需和扩大外需相结合，区域内外市场、国际国内市场统筹兼顾。八是旅居社会。广泛吸引目的地的居民参与旅游业服务、经营等活动，实现全社会共建共享。最终形成"城区即景区、社区即景区"的一元化旅游空间；"游客即居民、居民即游客"的一元化旅游市场；"人人为旅游、旅游为人人"的一元化旅游共同体。

案例链接:

安徽全椒县"全域景区化"

安徽全椒县围绕"全域景区化"目标，注重体验、突出个性，逐步形成四季有花赏、四季有采摘、四季有美食、四季有民俗的"四有"旅游内涵。一是美食诱人，二是文化留人，三是生态醉人，四是运动引人。

安徽池州市创新顶层设计

安徽池州市在全省率先组建文化旅游产业专家咨询委员会。一是构建顶层设计＋三年行动计划与实施方案＋产业专项规划＋多规融合导则的"1＋3"规划体系，推动全域旅游规划与城市总体规划、土地利用规划等规划的"多规融合"。二是坚持补齐短板，树立人人皆游客的新导向。按照城市即景区、游客即市民的理念，完善旅游基础设施和公共服务体系。坚持把城市当景区建，在城市规划中充分吸纳旅游要素，构建滨江环湖、组团发展的城市框架，保留绿色生态开敞空间，绿道、水道实现有机连接。三是坚持彰显特色，提升天天好心情的新境界。四是坚持创新融合，瞄准行行加旅游的新方向。

三、全域旅游发展指标要求

原国家旅游局先后五次提出发展全域旅游的基本条件，形成了政府心目中的全域旅游总体构想。其中有六条最为核心的指标：一是有适应全域旅游发展的综合管理体制与机制，二是有核心吸引物，三是具有较高的经济贡献率，四是有对区域产业的综合带动效应，五是对社会发展具有贡献作用，六是目的地旅游环境有显著提高。这些指标从不同的角度反映了国家对全域旅游发展的要求，但更重要的是因地制宜，特色化发展，探寻适合自身的发展路径或模式。

相关知识链接:

旅游主管部门对全域旅游主要指标认知的变化过程

第一次是在《关于开展"国家全域旅游示范区"创建工作的通知》中提出四个条件：一是旅游对当地经济和就业的综合贡献率达到一定水平；二是建立旅游综合管理和执法体系；三是厕所革命及其他公共服务建设成效明显；四是建成旅游数据中心。

第二次是原国家旅游局在《关于公布首批创建"国家全域旅游示范区"

名单的通知》中提出"旅游业率先实现当地经济贡献率15%和新增就业贡献率20%，率先实施'1+3'旅游综合管理体制和综合执法模式，旅游厕所建设率先达标，旅游数据中心率先建成"作为国家全域旅游示范区的基本条件。

第三次是在编制《全域旅游工作指南》时较为系统地提出十条：一是建立党政主导下的全域旅游领导机制。建立党政统筹推进的旅游领导协调机制，设立旅游委或类似综合协调管理机构。二是建立起旅游综合执法机制。设立旅游警察、旅游巡回法庭、工商旅游分局或类似功能机构等。三是旅游资源相对富集，旅游产业有一定的成熟度。市级全域旅游示范区应当有4个以上5A级景区（或8个4A级景区或相当旅游景区）；县级全域旅游示范区应当有1个以上5A级景区（或2个4A级景区或相当旅游景区）；同时满足60%以上达到3A级景区。旅游产业GDP综合贡献率达到15%以上，旅游新增就业占当年新增就业的20%以上，年游客接待人次达到本地常住人口数量10倍以上。四是旅游扶贫绩效良好。全域旅游示范区内贫困村的旅游受益面达到1/3以上（即涵盖建档立卡贫困户的1/3以上），帮助40%以上的贫困人口脱贫。五是旅游可进入性和交通服务良好。全域旅游示范区内80%以上的村寨和景区实现村村通和村景通旅游公路，达到四级公路标准，开通旅游巴士。六是厕所革命及其他公共服务建设成效明显。全域旅游示范区旅游厕所应当实现对游客集散中心、景区、绿道驿站、乡野公园等旅游场所全覆盖；城区临街、临景的单位厕所向游客开放共享。旅游厕所应当达到《旅游厕所质量等级的划分与评定》三星级以上。七是旅游安全有保障，市场秩序良好。旅游文明安全有序，无安全一般以上事故发生，没有恶性或群体性的旅游市场事件，没有黄赌毒、三俗等旅游不文明现象。没有破坏生态环境和自然文化遗产现象。投诉率应当在5‰以内，整体游客满意度、居民满意度水平均达到80%以上。八是建立起能全面反映旅游综合贡献的统计体系。建立与全域旅游相适应的大旅游统计指标体系（建议出台相关标准或办法），设立旅游数据中心，建议出台数据中心建设方案，构建数据统计体系。九是旅游信息化程度较高。实现移动网络和Wi-Fi对游客集散中心、景区、绿道驿站、乡野公园以及宾馆饭店、旅游景区等旅游场所的全覆盖，并提供线上导航导游、旅游预报预警、导游预约平台等线上信息服务。十是有一支较高素质的旅游人才队伍。旅游从业人员专科以上学历达到30%以上；有稳定的导游队伍和导游预约平台；每年提供3次以上的培训机会；有专门人员负责和推动乡村旅游人才的引进和培养工作。

第四次是在《国家全域旅游示范区验收细则》（征求意见稿）中提出新十条：一是要求把旅游业作为地方经济社会发展战略性支柱产业，并在经济社会发展规划、城乡建设规划、土地利用规划、基础设施建设规划以及综合性支持政策、重大项目建设等方面得到体现。二是从体制机制的角度要求党政统筹、部门联动的全域旅游领导协调机制健全，旅游综合管理体制改革到位。三是从吸引物与品牌的角度要求具有不少于 1 个国家级旅游吸引物或旅游目的地品牌，包括 5A 级旅游景区、国家级旅游度假区、国家生态旅游示范区、国家级旅游改革创新先行区、国家边境旅游试验区等。四是从创新与突破的角度要求有不低于 1 项在全国产生重要影响的创新性示范，或解决地方旅游业发展长期瓶颈问题的重大突破性举措。五是从产品产业体系的角度要求旅游产品提质增效效果突出，旅游产业结构合理，旅游接待要素健全。六是从产业融合角度旅游融合发展成效显著，具有不少于 4 处旅游＋典型融合业态，形成不少于 4 处产业集聚区和不少于 2 个特色旅游村镇。七是从公共服务的角度要求旅游公共服务体系健全，智慧化、便捷化、规范化、社会化水平高，厕所革命成效全国领先，自驾游、自助游设施完备。八是从品牌影响的角度要求旅游品牌形象鲜明，市场感召力强，游客年均增长幅度不低于10%。九是从市场秩序的角度要求旅游综合监管制度体系完善，旅游投诉处理机制健全，旅游市场秩序好。十是从安全文明的角度要求近三年内未发生下列事件：较大及以上级别生产安全事故；重大生态环境、文化旅游资源等破坏事件；被上级部门通报处理，或严重损坏旅游者权益，产生重大负面影响的其他事件。

第五次是在《国家全域旅游示范区验收、认定和管理实施办法》（试行）中提出八条：一是体制机制。建立党政统筹、部门联动的全域旅游领导协调机制，旅游综合管理体制改革成效显著，运行有效。旅游治理体系和治理能力现代化水平高，具有良好的旅游业持续健康发展的法制环境。二是政策保障。旅游业作为地方经济社会发展战略性支柱产业定位明确，在经济社会发展规划和城乡建设、土地利用、基础设施建设、生态环境保护等相关规划，以及综合性支持政策、重大项目建设等方面得到具体体现并取得实效。三是公共服务。旅游公共服务体系健全，厕所、停车场、旅游集散中心、咨询服务中心、智慧旅游平台、安全救援、自驾游、自助游等设施完善，运行有效。

四是供给体系。旅游供给要素齐全，布局合理，结构良好，假日高峰弹性供给组织调控有效。旅游业带动性强，与文化等相关产业深度融合发展，业态丰富，形成观光、休闲、度假业态协调发展的产业结构，综合效益显著。具有不少于1个国家5A级旅游景区，或国家级旅游度假区，或国家级生态旅游示范区；或具有2个以上国家4A级旅游景区。五是秩序与安全。旅游综合监管制度体系完善，市场监管能力强，投诉处理机制健全，建立旅游领域社会信用体系，市场秩序良好，游客满意度高，近三年没有发生重大旅游安全生产责任事故或重大旅游投诉、旅游负面舆情、旅游市场失信等市场秩序问题。六是资源与环境。旅游资源环境保护机制完善，实施效果良好，近三年未发生重大生态环境破坏事件。七是品牌影响。旅游目的地品牌体系完整，特色鲜明，识别度、知名度高，市场感召力强。八是创新示范。大力推进改革创新，破除全域旅游发展的瓶颈和障碍，具有解决地方旅游业长期发展问题的突破性、实质性措施，或在全国产生重要影响的发展全域旅游的示范性创新举措。

第三节　全域旅游发展框架

从2015年8月以来，原国家旅游局李金早局长以及旅游业界的其他专家对全域旅游的发展提出了真知灼见，初步构建了全域旅游发展框架，即"追求五个目标、坚持五个围绕、处理好六个关系、力争十个突破、促进九个转变、避免八个误区"。

相关知识链接：

全域旅游发展的框架

一、追求五个目标

全域旅游的终极目的是通过旅游业促进和带动区域经济、社会、生态、文化、民生等多位一体的包容性增长。发展全域旅游要实现"五个目标"：一是实现旅游治理规范化，成为体制机制改革创新的典范；二是实现旅游发展全域化，成为目的地建设的典范；三是实现旅游供给品质化，成为满足大众旅游消费需求的典范；四是实现旅游参与全民化，成为全民参与共建共享的典范；五是实现旅游效应最大化，成为旅游业惠民生、稳增长、调结构、促协调、扩开放的典范①。

二、坚持五个围绕

全域旅游是一个系统工程，需要区域经济社会各方面的配套和配合，形成一个现代旅游经济体系。一是产业围绕旅游发展，推动农业、林业、工业、商贸、金融、文化、体育、医药等旅游关联产业在布局中充分考虑旅游业发展需要，并形成综合新产能。二是产品围绕旅游开发，涉旅产品都可以以旅游为市场需求，进行旅游化改造或创新。三是结构围绕旅游调整，推动产业结构有利于旅游业发展的方向调整，实现产业结构转型与优化。四是设施围绕旅游配置，基础设施建设紧密围绕旅游业发展合理配置。五是旅游围绕民生发展，切实增强区域旅游业实力，使旅游业成为改善民生的主力②。

三、理顺六个关系

发展全域旅游需要处理好六个关系：一是理顺点、线、面的关系，也就是景区点与全域的关系。既要全域统筹发展，也要注重景区（点）建设，培育核心吸引物、开发丰富的旅游产品，实现重点突破和极核带动。二是正确处理政府与市场的关系。推进全域旅游，既要发挥党委政府的统筹推动作用，更要满足旅游消费需求、符合市场规律，发挥市场对旅游资源优化配置的绝对作用。三是理顺标准与特色的关系。全域旅游创建达到一些共同的标准，形成一些共性的内容，但全域旅游的吸引力、生命力和竞争力在于其特色和个性。四是理顺开发与保护的关系。全域旅游注重建设，丰富产品和完善配套，更注重保护、注重整体环境优化。五是理顺硬件和软件的关系。既要重视基础设施、公共服务、生态环境等硬件的建设，还要重视社会环境、软服务等品质提升。六是理顺改革创新与系统提升的关系。既要突出改革创新，也要注重系统提升优化。加强旅游基础设施和公共服务体系建设，实现区域内旅游交通便捷、厕所充足标识完备、公共信息完善。因地制宜、突出特色，构建多层次、特色化、中高端旅游产品体系，满足多样化旅游消费需求；坚持以人为本和开放共享，加强旅游环境与市场秩序建设，实现全域生态化、景区内外一体化、市场秩序规范化、旅游服务精细化；适应现代旅游综合产

---

① 资料来源：《国家全域旅游示范区创建工作导则》，国家旅游局，2017年。
② 资料来源：《全域旅游创建指南》，国家旅游局，2016年3月。

业和综合执法要求，推动旅游业管理体制和执法机制改革创新①。

四、力争十个突破

在推进全域旅游过程中，实现十大突破：第一，在综合管理体制和综合执法机制改革上要有突破。第二，在多规合一上有突破。以旅游为主导，实行多规合一。第三，在以旅游公共服务供给侧改革方面有突破。第四，在"旅游+"上有突破。旅游与其他行业、产业深度融合。第五，在旅游扶贫上有突破。第六，在旅游富民上有突破。第七，在文明旅游上有突破。第八，在市场监管上有突破。第九，在旅游数据方面有突破。第十，在旅游外交上有突破。②

五、促进九个转变

推进全域旅游是对我国新阶段旅游发展战略的再定位，是一场具有深远意义的旅游革命。从景点旅游模式迈入全域旅游要实现九大转变：一是从单一景区（点）到综合目的地建设管理转变。破除景区（点）内外的体制壁垒和管理围墙，旅游基础设施和公共服务建设从景区（点）拓展到全域，实行公共服务一体化，实现产品营销与目的地推广的有效结合。二是从门票经济向产业经济转变。实行分类改革，公益性景区实行低价或免费开放，市场性投资开发的景区（点）门票价格也要限高，遏制景区（点）门票价格上涨过快势头，打击乱涨价和价格欺诈行为，从旅游过度依赖门票收入的阶段走出来。三是从导游必须由旅行社委派的封闭式管理体制向依法自由执业的开放式管理转变，实现导游执业的法制化和市场化。四是从粗放低效旅游向精细高效旅游转变。推动供给侧结构性改革，创新创意供给，引导旅游需求，实现旅游供求平衡。五是从封闭的旅游自循环向开放的"旅游+"产业大循环方式转变。六是从旅游企业单打独享到社会共建共享转变。充分调动各方发展旅游的积极性，以旅游为导向整合资源，推动建立旅游发展共建共享机制。七是从景区（点）围墙内的"民团式"治安管理、社会管理向全域旅游依法治理转变。八是从部门行为向党政统筹推进转变，形成综合产业综合治理的局面。九是从仅是景区（点）接待国际游客和狭窄的国际合作向全域接待国际游客、全方位、多层次国际交流合作转变。这是区域发展走向成熟的标志，

---

① 资料来源：《全域旅游创建指南》，国家旅游局，2016 年 3 月。

② 原国家旅游局局长李金早在宁夏中卫第二届全域旅游推进会的讲话，2016 年 9 月 10 日。

是旅游业提质增效和可持续发展的客观要求，也是世界旅游发展的共同规律和大趋势，代表着现代旅游发展的新方向①。

六、避免八大误区

当前，在中国全域旅游蓬勃发展，各地发展全域旅游热情高涨，但从资源保护、产品开发、项目建设、风貌控制等方面存在一定的发展风险，为此李金早同志提出了防止八大误区的意见。

第一，防止竭泽而渔、破坏环境，不顾实际条件和资源承载力，盲目、过度和掠夺式开发行为。全域旅游是一种绿色旅游和生态旅游，追求全域环境保护和全域生态化。同时通过客流的全域化减轻核心景区的游客压力，对生态敏感区实行容量控制和预约制消费。全域旅游不能以牺牲生态环境和文化资源为代价获取经济效益。注重留白，为后人预留发展空间。

第二，防止简单模仿，千城一面、千村一面、千景一面。创建全域旅游中国既要完成规定动作，更加鼓励自创动作，目的就是鼓励各地特色化开发、主题化发展。因此，各地因地制宜，项目、产品和业态开发有创新，文化、品牌的发展有特色和创意。整个全域旅游目的地有独特个性，力争做到"人无我有，人有我优，人优我特"，全国实现花开千朵，各表一枝，努力实现"百花齐放，百家争鸣"的创建格局。

第三，防止粗暴克隆，低劣伪造。全域旅游的发展深植各地的自然环境和地域文化，深挖自己的资源优势和文化个性，把旅游发展紧紧和地域特色、文化特色、资源特色等诸多要素相结合，开发出真正有文化内涵、有地域特征、有新颖创意的旅游产品，让产品具有地方成长性和原真性。不能脱离自己当地的实际粗暴的克隆甚至低劣的伪造"假大空"的旅游产品，防止短命产品和同质化竞争。

第四，防止短期行为、盲目涨价。当前中国景区的价格总体水平偏高，上涨过快，引起了老百姓的不满。中国发展全域旅游就是推出低价的甚至免费的国民旅游休闲产品，打破景区一枝独大的门票经济格局，总体降低景区门票价格，让更多的人享有旅游的机会和权力，提高国民休闲福利水平。旅游的价格反映资源价值的同时，更多地反映旅游服务的价值，不能局限于向

---

① 资料来源：根据李金早同志的《全域旅游大有可为》和《2016年全国旅游工作报告》整理，2016年1月29日。

资源要效益，更多地向管理服务要效益。

第五，防止不择手段，不顾尊严，低俗媚客。在市场经济条件下，旅游的供需双方是等价交换的关系，供需双方是平等的，交易行为是公平的，市场规则是公正的，不存在买方地位高、卖方地位低的问题。旅游市场的自由竞争是十分必要的，但竞争的是产品的质量、服务的水平、环境的塑造等诸多因素，绝不能靠低俗和丢失尊严去竞争、去发展旅游，这样的旅游既不会长久，也不会得到广大的游客认可。

第六，防止运动式、跟风式的一哄而起和大拆大建。全域旅游不是搞运动、搞突击，全域旅游有自己的发展规律。中国的创建单位旅游发展水平不一致，有的地方已经接近全域旅游发展的水平，有的地方还停留在景点旅游阶段，有的地方面临景点旅游和全域旅游的双重任务，不同的发展阶段选择不同的发展速度和发展模式。找到最适合自己的全域旅游发展道路至关重要，不能跟风式地发展。全域旅游要用巧力，注重盘活存量资源，科学开发增量资源，切忌把全域旅游等同大拆大建，预防建设性破坏。

第七，防止重推介、重形式，轻基础、轻内容。中国很多地方对旅游推介下了很大的力气，不惜血本。可是中国旅游发展的基础性工作，例如，基础设施的完善、旅游生态环境的保护、公共服务的提供、旅游产品的开发、旅游业态的设计、旅游文化内涵的挖掘、旅游管理服务的提升等长线工作，更需要持之以恒，久久为功。搞好全域旅游既要有面子，更要有里子；要注重外在形象，但主要还是看"气质"。

第八，防止在全域旅游改革中换牌子不换体制，换人不换理念，换机构不换机制。如果不能实质性地推进旅游发展理念的转变、发展模式的转变和发展机制的转变，那么对旅游的发展、对全域旅游的推进就起不到应有的效果。我国今天强调的全域旅游，已经不再仅仅是旅游的事情，它对当地的经济产业拉动，对当地社会区域的社会治理等都具有积极的促进作用。反之亦然，其他的方面改革发展也会促进旅游的发展，二者相辅相成、相融相盛①。

---

① 资料来源：根据李金早同志浙江桐庐首届届全域旅游推进会上的讲话整理而来，2016年5月26日。

第四节 全域旅游发展模式

从全域旅游的内涵来看，全域旅游是以旅游产业推动或服务于区域经济社会的发展。因此，其可以划分为两大的发展模式：一是全域旅游推动区域发展，旅游业发挥着主导产业的作用；二是全域旅游助力区域发展，旅游业发挥着产业辅助的作用。而从全域旅游发展的动力来看，全域旅游发展模式至少可以归纳为以下六种类型。

一、景点旅游带动型

从景点旅游自然过渡到全域旅游是全域旅游发展的经典路径。它是依托主要景点作为吸引核和增长极，在景点旅游发展成熟以后，围绕主要景点配置基础设施和旅游公共服务设施，围绕主要景点开发旅游产品，以核心景点带动村镇发展和周边旅游共同发展，以核心景点推动旅游业与其他相关产业高效融合，以核心景点带动地方经济社会发展，形成全域旅游发展格局。我国老牌旅游目的地的发展基本遵循该模式，其典型代表有桂林阳朔、北京昌平、陕西临潼、湖南张家界、湖南南岳区、云南石林等。

案例链接：

画里山水、世外阳朔

阳朔县以"画里山水·栖居阳朔"为主题，推动旅游业"生态化、集约化、品牌化、国际化"发展，在旅游机制体制创新、旅游公共服务设施、旅游产品业态升级、旅游品牌集聚等方面探索了一条有阳朔特色的全域旅游发展之路。阳朔县通过发展全域旅游，把旅游业建设成集聚各种要素、各种消费、各种业态的平台型产业。全域旅游全面提升了阳朔的产业融合力、文化张弛力、生态亲和力和社会向心力，成为新时代阳朔经济增长的核心引擎。2015年，阳朔县成为广西省首个年游客接待量超过千万人次和首个旅游年收入突破百亿元大关的县。全县从事休闲农业与乡村旅游从业人员达10万多人，其中农民从业人员 6.5 万多人，旅游业对财政贡献率超过 62%①。

二、城市客源辐射型

该模式主要适应于城郊地区。城乡之间通过旅游互联互通形成的城乡互动、优势共享的城乡旅游大市场是该模式发展成功的关键。城郊地区通过塑造知名的旅游品牌、优质的旅游产品、配套完善的旅游服务，通过城乡空间与市场的交换，促进城乡旅游互动和一体化发展，以旅游引领新型城镇化，形成中小型旅游目的地。我国一线二线城市的旅游城区或城郊地区都适合该路径或模式，其本质是城市客源驱动型。该类型典型代表有北京平谷、北京门头沟、北京怀柔、辽宁大连、福建厦门等。

案例链接：

南京市秦淮区

秦淮区依托区位优势坚持大景区、大旅游方向，构筑全域性旅游格局，推动旅游景区和城区的有机融合，全力建设"文化休闲旅游中心"。在景区布局上，以夫子庙为核心，内秦淮河、明城墙为纽带，门东、门西、门外为主体，特色街区为补充，整体构筑"一核、两带、三片、多街区"的景区格局；在商业模式上，借鉴先进地区成功经验，推动景区运营向政府引导下的市场化运营转轨；在典型引领上，建设融国家 5A 级景区与国家级文化产业示范园于一体的城市地标，塑造有世界知名度与影响力的"天下文枢"城市品牌。2015 年年底实现主要考核指标全面达标，旅游业增加值占 GDP 比重达 15% 以上；旅游从业人员数占本地就业总数比重达 20% 以上；旅游税收占地方财政税收 10% 左右②。

三、资源整合发展型

资源整合发展型模式适合旅游资源具有一定的规模，分布较为广泛，但不一定具有高等级旅游资源，并且全域旅游生态环境、文化环境、卫生环境良好，适合把整个区域视为一个目的地来规划、建设、管理和营销。

---

① 资料来源：根据阳朔全域旅游相关资料整理。
② 资料来源：根据秦淮区全域旅游相关资料整理。

通过全域旅游建设，推进旅游城镇、旅游村落、风景庭院、风景园区、风景厂矿、风景道等建设，实现"处处是景、时时见景"的城乡旅游风貌。该模式的本质是整合零散的旅游资源，形成资源的规模效应，或利用"绿水青山、蓝天白云、冰天雪地"等环境资源来形成旅游吸引力，或旅游生活场景形成旅游吸引力。其典型代表地区有河南商城、河南栾川、浙江桐庐等。

案例链接：

如画商城，养生福地

商城县地处鄂豫皖三省交界处，金刚台、黄柏山一带，既有"松杉林海"之称，又有"天然药库"之誉。商城县内红色、宗教及历史文化性资源丰富，观音山、法眼寺、三教洞、刘邓大军前方指挥所、顾荆乐堂等可开展爱国主义教育，弘扬宗教及历史文化。有 A 级旅游景区 5 处，其中 4A 级景区 3 处，3A 级景区 2 处，餐饮整体建设水平还有很大提升空间；星级宾馆（三星级以上）1 家，休闲娱乐设施尚未形成产业；国际和国内旅行社 3 家，旅游购物特色开发不足。

1. 空间整合。商城将形成以主要景区提升为突破口，以主题文化品牌为特色，以产业融合发展为动力的全域主题旅游目的地。培养以汤泉池国家旅游度假区等为代表的 25 大核心吸引力项目，从全域的视角重点建设 2 条旅游风景道、2 大健康养生旅游基地，6 大特色小镇、10 大精品美丽乡村、5 大自然山水公园产品。打造"一城、两带、一环、五板块、四通道"的全域旅游空间发展格局。

2. 产业整合。旅游＋农业，建设体验农业、休闲农业、观光农业、创意农业等农业游乐园；旅游＋林业，建设森林人家、森林小镇；旅游＋文化，开创红色文化、状元文化、民俗文化体验游；旅游＋体育，开发低空旅游、水上运动、户外运动等体育旅游产品；旅游＋教育，开发以爱国主义教育、红色革命传统教育、科普教育等为主题的研学旅游产品；旅游＋卫生，开发养生旅游产品和康养旅游产品。

3. 服务整合。建设 O2O 旅游目的地。一是线下构建"3＋8＋N"的旅游集散咨询体系。沿商城县主交通线路 G220 布置三个游客集散中心，为游客提供集交通组织、信息服务、旅游接待等功能于一体的旅游综合服务。依托景区、特色小镇建设 8 个二级游客集散中心；在景区、景点、风景道、报刊亭、加油站、高速服务区等地，建设和改造游客咨询点。线上推进服务智能化。开发"大别商城"APP，建立旅游大数据中心，实现 Wi-Fi、通信信号、视频监控全覆盖，建设交通便捷服务体系、便民惠民服务体系、安全救援服务体系的旅游公共服务，建设智慧旅游系统，包含智慧支撑系统、智慧管理系统、智慧服务和智慧营销系统。

4. 环境整合。优化城乡环境，营造全域旅游氛围。充分利用商城水系资源，开展水系"126 工程"，开通一条水上航线，两条风景道，建设六大滨水主题游憩项目，合理利用水库开展生态观光旅游；在六条对外主要交通道旁种植樱花、黄槐、桂花、紫荆等进行沿线景观提升；沿主要交通入口设置景观大门，使游客进入商城具有明显的进入感；启动陶家河滨水城市休闲带、赤城印象项目，以项目来带动城市景观化、城市公园化环境改造；加强资源环境生态保护，推动美丽乡村环境改造。

5. 社会力量整合。全民参与，全民共享。构建政府引导下的企事业单位、协会、社区居民等个人、游客参与机制。依托旅游行业协会、乡村旅游联盟、旅游团体等进行资源整合、抱团发展；引导社区居民、学生、个人等参与旅游志愿者服务，树立"人人为旅游，旅游为人人"的理念，本地居民、大学生、有志青年，外出打工人员，借"大众创业，万众创新"的时机，争当"创客"，参与全域旅游，有力地推动商城县旅游产业全面发展。

6. 部门整合。推动体制机制创新，建立现代旅游治理体系。成立商城县国家全域旅游示范区创建工作领导小组，形成党政主要领导挂帅的全域旅游组织领导机制，统筹协调全域旅游工作推进；建立综合管理体系，成立"1+3+4"旅游综合执法机制（成立商城县文化和旅游发展委员会，旅游巡回法庭、旅游警察大队、旅游巡回法庭、旅游工商分局，旅游监察大队、旅游纠纷人民调解委员会、旅游市场监督、旅游纠纷理赔中心、旅游市场监督中心），建立商城县旅游"红黑榜"，加强旅游事中事后监管①。

---

① 资料来源：根据商城全域旅游资料整理。

四、特色资源驱动型

该模式适合具有规模化，或大尺度，或区域文化，或人造资源等的特色资源为核心吸引物的地区。例如，沙漠、森林、草原、花海、石林、土林、火山等，这些资源的单体不一定具有吸引力，但成规模或大尺度分布之后形成强烈的视觉冲击和吸引力。因此，该模式的本质是以区域内普在性的特色自然资源、人文旅游资源或人造资源为基础，建设主题旅游目的地，带动区域旅游业发展。其典型代表有五大连池、深圳大鹏新区、云南抚仙湖、云南腾冲等。而在美国的佛罗里达州，主要以发展主题公园为特色，而且这一特色是人为营造出来的。

案例链接：

五大连池以矿泉旅游为特色推动全域旅游发展

五大连池是把"矿泉旅游名城"作为全域化特色来培育，与五大连池风景区、农垦北安管理局、沾河林业局签订区域旅游联盟合作协议，以推进全域旅游示范区为切入点，科学谋划推动经济社会全面发展。把矿泉文化作为全域主题文化，重点建设双泉水源地和山口湖玫瑰花观光带，加快开发玫瑰特色旅游品牌。发展"旅游+矿泉工业"。将矿泉元素植入旅游产业，发展矿泉稻、矿泉鱼、矿泉蛋、矿泉豆腐等产品，创立矿泉美食品牌，提升五大连池物产品级；以旅游带动矿泉水、矿泉酒、矿泉饮品等矿泉产品销售，建设矿泉旅游工业园区。整理矿泉网货，建设电商创业园区，开通京东五大连池特色馆和苏宁五大连池中华特色馆，畅通线上、线下销售渠道。

五、产业深度融合型

该模式主要是依托区域内的优势产业或特色产业，以"旅游+"和"+旅游"为途径，形成一个或数个旅游融合业态，并成为区域经济发展的主导产业，在此基础上促进旅游业与一、二、三产业全面融合，与文化、科教、商贸、体育、教育、科研、宗教、养生等行业深度融合，推动区域生产要素深度整合，从而提升区域整体实力与竞争力。其典型代表有湖南醴陵、北京昌平区、南京江宁区等。在国外则主要以特色产业旅游小镇为代表，例如，日本别府、瑞士达沃斯、法国普罗旺斯、美国格林威治等。

案例链接：

五彩陶瓷，精彩醴陵

醴陵是世界釉下五彩瓷原产地、中国陶瓷历史文化名城。著名诗人、画家丰子恺曾写下"碧水青山、错认杭州"的诗句，盛赞醴陵。醴陵市以陶瓷产业与旅游深度融合，全力推动全域旅游发展。这座中国陶瓷历史文化名城，以其独特的陶瓷工业旅游资源为主阵地，重点发展以中国陶瓷谷、"沩山古窑"等为核心的产业文化旅游。如今，醴陵瓷谷成为城市地标，成为湖南省唯一首批国家工业旅游创新单位。它依托丰富而又独特的陶瓷工业文化，致力将中国陶瓷谷建设成集"产、创、展、商、游"于一体的陶瓷产业集中展示体验区。沩山村历史上曾经"沩山四百八十窑，窑火红透半边天"，现保存着自宋至清代的古窑址100余座，与窑相关的瓷泥矿井、瓷器运输古道、生活设施、庙宇古塔等文物古迹100余处，完整地保留了原生态的自然与历史人文环境，其原始的山水、植被与古窑群、古作坊、古民居、古道、古桥、古庙等融为一体，堪称"千年古窑村"。

六、旅游基地驱动型

该模式适合旅游资源分布呈现"小集聚、大分散"的区域，适合市级以上的大尺度行政区采取的发展模式。主要发展路径是基于资源组团，在一定区域内形成景区群落、旅游产业园区、旅游产业集聚区等旅游功能区，依托功能区带动全域旅游发展。其典型代表有湖南省、浙江省、宁夏回族自治区等。

案例链接：

湖南全域旅游基地型

湖南省委省政府提出"全域旅游基地"建设目标，在省委第十一次党代会上对全域旅游发展做出了总体部署，这是在更大范围、更高层面、更深层次、更强力度上提出的更高要求。全域旅游基地建设具有重要的意义：一是提出了一种新的理念，全面对应中央提出的五大发展理念，使之在湖南具体化。二是创造了一种新的方式，形成传统与当代结合、城乡结合、各行各业深入融合的"旅游+"方式。三是开拓了一个新的路径，可以深入挖掘资源，全面开拓市场。四是树立湖南品牌，弘扬"锦绣潇湘"名片，提高湖南知名度和美誉度。五是在扶贫攻坚中，可以起到不可替代的作用。六是由于旅游的综合性强，涉及面广，拉动力大，可以对其他基地的建设起到积极的推动作用。七是可以在全国旅游业起到先导作用，也形成湖南的领袖形象。八是为湖南人民和国内外旅游者创造一个好环境，增强幸福感受。九是加快了湖南资源、资金、信息等发展要素的流动，提高了开放整体水平。十是促进了湖南通江达海、外引内联，突破了区位的制约。

第三章

全域旅游发展现状与特征

"中央要求，产业需求，地方请求"是全域旅游蓬勃发展的主要原因。短短几年时间内，全社会形成全域旅游发展共识，各级政府积极响应，各级领导高度重视，全行业上下同欲，社会各界积极参与，全域旅游逐渐成为地方社会经济发展的新模式。

第一节　全域旅游的中国实践

截至 2018 年，第一批和第二批国家全域旅游示范区创建单位达到 506 家，其中包括河北、山东、浙江、陕西、贵州、海南、宁夏等 7 个省（区），91 个市（州、盟），408 个县（市、旗），涵盖全国 31 个省区市自治区和新疆生产建设兵团，总面积达 180 万平方千米，约占全国国土面积的 19%，总人口 2.56 亿，约占全国人口的 20%①。

从空间上来看，主要集中分布在东部沿海地区、中部地区和西部的四川、云南、新疆等地区，基本涵盖了旅游资源密集地区和生态功能区，与我国旅游热点区域基本相吻合，并集中分布在京沪、京广等公路、铁路干线沿线。其中，东部地区 132 家，平均每个省约 13 家，总面积 19.4 万平方千米，总人口 9341 万。中部地区 142 家，平均每个省约 12 家，总面积 27.6 万平方千米，总人口 7727 万；西部部地区 170 家，平均每个省约 14 家，总面积 107 万平方千米，总人口 7082 万；东北地区 56 家，平均每个省约 9 家，总面积 30 万平

---

① 资料来源：《2017 全域旅游发展报告》，国家旅游局，2017 年。

方千米，总人口2708万①。国家全域旅游示范区创建单位总体上表现为空间分布不均衡，中部和东部密集，西部相对稀疏，且在东部地区形成了两个高密度圈，即集中分布在海南省和两湖地区（如表3-1所示）②。

表3-1　全域旅游示范区的地域分布情况

	总数	省平均数	总面积	总人口
东部地区	132	13	19.4	9341
中部地区	142	12	27.6	7727
西部地区	170	14	107	7082
东北地区	56	9	30	2708

回顾我国全域旅游发展的短短的几年历程，可以初步划分探索形成期（2015年10月以前）和试点推动期（2015年10月以后）两个阶段。

一、探索形成期

我国旅游业已经走过了30多个年头，针对旅游业的未来30年如何发展，旅游业的"下一程"如何转型和突围，原国家旅游局在2015年针对分别在四川阿坝州、安徽徽州、江苏苏州等地开展密集的调研，总结各地旅游发展经验，逐步形成全域旅游发展的思想蓝图。2015年8月，在安徽黄山举办的全国旅游工作研讨班上，提出研究全域旅游和探索推进全域旅游，用全域旅游的概念来布局旅游产业发展，发挥全域旅游对生产要素布局的导向作用。2015年10月在"促进旅游业改革与发展"省部级干部研讨班上原国家旅游局提出试行全域旅游，拟在2000多个县中，每年以10%的速度来创建。2015年将启动200个县的全域旅游创建工作，三年推出600个全域旅游县。这一主张得到各地党委政府和旅游主管部门积极而广泛的响应，社会各界也纷纷投身全域旅游事业，积极评价全域旅游对我国旅游业发展的重大意义，很多地方已将"全域旅游"作为旅游业发展的施政目标。不少省委书记、省长，市委书记、市长，像海南的罗保铭书记、刘赐贵省长，贵州的陈敏尔书记、湖南的徐守盛书记、江西的强卫书记、云南的李纪恒书记等，都提出要践行

---

① 资料来源：《全域旅游发展报告》，国家旅游局，2017年。
② 赵慧莎，王金莲. 国家全域旅游示范区空间分布特征及影响因素［J］. 干旱区资源与环境，2017（7）.

全域旅游发展理念，促进旅游业的繁荣发展，推动本地区经济社会的发展。

二、试点推动期

2016 年 1 月在海口召开的全国旅游工作会议上，李金早同志提出从"景点旅游"向"全域旅游"的九大转变，并对全域旅游工作进行重点部署。2016 年 2 月，原国家旅游局印发《关于开展"国家全域旅游示范区"创建工作的通知》，并于 2 月公布了 262 家首批全域旅游示范区创建单位。按照九个转变的要求，各单位结合自身的情况迅速行动，工作亮点不断。其间改建、新建厕所 25769 座，其中 30% 以上配备第三卫生间。建设旅游停车场 4000 座，旅游集散中心 2500 个，旅游咨询服务点数千个，形成全方位立体化的旅游服务体系。全域旅游生态和扶贫效果显著，2016 年旅游就业人数 974 万人，旅游扶贫人数已经达到 537 万人，人均年增收 700 元。更为重要的是，"青山绿水、蓝天白云、冰天雪地"的全域旅游环境观和资源观正在逐步形成。

中央领导的充分肯定和大力支持以及社会的积极响应，是全域旅游发展的保障和基础。与此同时，全域旅游也获得国际社会的广泛关注。在 2016 年 5 月 19 日由中国政府和联合国世界旅游组织共同主办的首届世界旅游发展大会上，李克强总理在开幕式致辞中提出深入推进全域旅游和"旅游 +"行动，与"互联网 +"相结合，在促进旅游发展中实现三大产业融合发展，以旅游业升级转型促进国民经济的提质增效。李金早同志在会上指出全域旅游的五个特征：一是在全域优化配置交通、水利、城建等各类资源，以旅游促进经济社会统筹发展；二是全域按旅游需求统筹规划建设，优化综合服务；三是构建全域大旅游综合协调管理体制，以旅游带动社会综合治理；四是全域发挥旅游 + 功能，以旅游与其他产业融合形成新的生产力和竞争力；五是全民共建共享，以旅游红利来增强居民获得感和实际受益。世界旅游业理事会主席拉尔德·劳立斯认为全域旅游的积极意义在于以旅游业作为优势产业，撬动区域内的经济社会资源，对主导产业、生态资源、政策法规全方位优化将会拉动各行业发展。预计未来五年在中国旅游减贫人口将达到 746 万，占全部减贫人口的 17% 左右。

为推进全域旅游创建工作，更好地指导各地全域旅游的发展，原国家旅游局于 2016 年 5 月，在浙江桐庐召开首届全域旅游创建工作现场会，各单位交流了创建经验并观摩桐庐实践。"桐庐会议"在全国上下掀起一轮全域旅游发展的热潮。

2016 年 7 月 18 日—20 日，习近平总书记在宁夏考察时指出，"发展全域旅游，路子是对的，要坚持走下去"。9 月 10 日，原国家旅游局在宁夏中卫召开第二届全国全域旅游推进会，来自多个部委和北京、河北、浙江、四川等省市区代表齐聚一堂，共商全域旅游工作推进大计。会议公布全域旅游创建导则（试行）、全域旅游创建标准（讨论稿）、管理规范等系列文件，为全域旅游示范区的创建和管理工作奠定了扎实的基础。许多没有进入首批创建名单的地方党委政府，也纷纷要求加入创建试点中。为此，原国家旅游局推出并公布 238 家第二批国家全域旅游示范区创建名单，创建单位累计达到500 家。

尤其值得关注的是一些未进入示范区创建单位名单的地方也在积极探索试点旅游产业集群、产业融合（旅游＋）、全县（镇）景区、大旅游等类似的全域旅游实践活动，各地通过不断探索形成各具特色的全域旅游发展模式，例如，贵州全域山地旅游模式、湖南全域旅游基地模式、丽水"两山"全域旅游模式、深圳大鹏新区全域湾式生活模式等。这些新模式极大地促进了区域公共服务设施水平的提高和生态环境的保护改善。一些县区或几个省甚至还积极探索跨区域全域旅游区的建设。全域旅游通过 3 年的时间基本实现了从创建工作到试点示范、推广普及的跃进，从行业战略到国家战略的跃升，对我国经济社会的发展发挥着积极而重要的影响。

全域旅游大事记

2015 年 8 月在黄山举办的全国旅游工作研讨班上，李金早同志在"主动作为，不断创新，扎实做好旅游工作"中提出探索推进全域旅游。

2015 年 10 月在"促进旅游业改革与发展"省部级干部研讨班上提出试行全域旅游。

2016 年 1 月 29 日全国旅游工作会议上，提出全域旅游的概念。

2016 年 2 月 1 日，印发《关于开展"国家全域旅游示范区"创建工作的通知》，并初步提几项考核指标，之后，又公布 262 家首批全域旅游示范区创建单位。

2016 年 5 月 19 日在首届世界旅游发展大会上，李克强总理提出深入推进全域旅游和"旅游＋"行动。

2016 年 5 月 26 日，在浙江桐庐召开首届全域旅游创建工作现场会。

2016 年 7 月，习近平总书记在宁夏视察时对全域旅游发展理念和模式给予了"发展全域旅游，路子是对的，要坚持走下去"的高度肯定。

2016 年 9 月 10 日，在宁夏中卫召开第二届全国全域旅游推进会。

2016 年 11 月，公布 238 家国家全域旅游示范区第二批创建名单，至此创建单位累计达到 500 家。

2017 年政府工作报告：完善旅游设施和服务，大力发展乡村、休闲、全域旅游。

2017 年 6 月出台《国家全域旅游示范区创建工作导则》。

2018 年政府工作报告明确提出，创建全域旅游示范区。

2018 年 3 月在全国两会期间，国务院办公厅颁布《关于促进全域旅游发展的指导意见》。

2019 年 3 月政府工作报告明确提出，发展全域旅游，壮大旅游产业。

第二节 全域旅游成为热点现象

全域旅游的发展从中央到地方，从产业界到学术界都已形成了最大的社会发展共识，已成为我国经济社会发展的亮点，也成为学术研究的热点。

一、国家领导关注与关怀

2016 年 5 月 19 日，李克强总理在首届世界旅游发展大会上指出"中国将推进全域旅游和"旅游 +"行动，大力发展乡村旅游、工业旅游、文化旅游、养老养生游，并与"互联网 +"相结合，在促进旅游中实现三次产业融合发展，以旅业业的升级换代促进国民经济的提质增效"。2016 年 7 月 18 日—21 日，习近平总书记在宁夏视察时明确肯定："发展全域旅游，路子是对的，要坚持走下去。"2017 年 3 月国务院政府工作报告中提出"完善旅游设施和服务，大力发展乡村、休闲、全域旅游"。而在国务院发布的《"十三五"旅游业发展规划》明确"以转型升级、提质增效为主题，以推动全域旅游发展为主线"。国家领导的关怀与重视为全域旅游提供了有力的保障，使全域旅游成为一项中长期战略，甚至上升为国家意志，成为一项国家战略。

二、地方重视与发展

全域旅游从 2015 年 8 月提出，到 2016 年 11 月迅速扩大到 500 家全域旅游示范区创建单位，这表明从县市这一级已经达到了很高的共识。从海南、宁夏和陕西全域旅游省的创建，以及云南、贵州、湖南等多省省长和省委书记亲自抓全域旅游的形势来看，全域旅游得到地方领导的高度认同。各地积极开展国家全域旅游示范区创建工作，2016 年 3 月原国家旅游局启动首批 262 家国家全域旅游示范区创建工作，并于 5 月召开首届全域旅游推进工作会议，发布创建工作指南。随后，各地创建意愿和热情持续高涨，促使原国家旅游局在还未启动首批验收的情况下，9 月份在宁夏召开第二次全域旅游推进工作会上再次推出第二批 238 家创建单位。

一些未进入名单的地方也开始积极探索发展全域旅游。而浙江省、山东省、陕西省、贵州省等省正积极探索全省全域旅游发展方式。一些省已经推出省市级全域旅游示范区，甚至几个县或几个省还积极探索跨区域全域旅游区的建设和发展。全域旅游已经成为我国最为广泛的经济社会发展实践活动，对我国经济社会的发展发挥了积极而重要的影响。2016 年年底，500 家国家全域旅游示范区创建单位旅游业增加值占 GDP 比重在 10% 以上，一些旅游发达的西部创建单位甚至高达 70% 以上，全域旅游成为脱贫致富的生力军。全域旅游政策体系基本形成，全域旅游成为社会投资热点。"旅游 +"深入推进，全域旅游产品和业态不断创新升级。基础设施不断升级，公共服务水平全面改善，统计制度改革亮点不断。2017 年，在陕西西安举行的第三届全域旅游推进会上，原国家旅游局把陕西、贵州、山东、河北、浙江等 5 省新增为全域旅游示范省创建单位。加上海南省、宁夏自治区，我国省级全域旅游示范区创建单位增至 7 个。

案例链接：

北京重大战略导向型国家全域旅游示范区创建模式

一、先期探索

北京市是全域旅游思想早期探索和理论创新的重要发源地之一。2008 年，延庆的千家店镇就提出"镇景合一"；2011 年，延庆在全国率先提出建设

"'县景合一'国际旅游休闲名区"的发展目标，将全县 11 个镇和 4 个乡建设成一个超大景区。2012 年，北京作为全国首个省一级"全国旅游综合改革试点城市"，提出用全域旅游思维和全域旅游发展思想建设世界一流的旅游城市。

二、创建情况

2016 年 2 月 1 日，北京市的昌平区、平谷区、延庆区被原国家旅游局确定为首批全域旅游示范区创建单位。2016 年 11 月 3 日，门头沟区、怀柔区被原国家旅游局确定为第二批全域旅游示范区创建单位。市委市政府对上述五个区的全域旅游示范区创建工作高度重视，把其列为市政府工作报告重点工作督查内容。市旅游委按照市委市政府的决策指示，认真贯彻国家全域旅游示范区创建推进会精神，坚持理念为先、规划当先、政策优先、资金率先、工作争先的"五先"原则，按照研究制定的《北京市国家全域旅游示范区发展评估方案》和《北京市国家全域旅游示范区发展评估细则》，将全域旅游示范区建设成为以历史文化、生态休闲、体育旅游为特色的综合旅游目的地。

三、创建模式

全域旅游本质上是利用旅游推动或促进区域包容性增长的新理念、新动力和新模式。北京的一切工作必须坚持"四个中心"的城市战略定位，推进国家全域旅游示范区创建也不例外。事实上，发展全域旅游与"四个中心"城市战略定位高度契合，它是政治中心建设的重要体现，是国际交往中心建设的重要窗口，是文化中心建设的重要载体，是科技创新中心建设的重要阵地。因此，北京全域旅游发展模式的本质是发展全域旅游助力"四个中心"建设，对标首都标准和时代要求，提高"四个服务"能力，致力于创建世界一流的旅游城市。2016 年以来，市旅游委依据原国家旅游局印发的《全域旅游示范区创建工作导则》和北京城市的功能定位、区域优势、资源禀赋，指导五个区制定创建工作实施方案，压实责任，压茬推进，形成"四个中心"城市战略定位导向型全域旅游发展模式，这对全国各地实施以地方"重大战略"为导向的全域旅游发展具有重要而普遍的示范意义。

（一）发展全域旅游服务"政治中心"建设

北京发展全域旅游能够全面改善生态环境，美化城市环境，提升公共服务环境和优化营商环境，展现"首都风范、古都风韵、时代风尚"，树立良好的国际社会形象。更好地支撑和服务国家政务和外事活动，并与国际一流的和谐宜居之都协同发展。

1. 助力打赢蓝天保卫战和碧水攻坚战，更好地服务国家政务活动。优质生态环境是全域旅游的核心吸引力和竞争力，发展全域旅游可优化整体环境。北京市五个国家全域旅游示范区创建单位，均为生态涵养区，面积 7880.95 平方千米，占全市国土面积的 48%；有 344.2 万人，占全市人口的 16%。生态环境优美，旅游设施完善，居住环境舒适，空间距离临近，交通便利，能够带给旅游者绿色休闲体验。五个国家全域旅游示范区与生态涵养区、城市旅游功能区高度重叠，通过推进国家全域旅游示范区创建，有力促进旅游 + 生态、旅游 + 交通、旅游 + 科技、旅游 + 文化、旅游 + 康养等多元化深度融合发展，五个创建区的生态环境和空气质量得到保护和改善，为在京举办的各种重大国事活动和各类重大国际交往活动提供服务支撑。

2. 促进北京市尤其是乡村地区公共服务环境改善，为国家政务活动提供优质服务。北京按照国际化标准，加强旅游公共设施、旅游公共信息服务、旅游交通服务、旅游安全、旅游文明教育引导、旅游人才教育培训等为内容的旅游公共服务体系建设，持续推动旅游公共服务体系建设，努力塑造国际一流的旅游公共服务环境。全市按照冬奥会和冬残奥会标准，加快完善各种为特殊群体服务的旅游公共服务设施。开通两条旅游公交专线，直接串联八达岭、十三陵等景区，成为游客优质低价观光出行的新选择。建设市级旅游步道 1400 余千米，其中，门头沟投资 2.5 个亿建设 570 千米的京西古道系统，并沿国道建成 118 座旅游交通服务站和 19 个旅游港湾。顺利完成"厕所革命"三年计划，改造旅游厕所 282 座，全部 5A 级景区厕所开始建设第三卫生间改造。全域旅游公共服务体系进一步健全，为国家政务活动和国际交流活动开展创造了良好环境。

3. 深化全域旅游重点领域改革，以良好的营商环境支撑国家政务活动。全域旅游在服务首都经济社会发展和"四个服务"建设中一直发挥着重要作用。致力于营造良好的旅游营商环境，坚持用政府权力的"减法"换取市场活力的"加法"，深化"放管服"改革，3A 级及以下景区评定、三星级饭店及以下星级饭店评定、旅行社分支机构备案等事项下放到属地旅游部门。简化行政审批手续，以 2018 年 6 月旅行社网上审批系统正式运行为标志，北京市所有旅游行政许可事项实现"一网通办"，并对 3.2 万名导游和 1.3 万名领队实行电子化管理。开展京郊旅游人才培训"百千万"工程，组织民俗村户和特色业态从业者培训，培训京郊旅游管理干部和从业人员 4000 余人次。推广旅游惠民便民活动，主要涉旅场所配套全域旅游服务区和便民惠民旅游服务区，为广大市民和游客提供丰富多彩的旅游咨询服务，志愿者服务岗向市民和游客发放宣传材料，推广文明旅游理念，极大地提高了首都市民的文化素养和文明素质。制定促进"一日游"健康发展的政策措施，改善和提高首都社会形象。

（二）发展全域旅游服务"文化中心"建设

北京市兼具"北京文化、首都文化和国际文化"三种文化资源和三个文化市场的优势。蔡奇书记指出"北京应当成为展现大国文化自信的首要窗口"，发展全域旅游有助于弘扬北京文化，展示首都文化和荟萃国际文化，从而助力"三个文化带"建设，提升城市文化品位，增强文化自信，实现与"文化中心"建设融合发展，把北京建设成多彩文化古都和文化包容的开放之都。

1. 助力"三个文化带"建设。蔡奇书记在市委第十二次党代会上提出，"要统筹长城文化带、大运河文化带、西山永定河文化带建设，精心保护好世界遗产，凸显北京历史文化的整体价值"。"三个文化带"已经成为北京国家级乃至国际级"文旅 IP"，也成为北京市全域旅游的风景廊道、旅游产业集聚带和旅游经济带，成为文旅驱动发展的典型。目前，北京已完成大运河、长城、西山永定河文化带和老城保护过程的旅游规划、项目和公共服务设施建设等工作，开展文脉保护传承工程。围绕西山永定河文化带、长城文化带建设，整合区内文化旅游资源。围绕"三个文化带"建设，以"长城、运河、西山永定河"为轴心，做深做专做长"三个文化"的产业链，推进八达岭长城文化小镇、八达岭长城景区滚天沟休闲文化广场、九眼楼长城景区文化景观、八达岭长城文化创意产业园区、运河苑度假村、运河文化广场等运河主题文化衍生产品与业态的发展。在此基础上，推进"旅游、生态、科技、康养、文化、农业、体育"多业态融合，统筹"三个文化带"沿线古道、古村落、古寺庙、古长城的文物保护修缮与旅游开发，配套低空基地、房车营地等新型业态。系列化推出举办永定河大西山人文地理影像志摄影展、永定河文化节、长城文化节等品牌节事活动。

2. 提升北京城市文化的品质。以全域旅游整合北京老城中的北京中轴线、历史文化街区、"三山五园"等很多物质文化遗产和非物质文化遗产，让文物活起来，用文物讲好"北京故事"，提升首都文化的创造力影响力。全域旅游推动文化馆、博物馆、科技馆、美术馆、图书馆等设施向游客开放，营造"书香京城"的全域文化氛围。北京市推动"旅游＋文创"融合发展，通过"文创＋商品"，开发"北京礼物"系列旅游购物品，通过"文创＋美食"，复兴中华老字号，建设主题文化餐厅，扩大"吃在北京"旅游美食文化的品牌影响力，培育"秀北京"旅游演出剧目，既丰富了旅游的文化内涵，也使得旅游成为传播和弘扬北京文化的重要载体。其中，西城上半年共推介500余部演出剧目。延庆在妫川广场、永宁古城、井庄镇等地策划节庆灯会、长城打铁花非遗演出等夜间表演活动。对吸引国际游客和引导我国公民海外消费回流起到了重要而积极的作用。

（三）发展全域旅游服务"国际交往中心"建设

旅游是国际交往的重要方式，兼具和平促进、文化交流和政治润滑功能。旅游业正在成为北京建设国际交往中心的重要力量。北京发展全域旅游可提升"北京服务"品牌价值，提高对外开放度，丰富国际交往的内容与形式，与"国际交往中心"建设具有互补发展关系。

1. 为做强"北京服务"品牌加力。发展全域旅游可提升服务水平。北京把服务保障大型活动作为提高"四个服务"能力的重要平台，在全国"两会"特别是近年来的北京奥运会残奥会、APEC会议、世界田径锦标赛、"一带一路"国际合作高峰论坛等重大国际活动中，一流的组织协调能力和一流的服务保障水平受到国际社会的高度赞誉。当前，全域旅游全面助力冬奥会、冬残奥会、世界休闲大会筹办工作。在全域旅游创建过程中，延庆把"冬奥会、世园会与国家全域旅游示范区"三区联创，推进旅游与冬奥会、世园会等元素的深度融合，全域旅游成为冬奥会和世园会统筹推进的共同平台，同时也极大地提高了旅游全域化水平。平谷以世界休闲大会为导向发展全域旅游。怀柔"超前谋划国际交往中心功能"，直接以国际会都导向型发展全域旅游。通过大型会议的锤炼，北京探索总结并制定《大型活动接待服务规范第1部分：通则》，"北京服务"更加规范，品牌效应放大。"北京服务"已走出京城，闪耀杭州G20、厦门金砖会晤、青岛上合峰会等重大活动，并正在走向全球。

2. 为持续扩大对外开放增效。开展全域旅游示范区创建工作，深化和扩大旅游对外开放力度。一是不断完善优化促进入境游，争取过境免签配套政策和境外旅客购物离境退税政策。协同国家相关部委支持，率先获得并实施

72 小时过境免签、境外旅客购物离境退税、京津冀 144 小时过境免签等政策。截至 2018 年 6 月，北京口岸办理过境免签外国人约 12 万人次；全市累计备案退税定点商店达 524 家，累计离境退税商品销售额超过 3.9 亿元。二是落实服务业扩大开放政策，制定全国首个针对合资社出境游业务规范管理的《北京市中外合资旅行社开展出境游业务试点工作管理办法》。截至 2017 年，在京设立并符合条件的 8 家中外合资旅行社获得从事出境旅游业务。三是发展以会议、会展、国际商贸及文化交流为主的高端商务游，国际会议数量排名不断攀升，位居全国首位、亚洲第四。2016 年北京国际会议约 5000 个，国际大会与会议协会（ICCA）统计的北京 2016 年协会类会议为 113 个。

3. 为提高城市国际影响力加码。加强旅游宣传推介，扩大北京作为大国首都的世界影响力。实施北京旅游海外推广宣传服务包计划和旅游海外推广合作伙伴计划。北京市旅游委持续推进海外市场推介与国际交流，创新海外宣传推广方式，通过举办大型线上线下创意营销活动扩大北京城市形象宣传。依托海外中国文化中心、孔子学院等机构场所搭建北京旅游营销平台。利用国家旅游年开展友城交往活动，进行"北京旅游日"专场推介。加强与"一带一路"沿线国家著名旅游城市的旅游合作交流。世界旅游城市联合会不断发展壮大。会员总数达到 193 个，其中城市会员 128 个，占 66.3%，覆盖全球 62 个国家和地区。成功举办洛杉矶香山旅游峰会和亚太旅游论坛，向全球发布《世界旅游城市发展报告（2017）》《旅游城市绩效研究》《一带一路旅游走廊节点城市建设倡议》，极大地提升了北京在国际旅游界的话语权和影响力。

（四）发展全域旅游服务"科技创新中心"建设

旅游是科技创新的重要领域，而科技创新可直接创造科技旅游新产品或增强旅游产品功能和改善体验效果。全域旅游可促进科技创新与成果转换，提高科技服务与贸易水平，推动科技、文化和时尚融合发展，与"科技创新中心"建设具有互促发展关系。

1. 大力发展智慧旅游。五个创建单位先后启动旅游综合监测平台建设（延庆投资 2000 万元，怀柔投资 1800 万元），监测游客进入景区的人数和实时流量，对各种突发安全情况进行监控和安全处理，进行游客结构与旅游数据的统计分析。延庆开发"长城内外"旅游电商平台，门头沟构建"门城通"APP，向市民提供移动政务服务大厅、政府门户、智慧社区、智慧教育、智慧医疗、智慧旅游、便民服务等多领域的政务服务、公共服务及社会服务，并运用"云平台"技术，设计开发手机 APP，实现公厕位置、设施情况、蹲位数量及意见反馈等功能。

2. 开发科技旅游产品。延庆八达岭长城开发梦幻长城球幕影院、八达岭低空旅游基地；昌平建设未来文化城，建设国家级文化展演中心、高科技文化艺术舞台、未来世界展示区和文化创意产业总部基地，集演艺、文博、交流于一体，构建国家级文化孵育摇篮和国家级文化展演中心。怀柔建设科学城、影视产业示范区等科技旅游项目，开发科技馆、体验馆、未来世界，拓展科技游、研学游、亲子教育等新业态。举办北京国际电影节电影嘉年华，通过推出电影道具欣赏、电影场景还原、电影科技互动、电影特色体验等科技旅游产品，形成独特的品牌效应。在不影响科研、教育活动的前提下，中科院怀柔科教产业园、中科院大学等建设开放型园区增设游客观光体验环节。

3. 搭建旅游产权交易平台。包括北京旅游资源交易平台和由国奥控股集团股份有限公司（以下简称"国奥集团"）和中国旅游集团联合中信国安集团、未来科学城集团、新希望集团、华流文化等企业共同组建的全国性的全域神州旅游资源资产交易中心。交易中心通过整合创意、文化、科技、金融等旅游业发展的支撑要素，搭建交易平台生态圈。

三、全域旅游成为研究热点

2015 年以前，少数专家提出并对"全域旅游"这一概念进行理论阐释，但并没有引起学界的过多关注。但研究论文从 2015 年仅有 1 篇猛增到 2016 年的 200 多篇，2017 年全域旅游相关期刊论文达到 15454 篇。全域旅游从提出到迅速成为旅游研究热点是中国现代旅游研究中的一种极为重要而独特的现象，是本土理论研究模式的有益探索。

当然，全域旅游发展过程中也存在部分问题：一是理论滞后实践，对全域旅游概念认知不够全面，容易造成"遍地开花"、投资浪费和资产闲置现象；二是部分地方缺乏旅游意识，体制机制改革和部门联动阻力较大，影响当地全域旅游的发展；三是缺乏系统观，一些地方偏于重视旅游硬件建设，而忽视生态环境、市场环境、社会环境、安全环境、卫生环境、风貌环境等方面的软件建设；四是一些地方对政府主体依赖性强，没有形成社会化和市场化的旅游运行机制。

第四章

全域旅游发展原则与总体构想

全域旅游是我国新时期旅游发展的新思路、新战略和新方式，为此需要全行业乃至全社会形成发展共识、统一思想和勇担发展使命，严控发展风险。

第一节　基本原则

科学有序推进全域旅游应遵循以下六个基本原则①。

一、党政统筹、市场主体

发挥地方党委、政府的主导作用，实现旅游发展动力切换，从区域发展战略全局出发，统筹规划、统一部署、整合资源、协同联动、全面优化，以发展全域旅游作为地方经济社会发展的重要平台产业，同时充分发挥市场对全域旅游资源配置的绝对作用，推动社会资本参与、社区参与，实现旅游管理的社会化，构建现代旅游治理体系。

二、共建共荣、形成合力

全社会树立全域旅游发展观，培育全域旅游意识，形成全域旅游发展共识，充分调动政府、企业、协会、民众等各方对全域旅游的积极性，形成推动全域旅游发展的强大合力。充分发挥"旅游＋"的整合和放大功能，推动特色产业、城乡建设、现代科技、创意文化、生态文明建设等与旅游业合理高效融合发展，构建现代旅游产业体系和现代经济体系。将全域旅游的发展

---

① 根据相关资料整理而成。

成果惠及各方，使游客满意、居民实惠、政府有税收、企业有发展，构建"共享共荣"的全域旅游发展利益共同体。

三、因地制宜、突出特色

全域旅游发展既要完成国家所规定的任务，达到国家建设标准。同时也要因地制宜，立足地方实际，选择好全域主题文化、选择好融合产业、控制好业态发展方向。深入挖掘地域文化特色，塑造旅游产品、设施与项目的特色，培育主打产品、主题形象和个性品牌，以特色引领全域旅游发展。

四、居游一体、主客共享

全域旅游发展要把"游客满意、居民满意"作为根本出发点和落脚点，建设和谐的旅居社会，让游客和居民有幸福感和获得感。这就要求开发主客共享的旅游资源，配套主客共享的公共设施，构建主客共享的旅游公共服务体系，形成"宜游、宜居、宜业"的居游一体的生活空间。把旅游业建设成为地方的富民产业、快乐产业和幸福产业，促进区域经济社会发展。切实提高游客满意度，让游客游得顺心、放心和开心，带动本地居民脱贫致富、改善生活质量，让居民生活更美好。

五、注重保护、集约发展

全域旅游发展需坚持保护优先，树立"绿水青山、蓝天白云、冰天雪地"的全域生态资源观和"望得见山、看得见水、记得住乡愁"的全域文化生态资源观。科学合理划定生态保护红线和文化保护紫线，守住生态底线和文化底线。充分发挥科技、人才、技术等现代旅游要素对旅游业发展的提升作用，实现经济效益、社会效益、生态效益相互促进和共同提升，提高土地和资源利用率，缓解热点景区旅游流量压力，使发展全域旅游成为积极有效的开发保护途径。

六、改革创新、释放活力

全域旅游发展以改革创新为动力，针对顶层设计、市场秩序、生态安全等全域旅游发展中的重大瓶颈，来完善全域旅游发展的体制机制、产业运行机制和政策创新机制。重点建立党政统筹机制、产业协调发展机制、资源整合机制、综合执法机制等，并利用旅游业的综合性和带动效应，深化地方旅游综合改革创新，把旅游业综合改革经验和成果传导到涉旅产业，乃至成为我国全面深化改革的"破冰器"。

第二节　主要目标

一、建立现代旅游治理体系

坚持党委、政府对全域旅游工作的领导，建立探索更加有效的综合管理体制和全域旅游发展考核机制。建立能够全面反映旅游对区域经济社会发展综合贡献的旅游统计体系和考评体系。建立游客与居民为主的旅游评价机制。完善和优化"多规合一"的实施机制。

二、建立现代旅游产业体系

充分发挥市场的力量，培育旅游企业，完善提升吃、住、行、游、购、娱等旅游要素，推动传统旅游要素的现代化发展，壮大旅游产业。充分发挥政府主导作用，开发旅游公共产品，构建以智慧旅游、游客咨询等为代表的旅游公共服务体系，构建适合大众化和自助化新需求的现代全域旅游产业体系。

三、建立现代旅游经济体系

扩大旅游业的开放程度，推动农业、林业、工业、文化、体育、商贸、卫生与旅游的融合发展。通过产业融合，创新适合大众旅游的全域化旅游新产品和新业态。促进以旅游产业为主导的新型产业集聚区（带），探索无（低）门票全域旅游经济发展模式对区域经济社会发展的综合带动效应，使之成为区域经济的增长极。从而把旅游业融入国民经济大循环，建立现代旅游经济体系。

案例链接：

广东省惠州市。全域发挥"旅游＋"功能，以旅游创新驱动相关产业发展。发挥旅游"接一、承二、连三"产业融合功能，实现农旅、工旅、三旅融合。围绕"食住行游购娱"和"商养学闲情奇"等旅游要素，挖掘当地文化，增加多样性、全季节性的旅游产品供给。

江西省资溪县依据"一产围绕旅游促升级、二产围绕旅游出产品、三产围绕旅游优服务"的思路，促进旅游与农业、林业、低碳工业和医药、文体、商贸等现代服务业融合发展。一产重点提供有机农产品，二产重点生产以竹木制品为主的旅游工艺品、纪念品和绿色有机旅游食品，加快开发具有地方特色的旅游系列商品。三产重点配套特色旅游服务。

内蒙古省阿尔山市坚持"三产"融合，大力实施旅游兴市大战略。一是融合一产扶持"乡村游"，二是融合二产拓展"工业游"，三是融合三产提升"休闲游"。

山东省按照"旅游+一切""一切+旅游"模式，推进全资源整合、全要素调动、全产业对接。统筹城市旅游、乡村旅游、旅游度假区等板块，全面落实绿色发展理念，加大生态修复和治污力度。

四、构建现代旅居社会

发展全域旅游最后会形成旅居社会形态，它是"以旅居居民为主的，以旅游生产为主、以旅居生活为主"的新型居游一体、主客共享的一元化旅游空间场域。在实践中已经出现大量"游客规模"远远大于"定居民规模"的著名旅游目的地。例如，泰国的普吉岛、印度尼西亚的巴厘岛、云南丽江、湖南的张家界等。①

第三节　总体构想

全域旅游的概念提出来之后，社会各界都尝试描绘全域旅游的蓝图，以指引全域旅游发展的方向。与景点旅游相比，全域旅游具有自身的优势特征，这也是全域旅游独立存在的价值所在。全域旅游有五个特征：一是全局谋划，

---

① 李柏文. 旅游目的地"旅居社会"的建构与发展研究 [J]. 华东经济管理, 2012 (11).

全面统筹城乡、各种基础设施、山水林田路景等各个方面，整体提升环境，全方位推进旅游发展。推进旅游生态全域化，科学合理地将有吸引力的生态资源和环境资源等转化为新的旅游吸引物。二是旅游设施和服务有效覆盖，旅游发展的重点不仅仅是景区（点）和饭店等，而是在全域范围内更加注重公共服务的系统配套和各种共享要素优化配置，统筹全域旅游目的地建设。三是旅游管理全域化和全过程优化，按照全域统筹发展的理念，实现旅游业与社会经济相互促进。以游客体验为中心，整体优化旅游旅行的全过程，不断提高游客满意度为目标。最终实现以旅游业的升级换代促进国民经济的提质增效。四是产业融合、全价值链延伸，发挥"旅游＋"的综合带动功能，从"围景建区、设门收票"向"区景一体、产景一体"转变，促进旅游与其他产业融合，产业链条一体化，产业布局全域化。五是主客共享，按照旅游景区的标准和美学要求，整体优化区域的环境和公共服务，增强居民和游客共享的参与度与共享度，旅游红利为全民共享。① 在世界首届旅游发展大会上，他进一步把全域旅游归纳为五个特征：一是在全域优化配置经济社会发展资源，充分发挥旅游带动作用；二是全域按旅游的标准和需求统筹规划建设；三是构建全域大旅游综合协调管理体制；四是推动旅游与其他相关产业深度融合，形成新的生产力和竞争力；五是全域旅游全民共建共享。

在此基础上，有人把全域旅游的特征进一步抽象为七个特征：一是空间拓展性，全域旅游需根据旅游流量科学合理地拓展旅游空间。二是产业综合性，立足区域经济、社会、社会、文化等多元发展视角，构建旅游发展全要素②和全业态③为内容的产业系统。三是管理综合性，立足旅游发展管理视角对旅游发展多个方面的全盘统筹考虑，形成全域旅游综合管理体系。四是资源整合性，旅游发展对社会经济各类生产要素和社会公共服务的整合运用。五是主体多元性，调动全社会力量共建旅游事业。六是成果共享化，旅游发展成果惠及广大人民群众。七是效益的综合性和带动性，全域旅游能够有效带动其他产业的快速发展，促进经济社会协调发展。

从最终全域旅游发展的归宿来看，全域旅游的总体构想可以形象地描述

---

① 李金早. 全域旅游大有可为 [EB/OL]. (2016 – 01 – 09).

② 厕、吃、住、行、游、购、娱。

③ 文、商、养、学、闲、情、奇。

为"一盘棋、一张网、一个产业、一种社会、一段回忆、一类功能区"。一盘棋就是统一规划，整体运营，建立具有内生动力的，对旅游利益相关者都有柔性约束力的现代旅游业治理体系；一张网就是以特色旅游交通为依托的旅游公共服务网络，一网打尽全域的重要旅游节点并最大限度地服务到散客；一个产业就是旅游业成为全域首位度高的产业，对全域发展形成实质性影响力和调控力；一种社会就是旅居社会，构建一个为旅居民①服务的社会；一段回忆就是能够在旅居民心目中留下美好的回忆；一类功能区就是通过全国全域旅游的发展最后能够实现在国土功能区划中单列旅游功能区。

相关知识链接：

全域旅游发展 215 字方针

1. 全域是系统，需要综合抓，需要综合治；理念要更新，机构要改革；党政要主导，企业要为先，社会要参与。

2. 特色要鲜明，全面来推进，重点补短板，硬件要过硬，软件要升级；忌大拆大建，重改且慎建；旅游成主业，脱贫又致富，业绩人人夸。

3. 执法＋监管，行行管旅游，家家出政绩；人人愿参与，个个有好处。

4. 旅游要融合，业业搞旅游，一业旺百业。

5. 全域互联通，通村又通景；线路网络化，行走很自由；从业有尊严，从来不媚俗；公共服务好，全域一个样，主客一起享。

6. 蓝天伴白云，绿水绕青山；处处是风景，处处皆旅游；人文风情浓，市场秩序好，人人是形象，个个都好客。

---

① 旅居民包括游客、度假客、候鸟短期生活客人、旅游定居者。

第五章

全域旅游顶层设计

按照马克思主义的经济观，经济基础决定上层建筑，生产关系与生产力相适应。全域旅游的诞生与发展的主要原因是全域旅游生产力与景点旅游生产关系之间的矛盾，因此发展全域旅游就需要从旅游上层建筑和生产关系变革着手，形成适应全域旅游生产力的顶层设计，确保政策供给力度与全域旅游发展相匹配。全域旅游综合性强，涉及面广，唯有科学的顶层设计才能更好地引导全域旅游有序发展和健康发展。

第一节 体制机制改革

体制机制改革是顶层设计的核心内容，改革旅游管理体制有利于突破旅游产业发展瓶颈，构建适合全域旅游发展的体制机制，极大地解放旅游生产力，促进旅游产业健康快速发展。

一、指导思想

根据我国现有的旅游管理体制机制与全域旅游的发展需要之间的矛盾关系，构建适合综合产业发展规律的全域旅游党政统筹领导机制、产业协同促进机制（含资源整合机制、整合营销机制）、行业综合管理体制（含市场综合执法、多部门联动管理）和行业自律与社会监督机制等系统化的动力机制，形成"党政统筹、部门联动、产业协调、社会参与、市场化运行"的现代旅游治理体系，适应大众化旅游时代的全域旅游发展新需求，解决我国旅游业管理中长期存在的"小马拉大车"的问题，形成党政统筹领导力、部门发展合力、市场推动力和社会动员力，推动旅游业社会化管理水平，从体制机制上确保全域旅游又好又快地发展。

二、标准要求

根据国家相关标准以及地方相关文件要求①，体制机制改革的主要要求与内容包括：一是建立由党政统筹领导的全域旅游组织领导机制，实现旅游发展领导的主体由旅游部门转换为以党政为主体，并以制度的形式固化下来，形成久久为功的持续领导力。防止领导小组形式化，工作非常态化。二是建立旅游综合管理机构和常态化的旅游综合执法或联合执法机制（俗称两个"综合"），根据旅游综合产业属性，大胆尝试旅游综合管理和旅游综合治理的创新，切实发挥综合管理和执法作用。三是建立有助于推进全域旅游发展的配套机制和较为发达的旅游社会组织，大力发展旅游社会组织，提高旅游社会化管理与监督水平。总之，需要根据地方实际情况依法进行旅游领导、旅游管理、旅游执法、旅游社会化管理等方面体制、机制和政策的创新，从而构建现代旅游治理体系。

三、主要做法

（一）全域旅游组织领导机制

按照我国行政机构改革中"放、管、服"等深化改革要求，全面深化旅游领导体制机制改革，建立"党委领导，政府推动"的党政统筹机制与领导机制，解决旅游业推动行政主体层级不够的既有问题，实现旅游业由部门推动向党政统筹推动转变。具体可采取以下做法：

第一，地方常委会议中涉及全域旅游的相关内容，把全域旅游作为本地的中心工作之一；定期召开全域旅游专题会议，研究部署全域旅游工作。

第二，成立党政统筹的全域旅游工作领导小组或其他类似领导机构，成立全域旅游领导小组及其办公室，并开展常态化的全域旅游工作，加强对旅游工作的统筹、指导和协调。

第三，出台全域旅游创建工作方案和全域旅游实施意见，对创建任务进行分工，权责明确，责任到人。建立目标责任考核机制，定期召开全域旅游

---

① 《全域旅游示范区创建工作导则》（旅发〔2017〕79号）、《国务院办公厅关于促进全域旅游发展的指导意见》和《国家全域旅游示范区验收细则》。

工作推进落实会议。

案例链接：

湖南省南岳区党政双轨旅游领导机制

南岳区成立旅游最高议事协调机构旅游工作委员会，由书记、区长为主要负责人，全面加强对旅游工作的指导和统筹协调，对于旅游工作的问题第一时间研究、第一时间解决、第一时间决策。在此基础上，成立由书记、区长任主要领导的旅游发展委员会负责统筹协调涉旅工作，并成立旅游工作办公室主抓环境，实行旅游双轨体制机制。建立以全域旅游为核心的工作指标体系和绩效考核机制，旅游部门具有主审项目立项与考核权，出台《南岳区国家全域旅游示范区创建工作考核方案》以及《2017 年南岳区创建国家全域旅游示范区和旅游"补短板"工作考核实施方案》，将国家全域旅游示范区创建工作列入各级各部门目标管理考核重要内容，将考核结果作为评价干部实绩的重要内容，通过发挥绩效考核的导向作用，把各级各部门的精力、物力、财力集中到发展全域旅游上来，形成上下抓创建、全力以赴促转型的强大合力。

山东省旅游发展综合考核

山东省把旅游发展纳入省委、省政府对 17 市科学发展综合考核的省份。省委组织部和省考核办对科学发展综合考核旅游指标运行情况进行专项抽查考核。全省建立省、市、县一体考核体系。省旅游发展委员会成立旅游科学发展综合考核工作领导小组，考核领导小组办公室设在省旅游局，负责日常考核工作。与省统计局合作建立科学的旅游发展考核评价体系和工作机制，联合省统计局多次举办全省旅游科学发展综合考核暨统计工作培训班，发布《一张图读懂山东旅游科学发展综合考核》，得到各市旅游局的广泛称赞，取得很好的效果。各市在推进考核工作落实中，严格按照《2015 年度 17 市科学发展综合考核旅游消费总额及增长率指标考核工作方案》要求，形成"有组织、有责任、有制度、有人员、有经费、有台账"的"六有"落实机制，制定年度科学发展综合考核旅游消费总额及增长率指标考核工作方案。各市考核工作方案中明确了成立由市旅游局一把手任组长的旅游科学发展综合考核工作领导小组，17 市旅游局局长均担任考核组长，旅游局分管局长、市统计局副局长任副组长，市旅游局和市统计局人事、统计和贸易外经科（处）室主要负责人和统计责任人为组员，考核实行指标监控台账制度，各市季度结束后，将本市的科学发展综合考核旅游指标监控台账和季度总结报告，经市旅游局主要领导签字并加盖单位公章后，报省旅游考核领导小组办公室封存备查。

贵州省旅游领导与考核机制

贵州省要求全省各级领导干部特别是党政"一把手"懂旅游、爱旅游、抓旅游，对景区建设、旅游规划等重大问题要亲自谋划、亲自部署、亲自推动，协调解决工作中遇到的困难和问题。重新调整了省长挂帅，省委副书记、宣传部部长、分管省长任副组长，39家省直部门主要负责人和各市州主要领导为成员的旅发领导小组构架，形成党委政府高位推动、"一把手"亲自上手和群策群力大抓旅游、特抓旅游的大格局。推动建立旅游发展绩效考核机制，把旅游发展绩效考核结果作为评价各市县党政领导班子和干部选拔任用的依据。

第四，召开年度全域旅游工作会议。要求党政主要领导、各部门单位均应参加，做好会议记录，形成会议总结。有关部门单位应认真学习并贯彻落实会议精神，形成推进全域旅游工作的相关文件。例如，相关部门单位出台的年度总结报告中涉及全域旅游的相关内容。

第五，建立和完善旅游统计分析体系。建立旅游数据信息中心和配套的统计制度，丰富完善反映旅游运行的关键统计指标体系，与旅游大数据相融合形成可视化数据，为旅游决策提供辅助作用。培养专业的统计队伍，配套统计经费。

第六，把全域旅游纳入政府工作考核体系，科学设定旅游工作在政府考核体系中的指标和权重，同时合理赋予旅游部门考核其他部门的权限。例如，青岛市将各区市的"旅游消费总额及增长率""接待入境游客增长率"两项内容纳入全市科学发展综合考核。

第七，利用全域旅游联合创建平台，统筹文明城市、卫生城市、美丽乡村、美丽河湖、海绵城市等创建工作，形成联合创建、互相促进的发展格局。

案例链接：

浙江省湖州市旅游统计分析体系

湖州完善旅游统计分析体系。构建湖州旅游统计大数据体系，以大数据为基础，开展旅游市场统计分析和旅游经济运行监测工作，形成《湖州旅游经济（旅游企业）运行（营）季度分析报告》和《湖州旅游经济运行分析年度工作报告》体系，完善全国乡村旅游和旅游扶贫季度统计分析制度和体系。建设乡村旅游统计体系。以国家乡村旅游扶贫工程观测中心落户湖州为契机，出台《国家乡村旅游扶贫工程观测中心建设工作方案》，做好对全国31个省市、158个乡村旅游扶贫工程观测点观测指标的数据统计。

广东省深圳市——旅游统计网上直报系统

广东省深圳市委托专业机构开发新的旅游统计网上直报系统，提升旅游统计的效率和准确率。新系统在四个方面进行优化提升：一是整合短信催报、数据录入、数据审核、数据查询、数据报表、可视化、文件导出、文件打印、消息管理等多种功能，提高目前旅游管理工作效率和统计数据准确率；二是新系统将原来的旅游统计网上直报系统、黄金周直报系统、财务编报等多个系统整合到一个平台，且统计报表的指标与国家保持一致，大大降低数据错误率，提高数据审查的准确率；三是旅游企业用同一个账号在同一个平台即可完成所有填报工作，企业有权限可以看到全市行业统计数据，便于横向对比；四是新系统具有极强的安全性和可扩展性，具备未来系统随着业务不断变化而产生的系统应用升级的所具备的必要条件。

山东省旅游统计

省旅游局、省统计局联合制定科学的山东省城乡居民出游情况入户调查方案，并按照全省统一的标准核实确定各市调查样本点的均衡布局。省旅游局联合统计部门和第三方机构，对全省330家星级饭店、390非星级宾馆、220家旅游景区和5万名游客、5000个居民家庭户开展省级调查，各市旅游局对本市1000个居民家庭户开展市级调查，作为统一校核17市上报数据的重要基础，增加一层保障措施。

（二）旅游综合管理机构

按照我国行政管理体制机制改革的方向和要求，提高旅游行政管理部门对其他部门的协调能力，完善旅游行政管理职能，提高行政管理效率，提高旅游服务能力，推动旅游管理向现代旅游治理转型。

第一，与国家部门设置保持一致，成立文化旅游局，并成为政府直属部门，充分发挥政府对文化旅游业发展的监督管理和统筹协调作用，促进文化旅游与相关产业的融合，逐步建立机构合理、运转协调、办事高效、行为规范的管理体系和运行机制，保留并完善旅游资源开发与整合、旅游规划、旅游监督管理与综合执法、旅游营销推广与品牌形象提升、旅游基础设施、旅游公共服务优化、旅游数据统计分析与综合考核等职能。

第二，旅游发达地区可以继续单设旅游局，为政府直属部门。可在现有旅游局的基础上，完善旅游部门内设机构和职能，使其能够有效承担旅游资源的整合与统筹协调、旅游规划与产业促进、旅游公共服务与专项资金管理、旅游监督管理与综合执法、旅游数据与综合考核等联合执法、整体营销、运行监测的职能。

第三，在旅游发达地区，成立旅游综合管理机构如旅游发展委员会、文化旅游发展委员会等，并提高旅游管理部门的行政层级，形成部门联动、统筹推进、综合监管、高效协调高效、服务全域的综合管理体系，有效承担旅游资源整合与开发与整合、旅游规划、旅游综合执法与监督管理与综合执法、旅游营销推广与形象提升、旅游公共服务、旅游数据统计与综合考核等职能。

案例链接：

贵州省旅游综合管理体制改革

贵州省文化和旅游厅为政府组成部门，新机构强化和增加统筹协调、促进融合发展、推进旅游公共服务体系规划建设职能职责，在行政编制十分紧张的情况下，新增行政编制20个。省发改委、省财政厅、省国土厅、省经信委、省交通厅、省体育局、省扶贫办等相关部门、单位在政策、项目、资金等方面向旅游倾斜。

浙江省各市县旅游综合管理体制改革

湖州市开展旅游行政许可制度改革，以乡村民宿为重点，建立部门联合审批机制，出台《湖州市乡村民宿管理办法（试行）》，由市、县区旅游委（局）牵头，成立由旅游、农办、公安（消防）等部门组成的联合审批小组。舟山、淳安、安吉、桐乡等实行风景与旅游资源一体化管理体制。桐乡、洞头、安吉、武义、江山等在乡镇（街道）成立旅游办，配备专职旅游管理员，理顺乡镇（街道）旅游发展体制。

江苏省南京市江宁区旅游综合管理体制改革

江苏江宁加快旅游部门职能转变，使江宁旅游从单一部门管理向相关部门协同管理模式转变，并谋划组建旅游集团，构建政府与市场共同推进的工作机制。此外，政府与36个职能部门和所有街道、园区签订目标责任书，构建全方位、高效率的全域旅游规划执行体系。

广东省惠州市旅游综合管理机制

广东惠州市深化旅游管理机制、旅游综合监管协调机制、旅游市场监督快速反应机制、旅游服务质量动态监管机制、旅游纠纷处置应急联动机制"五大机制"建设。

（三）旅游联合执法或综合执法机制

旅游产业是综合产业，需要综合管理和综合治理，这就需要建立其他部门参与旅游管理与发展的平台，形成多部门共管共建共享的机制，提高旅游业联合执法或综合执法的能力：一方面推动旅游联合执法，甚至综合执法，实现旅游执法一站式解决；另一方面，推动各执法部门对旅游领域的执法各司其职，对旅游领域的执法正常化和常态化，总体提高旅游业法制的水平。

第一，建立联合执法机制或综合执法机制。通常有三种做法：第一种是构建旅游部门与相关部门联合执法机制，制定联合执法方案，按照"联合执法，分工处理"原则开展重点或专项旅游市场监督检查活动，加强涉旅领域执法检查力度，形成密切配合、统一协调、相互协作的旅游市场联合执法机制。第二种是推进旅游执法机制的改革，变"联合执法"为"综合执法"，制定综合执法方案，切实从制度层面破解旅游管理领域多头执法、交叉执法、执法效率低下等问题，加强对旅游市场秩序的整治，形成权责明确、执法有力、行为规范、保障有效的常态化的综合执法机制。第三种是有效开展联合或综合执法活动，对景区、饭店、广场、车站、码头、游客集散中心等重要涉旅场所开展日常巡逻检查，对旅行社、景区、民宿、星级酒店及其他餐饮场所、旅游购物商场等涉旅企业开展全面执法检查。

第二，建立联合执法机构或综合执法机构。一般有三种方案：第一个方案是建立联合执法办公室，成立由多个部门为成员单位组成的旅游联合执法办公室，成员又分为核心单位成员和非核心单位成员，核心单位成员派人参与联合执法办公室集中办公，非核心单位成员不派人参与集中办公，但要安排人员参与办公室的联络工作，办公室下设专门的旅游执法大队，成员从各单位抽调，采取集中办公和联合办公形式。执法设备由各成员单位提供，执法经费由办公室负责解决。第二个方案是建立旅游联合执法机构，设立旅游工商分局、旅游巡回法庭、旅游警察等，保证人员落实到位，做好执法记录，并形成年度总结报告。第三个方案是成立独立的行政执法局，执法人员由两部分构成，一部分是由原事业编制的旅游执法机构人员划转，另一部分则是从多个部门抽调，执法检查经费纳入财政预算，采取集中办公形式。

案例链接：

安徽省黄山市旅游联合或综合执法改革与探索

黄山市设立旅游管理综合执法局，下设屯溪分局和黄山风景区分局，在黄山区旅游委、黟县旅游委增挂旅游管理综合执法局，明确各级旅游管理综合执法局为政府组成部门或工作部门，负责各自区域内行使旅游管理领域相对集中行政处罚权；在市旅游质监所增挂市旅游管理综合执法支队，下设直属执法大队；黄山风景区公安局治安大队增挂旅游警务支队，各派出所增设旅游警务工作站功能。行政执法人员为国家公务员或全额拨款事业单位正式在编人员，其工作经费列入本级财政预算，实行"罚缴分离""收支两条线"。明确在屯溪区、黄山区、黟县、黄山风景区，集中行使旅游、价格、工商、食品安全、交通运输、公安、体育、文化（文物管理）8 个主要职能部门 88 项行政处罚权。其中，旅游部门涉及旅行社违规经营等 35 项，工商部门涉及发布虚假旅游广告等 11 项，物价部门涉及变相涨价或违规收费等 25 项，食药监管部门涉及经营变质过期食品等 4 项，交通部门涉及无证营运等 8 项，公安部门涉及客运车辆超载等 2 项，体育部门涉及擅自经营高危体育项目等 2 项，文物主管部门涉及刻画、涂污或损失文物等 1 项。已相对集中的旅游管理领域行政处罚权，原归属的相关职能部门不再行使，并制定旅游综合执法协调配合、信息通报、资源共享、行政监督等制度，实行一支队伍执法、一个部门处罚；建立统一的旅游投诉受理和处置平台，实行一个平台受理、一个平台交办、一个平台回复，努力提升游客满意度。同时，为协调解决综合执法争议，建立以市长为召集人的联席会议制度和部门协调联动机制，推动形成规范协调、精简高效、保障有力的旅游管理行政执法运行机制。旅游领域行政执法由多部门间外部循环变为旅游综合执法机构内部循环，旅游市场监管、执法、查处实现"三统一"，旅游市场综合监管能力得以全面提升。

海南省旅游联合或综合执法改革与探索

海南省成立由副省长担任组长、省旅游委牵头、15个部门组成的省旅游市场综合整治领导小组。近两年来，又增加省高院、省检察院、省民宗委、省国税局作为成员，目前省旅游市场综合整治工作领导小组成员单位已经达到19个，建立了"统一领导、部门联动、属地管理"的工作机制。领导小组下设办公室，办公室设在省旅游委，负责统筹开展重大节假日期间综合督导检查工作，建立对旅游市场出现的热点问题督办转办工作机制。

四川省乐山市旅游联合或综合执法改革与探索

乐山市在峨眉山主要景区率先设立旅游审判庭，实行"110"旅游审判模式，在全省景区首例启用车载式旅游巡回法庭，裁判文书无线传输，实现远程立案、现场审判、制作文书、远程签章、立刻送达，有效破解游客旅途时间紧、涉旅纠纷不能快速审结的难题。组建旅游警察。整合治安、交警、经侦、刑侦等支队涉及旅游方面的处罚权，组建"乐山市公安局旅游警察支队"，负责对旅游景区和涉旅重点地区、路段进行治安整治。开展旅游综合执法改革。将相关部门在旅游市场中的部分处罚权划转市旅体委行使，成立旅游综合执法支队，充实执法人员，形成权责统一、权威高效的旅游综合执法体制。

福建省厦门市旅游市场监管联动平台

厦门市建立市场监管联动平台。全域各部门联动，加强旅游市场综合监管，实施12315服务热线旅游投诉"一口受理、分头处置、限期办理、快处先赔"机制。

（四）全域旅游联席会议机制

全域旅游的综合管理需要建立旅游联席会议机制，成立多部门协商和决策平台。旅游联席会议机制应有党政负责人作为召集人，并设立联席会议办公室，配套政策文件，根据工作开展情况定期或不定期召开联席会议，并做好会议记录，各成员单位按照责任分工，密切配合，互通信息，主动研究和共同解决旅游工作中的重大问题。各部门落实联席会议议定事项，形成部门联动、高效运行的长效工作机制，共同推动全域旅游业健康发展。对重大旅游项目会同相关部门根据工作的时限要求召开专题会议联审，根据联审意见依法对项目实施程序进行报批。也可以根据全域旅游发展的重点工作建立专项工作联席会议制度，如开展全域旅游营销联席会议、全域旅游交通联席会议等。

案例链接：

海南省旅游联席会议制度建设

海南省成立旅游产业发展工作联席会议制度，统筹协调全省旅游工作。由分管旅游的副省长任总召集人，由省政府副秘书长和省旅游委主任任副总召集人，成员由33个省直部门的负责人参加。主要任务是制定全省旅游产业发展的重大政策和措施，审定全省旅游产业发展的重大旅游规划和重要专项规划；协调推动全省重大旅游项目建设，谋划重点产业项目的生成及储备，并协同推动落实；统筹指导全省旅游市场监管；协调解决全省旅游产业改革、开放和发展中的重大问题；制定并实施旅游产业发展目标管理和考核评价制度等全省旅游产业发展的重大事项，同时全面领导统筹推进全域旅游示范省创建工作。

黑龙江省旅游联席会议制度建设

黑龙江在继省政府主导建立由主管副省长任总召集人，旅游、公安、交通、统计、工商、通信等10余个相关部门为成员的全省旅游统计工作联席会议制度之后，近期省委、省政府决定建立全省冰雪产业发展联席会议制度，由省委副书记担任联席会议召集人，中省直45家单位为成员单位，联席会议办公设在省旅游发展委，对发展冰雪产业进行统筹推进。

山东省临沂市沂南县旅游联席会议制度建设

沂南健全由县长任总召集人、34个县直部门组成的旅游工作联席会议制度，整合住建、水利、文化、农业、林业、交通等有关部门的资源、资金，政策集中向旅游业倾斜，建立起政府主导、部门联动的旅游发展协调机制。

（五）旅游社会组织

旅游社会组织发达是全域旅游成熟的重要标志。按照国家"放、管、服"改革方向和政策要求建立行业协会或其他的旅游社会组织，并配套建立行业自律机制和行业诚信体系，推动全域旅游社会化管理水平。

第一，成立以饭店、景区、民宿、旅游村等涉旅企业、单位部门为主体的旅游协会、旅游社团等，主要承担调查研究、行业自律、行业培训、经验信息分享、对外沟通与交流、开展各类研讨活动的职能，并协助主管部门，实施行业管理等；规范行业协会的组织结构，完善内部管理制度，建立有效的惩处机制，提升旅游社会化治理水平。

第二，建立行业自律机制与诚信平台，引导企业诚信经营。建立旅游"黑名单"机制，旅游行政主管部门和行业协会联合定期向社会发布违法违规经营的企业或个人。通过建立诚信信息发布机制，依托行业协会网站设消费者举报投诉专栏，公布举报电话或信箱，定期在协会网站发布。让被投诉的企业自领投诉、自我解释、自行处理。建立行业协会与消费者的沟通机制和通道，使行业协会成为消费者反映产品质量问题的主要渠道。

第三，建立政府与协会组织之间的沟通平台，通过协会把行业诉求反映到政府，通过政府把诉求转化为政策，形成良好的政企互动机制。

案例链接：

广西省阳朔县旅游社会组织

阳朔县委、县政府探索旅游社会治理方式。一是建设集村民议事、教育培训、便民服务、旅游咨询等方面功能和作用的高标准党群综合服务中心，免费 Wi-Fi、免费公厕对游客开放，在基层组织阵地不断建设功能更加完善、服务更加便利、适应全域旅游发展新需要的新农村。二是完善各类行业组织、联盟组织，组建阳朔县漓江排筏从业者协会、阳朔县金桔协会等两新组织党（总）支部66个，"漓江党旗红"成为党建旅游新品牌。

河南省栾川县旅游行业协会

栾川发挥旅游行业协会作用，在重渡沟村、养子沟村、庄子村成立农家宾馆协会，发挥政府与农户之间桥梁作用，推动行业自律。例如，在农家宾馆星级评定工作中，行业协会参与进来，出台栾川县农家宾馆星级定价实施办法，实行星级定价，每家每户悬挂星级牌与价格公示牌，既提升农家宾馆的档次和服务水平，又有效遏制旅游旺季农家宾馆乱涨价现象。

安徽省马鞍山市乡村旅游发展模式

安徽省马鞍山市创新乡村旅游发展模式，采取"公司＋旅行社＋农民旅游协会""公司＋农民专业组织"等模式发展乡村旅游。

第二节 全域旅游规划体系

旅游规划对旅游业的发展起着引领作用，为旅游业的科学、可持续发展提供重要的智力保障。全域旅游作为地方的长期发展战略，编制全域旅游规划是一项基础的重要性工作。在全域旅游背景下，旅游规划不同于一般意义上的产业规划，有其自身的特殊性、规律性和内在逻辑性，需以实事求是的精神、严谨科学的态度、成熟的技术本领、全域旅游发展观为引领，整合区域内的资源、要素、设施、服务和其他产业来谋划全域旅游的发展，使全域旅游规划能够真正"耳目一新，务实管用"。

一、指导思想

树立"全域旅游、规划先行"的观念，建立"全域旅游发展规划＋专项规划"的规划体系，构建全域旅游实施、督导、评估与调整机制，推动全域旅游规划落地，充分与国土空间规划对接，把全域旅游规划写在祖国的大地上，将全域旅游理念贯彻到城乡建设、土地利用、生态保护等各项工作中，从而发挥规划对全域旅游发展的引领与统筹作用，为全域旅游的科学、健康和可持续发展提供依据，指引全域旅游向正确方向发展，避免全域旅游发展走弯路、走错路，降低全域旅游发展风险，推动全域旅游和谐健康发展。

二、标准要求

根据国家和地方相关文件要求①，全域旅游规划体现全域旅游思想，突出全域旅游规划的特征和本质要求，提高全域旅游规划与一般规划的识别度。创新全域旅游规划体系，为规划配套编制实施方案和行动计划，形成完整的规划体系。全域旅游规划的主要内容与要求：一是将旅游发展规划作为重要

---

① 《中华人民共和国旅游法》、《旅游规划通则》、《国务院关于加快发展旅游业的意见》、《全域旅游示范区创建工作导则》（旅发〔2017〕79号）、《国务院办公厅关于促进全域旅游发展的指导意见》和《国家全域旅游示范区验收细则》。

内容纳入经济社会发展、城乡建设、土地利用、基础设施建设和生态环境保护等规划中。二是编制促进全域旅游发展的相关规划。三是行政区域内涉旅重大项目需征求旅游行政管理部门意见。四是完善规划体系。五是健全旅游规划管理与实施机制。这就要求提高规划编制质量，突出全域旅游特点，提高全域旅游规划与一般规划的识别度。强调专项规划的配套，完善全域旅游规划体系，真正发挥规划的统筹和引领作用。

三、主要做法

（一）全域旅游发展规划

以全域旅游发展理念为指导，对本地全域旅游资源进行重新审视和整合，科学准确地编制促进全域旅游发展规划，防止盲目开发、低水平重复建设。

第一，突出全域旅游规划特征。规划中空间布局、产品开发、市场管理、公共服务建设、品牌建设、共建共享、环境营造等能够反映全域化发展规律和发展特征。

第二，编制全域旅游三年行动计划或实施方案，明确全域旅游创建的任务、责任主体和时间节点，行动计划或方案应由党委或政府印发。

第三，规划编制完成后，对规划进行评审，并对修改后的规划进行审核，审核通过后报政府进行批复，出具批复意见。

第四，依据《旅游发展规划评估导则》（LB T041—2015）的有关要求，委托第三方评估机构，并建立人大、政协督办年终考核制度，保证创建任务的顺利开展。

（二）多规融合

推动多规对接、多规融合甚至多规合一，是遵循旅游综合产业需要综合发展和综合治理的内在规律，从规划层面解决旅游部门单打独斗的局面，整合部门和行业资源，推动共建共享共荣的旅游发展机制。多规融合是部门联动的主要法律依据，是产业融合发展的顶层设计。全域旅游规划需与上位规划和平行规划对接，最大限度地实现规划融合甚至多规合一，通过规划融合提高旅游规划的法定性和落地性，获得相关规划的政策与资金支持，提高旅游规划整合部门和行业资源的能力。通过旅游规划融合发展，从规划层面上推动旅游带动作用和引领社会经济发展。

第一，符合并落实上位规划。将旅游发展纳入上级国民经济和社会发展规划中，例如，将县级单位旅游发展纳入市级国民经济和社会发展规划中。旅游发展作为重点内容纳入本地国民经济与社会发展规划并独立成章，规划编制涉旅内容充分征求旅游行政部门的意见，旅游行政部门根据本地实际情况，对规划提出书面反馈意见。

第二，与平行规划融合。将旅游发展作为重要内容纳入国土空间规划（城乡建设、基础设施、土地利用、生态环境保护等）中，规划编制涉旅内容充分征求旅游行政部门的意见，旅游行政部门就规划提出书面反馈意见。加强旅游规划与文化发展规划、农业规划、水利规划、林业规划等平行规划的衔接和协调。

第三，以全域旅游规划为上位规划，编制旅游公共服务、营销推广、市场治理、乡村旅游、人力资源、自驾车露营地、乡村旅游等专项规划。

案例链接：

海南省多规融合探索

海南是目前全国首个在全省范围内开展"多规合一"探索的省份。通过实施《海南省总体规划》，打破行政区划的藩篱，全省一盘棋，统一高效配置土地、林地、岸线、海域、水等重点资源，借机完善旅游规划体系。例如，将《海南省旅游发展总体规划》《海南省旅游业发展"十三五"规划》《海南省旅游购物品开发规划》等旅游发展规划和19个市县的《旅游发展总体规划》融入全省总规划，把旅游规划与国土、城建、林业、生态、用海规划等无缝衔接，以科学的规划实现区域内旅游资源优化配置，引领旅游产业开发和建设。

山东省青岛市多规融合探索

青岛推进"多规合一"，由市旅游管理部门担任市"多规合一"办公室副主任单位，在全市邮轮游艇帆船码头、海岛保护、海洋功能区划等近30项规划、意见与行动计划的研究论证工作和青岛市城市风貌保护、2050远景规划、"十三五"综合交通规划等工作中充分发声，切实做到旅游规划纳入全市空间规划的"一张蓝图"。

四川省临沂市沂南县多规融合探索

沂南2016年，县政府成立以县长任组长，发改委、规划、国土、旅游等26个部门组成的规划委员会，在"十三五"规划确定的旅游主导产业定位基础上,由发改委牵头统筹,围绕"宜业宜居宜游沂南"发展目标,修订完善城市建设、土地利用、生态环境保护、水电交通等各类规划,实现产业空间布局的相互延伸,规划内容、技术规范和实施措施的相互衔接。县规划委员会定期召开会议,实施对规划的运行管理和统筹推进,强化规划编制实施过程中的管控,增强控制性详细规划的刚性。严格划定县乡道路两侧建设红线,杜绝私搭乱建,对不符合全域旅游发展规划或产业政策以及低水平、重复建设的项目实施一票否决。文化、农业、林业、水利等专项规划紧密结合旅游需求,融入旅游元素,预留休闲空间,增强宜游功能,形成城旅融合、产业协同、城乡统筹、功能协调一致的区域空间结构和"一体化"发展格局。全县实现产业发展规划、城市建设规划、环境保护规划、交通规划已与旅游规划完全融合,修编中的新型城镇化规划、土地利用规划正与旅游规划对接融合。

北京市昌平区多规融合探索

北京市昌平区。昌平区已形成"1+X"旅游产业规划体系。其中"1"是指昌平区"十三五"时期全域旅游发展规划,"X"是指在发展旅游产业中形成的各项具体规划和专项规划。

(三)完善规划体系

完整的全域旅游规划体系横向涵盖全域旅游发展规划、发展规划实施方案和配套全域旅游专项规划,纵向形成总体规划、控制性详规、详细规划和项目设计,总体形成"层次分明、相互衔接、规范有效"的全域旅游规划体系。

第一,全域旅游规划需体现全域旅游理念,反映全域旅游发展规律,涵盖全域旅游发展的重点内容,兼具规划质量提高、理念创新和务实管用。

第二,全域旅游专项规划包括旅游公共服务、营销推广、市场治理、人力资源、自驾车露营地、乡村旅游等。

第三,各类规划应配套实施计划或行动方案,并配套出台规划的实施、督导和评估政策,形成规划推进实施机制。

第四,城乡基础设施建设、公共服务设施建设或重大涉旅项目在立项、规划设计、竣工验收环节,应就其旅游影响及旅游化建设征求旅游行政管理部门意见,旅游行政管理部门出具书面反馈意见。

案例链接：

广东省韶关市规划体系完善与探索

广东韶关在全域旅游的创建中，加强规划工作，注重全域旅游的顶层设计。在全市规划工作委员会统一协调下，城乡基础设施、公共服务设施和产业发展中的重大建设项目，在立项、规划设计和竣工验收等环节，根据项目的旅游影响及相应旅游配套征求旅游部门意见，将旅游发展作为重要内容纳入经济社会发展、城乡建设、土地利用、基础设施建设和生态环境保护等相关规划中。2016 年，由韶关市人民政府编制《韶关旅游产业发展规划(2015—2025)》，依法开展规划环评，在实施"多规合一"中充分体现旅游主体功能区建设的要求。制定《加快发展大旅游重点工作分工方案》和《韶关市创建全域旅游示范市工作实施方案》。编制《韶关全域发展规划》，设定旅游产品指导目录，制定旅游公共服务、营销推广、市场治理、人力资源专项规划和实施计划或行动方案。形成包含总体规划、控制性详规、重大项目设计规划等层次鲜明、相互衔接融合、规范有效的规划体系。按照韶关市规划工作委员会工作机制，韶关市的主要旅游发展总体规划及重点项目规划都报市政府常务会议审核批准，提升规划实施的法律效力，同时建立旅游规划评估与实施督导机制。

北京市昌平区规划体系完善与探索

昌平区坚持旅游引领"多规合一"，保证全域旅游发展的可行性和科学性，全面对接农业、环境、水务、大地景观、路网建设、沟峪建设等规划，形成以"十三五"时期全域旅游发展规划为主干，以北京昌平小汤山国际温泉度假发展战略规划、旅游休闲特色小镇创建规划、智慧旅游规划、景区提升规划等一系列重点规划和专项规划为分支的"1 + X"旅游产业规划体系。

（四）旅游规划管理与实施机制

旅游规划的实施与管理是当前旅游规划最为薄弱的环节，需要通过强化规划的实施管理工作，解决长期存在"纸上画画，墙上挂挂"只规划不落地的不利局面，提高规划落地性，提高规划资金的利用效率，真正发挥旅游规划对全域旅游发展的战略引领和科学指导作用。

第一，全域旅游规划应由政府编制，并征求相关部门①的意见，通过规委会或人大审议后，由政府批准和正式发布，并制定配套实施方案或行动计划。

第二，建立规划评估与实施督导督办机制，定期召开督查会议，跟踪督办、督查项目进度及规划落实情况，及时制止违规行为，保证规划指标的准确落实。

第三，建立由第三方主导、多方参与的规划实施评估机制，在规划实施的中期或规划期满后，针对规划执行情况及实施效果，由非利益相关的第三方专业机构组织专家进行客观、公正、专业的评估，并广泛征求社会各方意见，形成规划实施评估报告，并将评估结果报送政府。

第四，对评估实施报告中反馈的问题进行全面整改，确保整改提升到位，提高规划的落地性。

案例链接：

江苏省淮安市旅游规划管理与实施机制探索

淮安加强旅游规划指导，加强科学发展全域旅游的系统化指导，形成3个一：一支专业的旅游规划队伍，一个旅游规划数据库，一套备案挂钩制度。建立旅游项目规划审核备案机制，凡创建3A级景区、四星级乡村旅游区、市级旅游度假区等以上级别旅游品牌的，相关规划需要由市旅游主管部门审核备案；创建3A级和四星级以下的，需要由县区一级旅游主管部门审核备案。

浙江省桐庐市旅游规划管理与实施机制

浙江桐庐立足建设县域大景区，首创"风景桐庐"规划，并编制完成夜间景观、水系景观控制规划、绿道系统规划等近20项"风景桐庐"建设相关子规划。

第三节　旅游政策创新

旅游政策是全域旅游的顶层设计内容，政策供给与创新是发展全域旅游

---

① 发改、住建、财政、交通、国土、文化、旅游、体育、农业、林业、环保、卫计、民政、教育、扶贫、水利、海洋、统计、质检、工商、物价、广电、公安等。

的基本保障。为促进旅游业又好又快发展，国家相继出台系列促进旅游发展的政策①，原国家旅游局出台《全域旅游示范区创建工作导则》（简称《导则》）、国务院办公厅出台《关于促进全域旅游发展的指导意见》，各地也根据全域旅游发展要求，陆续出台促进全域旅游发展的综合性意见和实施计划。从中央到地方，多项扶持政策密集出台，形成了较为系统的国家政策保障体系。

一、指导思想

全域旅游政策制定要针对发展中存在的问题，通过政策创新解决旅游发展瓶颈，以有利于优化全域旅游管理与服务。从中央政府到地方政府，全域旅游落实需要做好分工，中央政府层面以宏观政策支持为主，充分发挥政府对旅游经济运行的宏观调控作用，指导各地正确把握旅游发展方向。省级政府层面则做好系统性的整体筹划，以体制机制示范、跨区域旅游协同和重大全局性旅游项目建设为主。市县级政府层面主要就是因地制宜地去执行和创造性地执行，规范旅游市场秩序和旅游企业经营行为，有效保障旅游者合法合理权益，促进旅游市场的公平竞争，实施全域旅游持续健康发展。

二、标准要求

根据国家以及地方相关文件要求②，旅游政策的主要要求与内容包括：一是出台促进全域旅游发展的综合性政策。二是出台促进全域旅游发展的专项政策，包括出台促进全域旅游发展的财政政策，建立涉旅项目用地保障机制，健全旅游教育与人才培养政策。三是制定其他具有当地特色的，有利于促进全域旅游发展的相关政策。最终能够形成全域旅游支持政策、财政投入政策、投融资政策、土地政策和旅游人才与教育等为内容的全域旅游政策体系。其中，全域旅游支持政策是先导，财政政策为引导，投融资政策是市场化参与的前提，土地政策是解决用地制约的保障，人才与教育政策是培育全域旅游专业人才的保障。

---

① 《关于加快发展旅游业的意见》《关于金融支持旅游业加快发展的若干意见》《关于鼓励和引导民间资本投资旅游业的实施意见》《关于促进旅游业改革发展的若干意见》等。
② 《全域旅游示范区创建工作导则》（旅发〔2017〕79 号）、《国务院办公厅关于促进全域旅游发展的指导意见》和《国家全域旅游示范区验收细则》。

相关知识链接：

全域旅游政策框架

1. 将全域旅游发展纳入经济社会发展工作的全局予以定位和强化，建立国家全域旅游示范区创建工作领导小组，具体负责各项工作的组织实施与督查考核。

2. 每年财政投入旅游发展资金不低于 3000 万元，并根据财政收入状况逐年递增。

3. 争取上级政策支持，加大对乡村旅游和特色民宿的扶持力度，整合交通、发改、林业、农业、水利、城建、环保、文化等部门扶持资金，向全域旅游示范区创建项目倾斜。

4. 实行旅游土地优惠政策，优先安排旅游产业用地，逐年增加旅游产业发展用地，对重点旅游项目优先进行土地利用规划调整，优先供地。

5. 加大旅游招商力度和政策扶持，大力引进社会资本参与全域旅游建设，对新办旅游项目、开发生产旅游购物品、旅游纪念品的重点企业，给予一定的政策优惠。

6. 落实免税政策，争取宾馆饭店与一般工业企业同等用电、用水、用气价格的政策。

7. 推进落实旅游中小企业"走出去"享受国家扶持政策，小微企业减免税政策，对投资、就业、入境旅游贡献大的旅游企业实施政策性激励。

8. 金融企业可通过旅游景区经营权和门票收入质押、旅游饭店经营性物业抵押、旅游装备服务企业知识产权质押等多种贷款抵质押方式，加大对中小型旅游企业和乡村旅游企业的信贷支持。

9. 价格政策：配合发改部门景区制定门票价格，景区出售门票年卡，推动旅游景区门票年卡发行。

10. 奖励旅游企业在产品和服务上提档次、创品牌。

11. 建立督查反馈和通报考核制度，将全域旅游工作纳入各乡镇和部门年度责任目标考核内容，定期检查评比，采取单项和综合检查相结合的办法，推动全域旅游示范区创建工作。

12. 把单位职能与全域旅游工作紧密挂钩。

三、主要做法

（一）全域旅游发展的综合性政策

党委或政府出台支持全域旅游发展的综合性政策文件是党政统筹的重要实现方式。

第一，需结合本地实际情况，由党委、政府制定和出台促进全域旅游发展的综合性政策文件。例如，促进全域旅游发展的意见、决定或奖励扶持政策等，并由政府印发。

第二，政府与各部门独自或联合出台支持全域旅游发展的政策，形成党政统筹和部门互动工作局面，并取得实际效果。

第三，充分发挥财政资金政策对全域旅游发展的引导作用，撬动社会资金的投入，提高财政资金的利用效率。

第四，发挥市场对旅游业的绝对配置作用，充分运用现代旅游投融资手段，多渠道吸收市场资金、社会资金投资旅游产业。

第五，深入贯彻国家土地政策①，创新用地方式，解决用地瓶颈。

第六，出台人才教育政策，引进优秀人才，加强旅游培训工作，加强本土人才培养，加大培训旅游干部、旅游业务骨干和旅游一线员工的力度，塑造优秀的全域旅游人才团队。

案例链接：

北京市全域旅游政策创新与供给

北京市为了突出服务首都建设，在《北京市国家全域旅游示范区创建评估细则》中专门设定了推动北京"四个中心"建设的加分项，累积分值50分。立足落实北京城市总体规划，全面启动旅游专项规划和三个文化带旅游发展规划及实施方案的编制工作。为提高首都服务水平，塑造良好的国际形象，先后出台了《大型活动接待服务规范第1部分：通则》《胡同游服务规范》和《智慧旅游景区信息化服务规范》3项地方标准。

---

①　全国国土规划纲要（2016—2030年）、《关于支持旅游业发展用地政策的意见》（国土资规〔2015〕10号）、《关于推进土地节约集约利用的指导意见》（国土资发〔2014〕119号）、《关于支持新产业新业态发展促进大众创业万众创新用地政策的意见》（国土资规〔2015〕5号）。

为助力首都"四个中心"建设，北京市以全域旅游发展观为指导，出台了《北京市人民政府关于促进旅游业改革发展的实施意见》，修订了《北京市旅游条例》，出台全国首个针对合资社出境游业务规范管理的《北京市中外合资旅行社开展出境游业务试点工作管理办法》，制定实施《北京市旅游厕所建设管理新三年行动计划实施方案（2018—2020）》《北京市旅游公共服务设施改造建设工作手册》和《关于进一步推进本市旅游行业安全生产领域改革发展的实施方案》，形成了较为完整的政策体系。

（二）全域旅游发展投融资政策

全域旅游发展过程中，财政投入或财政引导投入，既有巨大的投资效应，又对旅游发展具有导向作用。出台激励性的投融资政策有利于撬动社会资金和市场资金进驻旅游业，为全域旅游发展提供主要的资金保障，从而充分发挥全域旅游发展的市场活力。

第一，应设立全域旅游发展专项资金或全域旅游产业发展基金，并统筹各部门资金保障全域旅游发展。

第二，实事求是制定有利于地方发展的财政政策。例如，设立旅游基础设施、公共服务设施建设资金奖补政策，对具有示范引领作用的旅游新业态项目给予贷款贴息等。

第三，因地制宜设立旅游投融资平台。例如，成立旅游文化类投资公司、文化旅游集团或类似机构平台等，也可以在城投等现有投资平台上增加旅游投资板块。

第四，多渠道筹集旅游发展资金，形成 PPP、众筹等多元化旅游投融资模式，充分依托已有平台促进旅游资源资产交易，不断加强旅游市场的融资功能，促进旅游资源市场化配置。

第五，创新旅游投融资机制，充分运用现代金融平台，推进旅游资产证券化，引导天使投资、私募股权、创业投资基金等投资旅游领域。

第六，制定促进旅游投融资政策，用活用好金融政策，壮大旅游市场主体力量，加强监管，防范风险。

案例链接：

北京市全域旅游投融资政策创新

北京发挥首都资源优势，在全国率先建立旅游基金、担保、保险等四个旅游金融服务平台。设立北京旅游发展基金，推动京郊旅游投资从政府直接投资向政府带动社会投资转变。建立北京旅游资源交易平台，为京郊旅游企业和旅游项目提供招商、融资、流转、推介服务。建立京郊旅游融资担保平台，引导金融资本投向民俗旅游经营户、旅游新业态项目及中小微旅游企业。搭建完成京郊旅游政策性保险服务平台，通过财政补贴保费引导京郊旅游经营单位（户）参保投保，建立起旅游经营风险保障机制。

江苏省全域旅游投融资政策创新

江苏为化解旅游企业特别是中小旅游企业融资瓶颈，在原省级旅游产业专项引导资金的基础上，省财政厅和旅游局设立全国首个旅游产业发展基金，以5000万元起步，未来或超18亿元。三年内旅游产业发展基金累计支持旅游项目70个、旅游企业125户次，累计投放基金贷款6.9亿元，投放率达138%，贷款回收率100%。通过基金的运作，撬动超过60亿元社会资本，建设宜兴篱笆园、大丰荷兰花海等一大批旅游精品项目。各市也探索旅游投融资模式，苏州计划设立旅游产业引导基金，由苏州市旅游局、苏州市财政局联合委托苏州高新集团托管基金，初期出资1000万元，苏州高新集团按照1：4比例配比出资4000万。

江苏省财政厅和省旅游局联合与省信用再担保有限公司签订《旅游业融资担保战略合作协议》，在省信用担保公司内增设"旅游担保事业部"，启动江苏省旅游产业融资担保业务。省财政每年安排不低于1000万元资金作为"省旅游担保业务风险代偿准备金"，运用代偿补偿等方式，增强担保公司抗风险能力，推动其与银行业金融机构深度合作，扩大银行对旅游业的贷款投入，化解旅游企业项目建设融资瓶颈。在省旅游业融资担保机制的运作下，第一期10亿元"高邮经发债"成功发行，票面利率3.65%，每年将为企业节省财务成本1000多万元的财务成本。

广东省深圳市大鹏新区全域旅游投融资政策创新

深圳市大鹏新区形成由大鹏新区投资控股公司、市场开发商、社区股份有限公司三类开发主体，共同合作投融资的开发主体形式。大鹏新区投资控股有限公司作为大鹏新区政府的投融资代表主体，可更有力地统筹开发项目的目标导向确保项目品质，并成为新区政府重要的融资平台。市场开发商作为市场力量与资金的代表，是投资大鹏的重要主体，也是未来各类项目运营的重要主体，将带来重要的管理与建设经验。社区股份有限公司则是村民集体利益的代表，是重要的土地主体，可以通过投融资开发改善地区居民生活，是大鹏旅游发展得以顺利进行的重要力量。根据三类开发主体的需求、义务以及优势特点，未来将建立以投融资控股公司主导项目方向把控质量，开发商作为投资与运营主体，村民股份公司作为全程重要参与及决策者的开发参与形式，共同参与到大鹏各类项目的开发以及运营中。

江苏省淮安全域旅游投融资政策创新

淮安市建立旅游项目"五项机制"，分别为专家评审建库制、择优项目考评制、动态管理淘汰制、后备项目递补制、建成项目奖励制。淮安市成立旅游资源规划开发评定委员会，组织行业专家，开展资源保护、规划、开发等评定工作。淮安市形成一套备案挂钩制度，明确创建3A级以上景区、市级以上旅游度假区、四星级乡村旅游区等旅游品牌以及申报市级以上旅游发展引导资金、基金的，规划须报市旅资委许可备案。

（三）建立涉旅项目用地保障机制

目前，制约全域旅游发展最大的瓶颈是土地制约，各地充分贯彻落实《关于支持旅游业发展用地政策的意见》（国土资规〔2015〕10号）以及全域旅游相关文件①，尤其是要解决保护地与旅游发展用地的矛盾关系，力争从法律法规层面实现保护区合理进行旅游开发与利用。

第一，推进旅游用地政策改革，出台并落实旅游用地政策和措施，并由政府印发。

第二，保障旅游用地需求，统筹安排旅游发展所需用地，将旅游需求用地纳入土地利用总体规划、城乡规划等法定规划，充分考虑相关旅游项目、设施的空间布局和建设用地需求。年度土地利用计划向旅游领域倾斜，对重点旅游项目用地优先列入年度用地计划。

---

① 《全域旅游示范区创建工作导则》《国务院办公厅关于促进全域旅游发展的指导意见》（国办发〔2018〕15号）。

第三，实施旅游差别化用地、点状供地和其他形式的旅游用地试点工作。

第四，开展城乡建设用地增减挂钩和工矿废弃地复垦利用试点的方式建设旅游项目。

第五，农村集体经济组织依法使用建设用地自办或以土地使用权入股、联营等方式开办旅游企业，城乡居民可以利用自有住宅依法从事民泊、民宿等旅游经营活动。

第六，在不改变用地主体、合法、合规前提下，利用旧厂房、仓库等废弃建筑改造符合全域旅游发展需要的旅游休闲服务设施，可执行在五年内继续按原用途和土地权利类型使用土地的过渡期政策。

案例链接：

河北省秦皇岛市全域旅游政策供给与创新

秦皇岛市以体制机制创新为核心，以完善城市旅游服务功能为重点，以北戴河区和北戴河新区建设为突破点，出台《秦皇岛市旅游产业用地改革试点方案》，并得到国土资源部批复，明确秦皇岛市旅游产业用地改革试点的重点内容，完善旅游产业用地规划管控制度，建立土地利用总体规划定期评估、适时修改制度，对旅游产业用地进行分类管理。探索农民利用集体土地参与旅游开发、分享收益的模式。建立政府、旅游开发商、土地所有权人、土地使用权人的收益分配机制。探索农村集体经济组织和农民以集体土地参与旅游项目开发的模式，让农民"不失地，不失业，不失居"。对依法批准的农村集体建设用地，在严格监管的前提下，探索集体经济组织和农民自主开发旅游项目，或采取入股、联营、租赁等方式参与旅游开发经营。依照依法自愿有偿的原则，在不改变所有权、用途和不破坏耕作层的前提下，农村集体和农民可以多种方式利用集体土地参与旅游项目开发。落实节约优先战略，探索促进旅游产业转型升级的用地政策，研究制定旅游用地目录、转型升级指南、准入条件、退出机制等，探索旅游产业发展与城镇发展、新农村建设相互促进、相互融合的新模式。

广西省桂林市旅游用地政策创新

桂林旅游产业用地改革试点。为确保旅游土地利用和管理制度的科学化、差别化、精细化、生态化，集约高效用地，桂林出台《桂林旅游产业用地改革试点若干政策》。桂林市改革创新旅游产业用地管理提供了旅游产业用地差别化、精细化管理的思路，对符合国家产业政策和供地政策的主题公园、休闲观光农业等旅游项目，按照土地开发利用实际情况分类管理；对使用低丘缓坡等未利用地建设新能源、旅游等项目，需转为建设用地的部分办理用地手续不受新增建设用地指标限制。

重庆市旅游用地政策创新

重庆创新旅游用地保障机制。为配套基础设施、公共设施用地安排一定量计划指标。支持森林资源丰富、交通便利、景观优美、环境承载力高的区域适度发展森林旅游业，对符合规划的森林旅游项目，涉及新增建设用地的，予以保障，依法办理土地转用、征收手续。在确保建设用地不增加、耕地数量不减少且质量提高的前提下，可对村庄内零星、分散的集体建设用地进行布局调整，集中用于发展休闲农业和乡村旅游。支持农村集体组织回购农村闲置房屋，用于发展休闲养老、度假观光旅游；农村居民可利用自有住宅及其他条件发展餐饮、住宿、购物、娱乐等乡村旅游。

山东省莱芜市旅游用地政策创新

山东省莱芜市。对旅游业用地，土地公开出让时，可按照所在级别基准地价的70%确定出让起始价。在符合生态环境保护要求和相关规划的前提下，对使用荒山、荒地、荒滩及石漠化土地建设的旅游项目，优先安排新增建设用地计划指标，出让底价可按不低于土地取得成本、土地前期开发成本和按规定应收取相关费用之和的原则确定。

（四）出台旅游教育与人才培训政策

人才与教育是全域旅游发展最为活跃的因素，《"十三五"旅游人才发展规划》（旅办发〔2017〕177号）提出，到2020年，形成一支数量充足、结构优化、素质优良、充满活力并与旅游业发展趋势相适应的旅游人才队伍。出台人才与教育政策，开展丰富多彩的旅游人才交流、交换与培训活动，整体提高全域旅游人才专业化水平，合理提高旅游人才的流动性。

第一，实施"人才强旅、科教兴旅"战略，编制旅游人才发展规划、方案或计划，并将旅游专业人才队伍建设列入各级政府的人力资源培养发展规划，将旅游人才队伍建设纳入地方重点人才支持计划。

第二，构建有效的人才培育引进机制，建立全域旅游专家智库，吸引建筑、设计、艺术、规划等各类型人才到基层挂职等方式帮扶指导旅游发展，并针对性地制定柔性旅游人才支持政策。

第三，建立旅游培训机制，制定人才培训方案，组织开展涉旅行业人才培训，并对培训情况及时总结，提高旅游人才的业务素质和服务水平。

第四，建立旅游职业教育体系和全面素质提升机制，可与高校开设旅游专业，建立校企合作人才培育基地，深化校企合作。旅游主管部门及辖区内主要旅游经营单位与高校、科研院所、行业协会、旅游企业等单位形成特色旅游人才发展合作机制，开展实训工作。

案例链接：

重庆市旅游人才队伍建设探索

重庆市旅发委、市教委、市人力社保局为加强全域旅游发展提供人才支撑和保障，联合下发《关于印发加快推进旅游人才队伍建设实施方案的通知》，实施领军人才开发工程，搭建多渠道、多层次的旅游人才交流合作通道，引进高层次旅游人才，采取国外考察培训、国内交流学习、开展课题研究等多种方式，加强旅游青年专家培养，设立重庆旅游研究院，培育高效的旅游智库。实施行业人才培训工程，开展旅游从业人员培训，全面提升旅游从业人员职业道德和素质能力，全面提升旅游行业经营管理和服务水平，开展旅游行政管理人才培训，全面提升旅游行政管理人员的综合行政能力和行业管理水平。实施后备人才教育工程，优化教育资源，完善旅游人才培养体系，促进协同育人，创新旅游人才培养模式，搭建"政教产学研用"一体化平台，实现人才培养与旅游经济规模壮大的良性互动，旅游院校可选派教师到旅游主管部门、乡镇和旅游企业挂职，培养熟悉区域旅游发展情况、具有一线实践经验的旅游教师队伍。加强培训平台基础建设，充分发挥重庆行政学院和区县行政学院、旅游院校、劳动技能人才培训基地作用，创建重庆旅游网络培训学院。实施旅游人才激励项目，坚持以赛促才，举办旅游行业各类竞赛，建立重庆导游星级评价机制。武隆创新旅游人才培育机制。优先引进旅游行业紧缺人才，对引进的研究生或副高职称以上的高层次旅游人才，在县城提供人才公寓，在武隆服务满10年且贡献突出的，可终身享受住房待遇。对正高职称、博士后以上人才，按协议一次性补助安家费10万元；对紧缺副高职称、博士、高级技师等人才，按协议一次性补助安家费5万元，以此吸引旅游人才服务武隆旅游业。

浙江省湖州市旅游人才队伍建设探索

浙江省湖州市全面构筑旅游环境保障体系，全面实施以"上挂一批、下派一批、交流一批、培训一批、使用一批"为主要内容的"五个一批"旅游干部培养工程。全面实施"六个一百"旅游领军人才工程，重点培养旅游企业总经理领军人才、乡村旅游领军人才、金牌导游领军人才、优秀营销员领军人才、服务明星领军人才和优秀旅游专业人才各100名，全力建设一支懂经营、会管理、能创业的优秀旅游领军人才队伍。

各级各部门全面贯彻落实国家、省、市出台的关于促进旅游业发展的政策措施，发改、财政、公安、交通、国土、体育、卫生、教育等相关部门出台全域旅游发展的相关政策、意见等。例如，统计部门需建立全域旅游统计指标体系；国土部门出台全域旅游的土地政策，保障旅游项目用地需求；财政部门出台旅游扶持奖励政策，设立旅游发展专项资金等。

第六章

旅游产业要素与现代旅游综合产业体系

旅游产业要素建设就是旅游产业自身建设，理论上全域旅游首先是旅游要素发展成熟，旅游业自身壮大后，才能发挥旅游产业对其他产业的综合带动性或对其他生产性服务作用，促进产业融合发展，形成现代旅游综合产业体系（产业生态或产业群落）。因此旅游产业要素建设是全域旅游发展的基石，现代旅游综合产业体系是全域旅游发展的产业支撑系统和恒久动力系统，是发展全域旅游的基线。

第一节　旅游要素

旅游产业要素发展水平是决定地区旅游业发展水平的关键。随着游客的旅游需求日趋自助化、多样化和高端化，全域旅游以深化"吃、住、行、游、购、娱"等要素为内容，以供给侧改革为主线，推动旅游产业要素升级和转型化发展，实现游客价值最大化和旅游综合效益最大化。

一、指导思想

充分调动相关产业以及社会资本参与旅游产业的建设，引导各类旅游相关人才参与到旅游产业建设中来，推动旅游要素的创新、协调、绿色和专业化发展，夯实景点旅游基础，完善与优化旅游产业要素结构，推动旅游要素升级和一体化发展，优化旅游产业供应链，构建"要素健全、结构协调、弹性供给、数量充足、要素旅游化"的现代旅游产业体系。具体来讲，要推动全域旅游景区品牌化和信息化发展，例如，在 A 级景区、国家级特色村镇，推动住宿品牌化和新型化发展，推动餐饮品牌化和特色化发展，推动娱乐健康、时尚和科技化发展，推动旅行社在线化发展，加大培育旅游实体，以形成"要素健全、结构优化、规模适度、旅游功能突出"为特征的全域旅游要素供给体系。

二、标准要求

根据国家以及地方相关文件要求①，旅游产业的主要要求与内容包括：一是旅游景区。有"数量充足、类型多样、品牌突出"的景点旅游体系，并为旅游者提供丰富多彩的游览服务；有以"功能全面、内容丰富、布局合理、覆盖面广、参与性强、品牌突出"的特色村镇、自然山水公园、美丽田园等全域旅游体系。二是旅游住宿。有不同规模、档次和类型的多样化住宿业态，形成星级宾馆、精品酒店和特色民宿相互协调的业态结构。三是旅游餐饮。有地方名厨名师，有风味的特色餐馆，举办特色美食活动，形成特色餐饮街区，塑造地方餐饮品牌。四是旅游购物。有"特色突出、品质优良、品牌独特"的旅游购物品品牌体系，有特色旅游购物品及生产企业，购物环境整洁舒适、管理规范、价格合理。五是旅游娱乐。能为旅游者举办常态化的民俗风情表演或大型旅游演艺节目，并与社会娱乐形成共享格局。六是旅游服务商。培养本土的旅游业务接待的旅行服务商，善于运用 OTA（Online Travel Agent）等线上平台。七是旅游企业。有涵盖主要的旅游产业要素的综合性运营平台或专业化的旅游企业实体；旅游中小微企业、旅游个体户和合作社等市场主体活跃。八是旅游项目与投资。年度涉旅行业社会总投资较高。

三、主要做法

（一）旅游景区

全域旅游景区包括两大板块：第一大板块为传统的商业化景区，是门票旅游经济的代表；第二大板块为新型全域旅游景区，是全域旅游经济的代表，它的特点是以公益性为主要导向，强调二次甚至多次消费，以免票或低门票换流量，以旅游流量建平台，以平台促区域经济发展。全域旅游需建立"特色品牌、类型多样、数量充足、全域业态特征突出（公共性、公益性、社会

---

① 《全域旅游示范区创建工作导则》（旅发〔2017〕79 号）、《国务院办公厅关于促进全域旅游发展的指导意见》和《国家全域旅游示范区验收细则》。

性)"的全域旅游景区(点)体系。

第一，夯实景点旅游基础。出台创建国家 3A(含)级以上景区、国家(省)旅游度假区等品牌的相关政策，推动旅游景区的发展级。参照国家旅游度假区创建程序和相关标准①，开展国家级旅游度假区品牌建设。参照国家生态旅游示范区创建流程和相关标准②，申报国家生态旅游示范区。县域全域旅游应有 1 家国家 5A 级景区或 2 家国家 4A 级景区，或有相当数量其他国家级旅游品牌，甚至世界级旅游品牌，例如，世界遗产等。同时充分运用现代科技提升传统景区业态，例如，推出机器人景区等。

相关知识链接：

A 级景区创建内容与步骤

一是成立创 A 级景区领导小组，地区党政主要领导担任领导小组的组长；二是制定具体的创建方案，明确具体任务、责任分工、时间节点等方面的内容；三是标准化建设，参考国家及地方相关的旅游行业标准，进行基础设施建设，其中包括停车场、游客中心、厕所、标识系统、环卫设施、公共休憩设施、安全设施、智慧旅游设施、购物场所、餐饮设施、住宿设施等硬件建设；四是根据相关要求，不断完善管理，成立相应的机构，制定本景区(点)的制度、办法、规定、预案、细则、程序、标准、公约等，做到制度上墙，责任到人，完善安全、卫生、培训、投诉、监控、停车场、行李寄存等方面的记录；五是做好申报材料准备工作；六是加强人才和服务技能培训，提升服务质量。

第二，做足全域旅游景区业态，形成景点旅游与全域旅游相互配套与协调的格局。为满足我国大众化旅游需求，科学合理地开发特色小镇、城市历史文化街区、城市休闲街区、城市公园、城市中央游憩区、古城(镇、村、寨)、美丽乡村、美丽田园、自然山水公园、研学旅游基地、体育旅游基地等全域旅游业态。

---

① 参照标准：《旅游度假区等级管理办法》和《旅游度假区等级划分》(GB/T 26358—2010)、《旅游度假区等级划分细则》。

② 参照标准：《国家生态旅游示范区管理规程》和《国家生态旅游示范区建设与运营规范(GB/T 26362—2010)评分实施细则》等。

第三，建设旅游风景道系统。加强对区域交通的旅游化改造，在国省干线公路沿路配套基本的旅游服务要素。例如，空间富裕路段设置驿站、简易自驾车房车营地、观景台、厕所等设施。在道路沿线及重要节点营造全域大尺度优美生态环境和大地景观，并串联沿线已有的景区（点）和农业、林业等旅游点。把有一定资源条件的国省干道开发成具有通达、游憩、体验、运动、健身、文化、教育等复合功能的公路旅游产品，甚至形成区域旅游风景带、旅游产业带和旅游经济带。

第四，建设城市绿道系统。选址科学、规模适度地建设城市绿道，串联城市内河、公园、绿地、工业遗产、文化遗产等，构建城市生态游憩廊道，沿线合理创意性配置管理服务设施、商业设施、游憩设施、科普教育设施、安全保障设施、环境卫生设施、标识引导设施等，建设成为主客共享的城市旅游休闲带。

第五，建设乡村旅游绿道或旅游风景道系统。参考相关标准①，升级改造乡村旅游公路，结合地域景观特色、人文资源特点，选址科学、规模适度地在公路沿线增设驿站、港湾式停车位、观景台、自驾车房车营地等设施，建设具有通达、游憩、体验、运动、健身、文化、教育等复合功能的自驾或徒步慢行绿道系统或旅游风景道。建设登山步道、山地自行车道等多功能一体的国家登山健身步道系统，配套沿线旅游标识标牌、垃圾桶、旅游厕所、乡村驿站、休憩设施、观景台、摄影点等旅游公共服务设施。

第五，创建省级以上旅游度假区或国家级旅游度假区、国家级生态旅游示范区、国家水利风景区、国家森林公园、国家湿地公园、国家地质公园、国家矿山公园、国家级文物保护单位、国家爱国主义教育基地等国家旅游品牌。

第六，深化景区体制改革。因地制宜探索适合传统景区与全域旅游景区建设与发展的管理体制与机制。

案例链接：

辽宁省旅游景区运营与体制改革

辽宁全面启动国有旅游景区市场化改革，破除制约国有旅游景区发展的

---

① 参照标准：《绿道规划设计导则》《绿道旅游设施与服务规范》。

体制性障碍和机制性约束，建立与社会主义市场经济相适应的国有旅游资源管理体制和运行机制。推进国有旅游景区资源全面向市场开放，发挥市场配置旅游资源的决定作用，引入战略投资者，培育壮大旅游市场主体。部分地方国有旅游景区改革先行先试已经取得阶段性突破和成效，本溪水洞事业单位转企改制成立本溪水洞旅游集团，丹东依托鸭绿江风景名胜区所属的优质资产注册成立丹东虎山景区旅游发展有限公司，沈阳整合沈阳市植物园、国家森林公园等资产组建沈阳旅游集团有限公司，朝阳选择7个不同类型重点景区，实施旅游景区管委会制度，实行绩效工资管理制度。

黑龙江省亚布力滑雪旅游度假区运营与体制改革

黑龙江亚布力滑雪旅游度假区管委会重新组建，陆昊省长亲任改革推进建设小组组长，实行政府引导、企业主体、市场化运作、多元化投资、资本化运作、社会化参与，理顺管理体制机制，明确职能事权，整合优势资源。

甘肃省旅游景区运营与体制改革

甘肃省规划建设18个大景区管理体制改革方案已经获批，将涉及省直部门管理的林业资源分别整合下放到相关的5个大景区管委会管理；对省直部门管理未整合调整的文物等资源，明确由所在大景区管委会统筹管理；对市州管辖的资源，由大景区管委会统一管理。

江苏省连云港市旅游景区运营与体制改革

连云港加快景区管理体制改革，海州区人民政府与市城投集团签订协议，城投集团以整体租赁的形式获得孔望山、桃花涧两个景区30年的独家经营权，但景区的所有权仍归海州区政府，从而实现管理经营权与所有权的分离。城投集团加大对景区开发、建设、管理的投入，三年来累计投入7000多万元，景区基础服务设施和管理水平显著提升，游客满意度明显提高。

（二）旅游住宿

旅游住宿是旅游要素和旅游业的三大支柱产业之一。随着我国经济水平和旅游业发展水平的不断提高，游客对住宿的需求除了安全舒适等基本要求之外，开始向特色化、个性化、新型化和多元化的方向发展，发展全域旅游就是要构建住宿接待设施规模与市场需求相适应，既符合"结构合理、精品特色、类型多样、卫生舒适、管理规范"，又符合主体化、精品化、智能化、全域化的新型旅游住宿体系。

第一，开发比例合适的高等级旅游住宿业态，加强与国内或国际顶级酒店管理公司的合作，引进国际酒店品牌，对接国际标准，促进本土酒店的管理服务升级。

第二，建设适当数量的星级标准酒店①，推动星级酒店的主题化、信息化、个性化和特色化升级改造。

第三，建设具有地域文化内涵的主题特色酒店，深度挖掘验收区域的历史、文化和生态环境特征，建设主题突出、品质优良、服务优良、布局合理，规模适当的文化主题旅游饭店②。

第四，推进现代主题酒店建设，建设产业主题或科技主题酒店等。

第五，充分利用国家及地方的优惠政策，引导当地居民、民宿管理单位或个人建设特色城市民泊、乡村民宿③，建设不同类型的精品旅游饭店④、绿色旅游饭店⑤。

第六，与经济型酒店集团合作，合理发展经济型酒店⑥，引进品牌成熟度高、功能完善、设施标准、规模合理的连锁酒店，满足大众游客住宿的需求。

第七，推动酒店智能化发展⑦，推出机器人酒店，配套培养机器人酒店运维队伍。

第八，探索创新适应游客新需求的旅居车、集装箱酒店、帐篷酒店等弹性旅游住宿新业态，满足游客多样化、个性化、弹性化的住宿需求。

第九，加强对旅游住宿企业的监管，确保旅游住宿设施整洁卫生，住宿消费用品明码标价，住宿服务措施和手段精细，酒店用品绿色环保。

案例链接：

日本机器人酒店

日本长崎县将 AI 技术用于酒店业，开业了一家完全由机器人服务的奇怪

---

① 参照标准：《旅游饭店星级的划分与评定》（GB/T 14308—2010）。
② 参照标准：《文化主题旅游饭店基本要求与评价》（LB/T 064—2017）。
③ 参照标准：《旅游民宿基本要求与评价》（LB/T 065—2017）。
④ 参照标准：《精品旅游饭店》（LB/T 066—2017）。
⑤ 参照标准：《绿色旅游饭店》（LB/T 007—2006）。
⑥ 参照标准：《经济型饭店经营规范》（SB/T 10475—2008）。
⑦ 参照标准：饭店智能化建设与服务指南（LB/T 020—2013）和《旅游饭店用公共信息图形符号》。

酒店，为节省人力成本，从接待员到行李搬运工几乎全是机器人，机器人几乎承担酒店70%的工作。

机器人酒店可以为旅客搬运行李，引导客人到前台办理服务，完成打扫房间卫生、倒咖啡之类的杂事等。酒店前台的机器人接待员是一只看起来很凶恶的伶盗龙和一位有着长长睫毛的日本女士。在大厅中玻璃隔间里，安放一个机器人专门负责将一个个的盒子放进墙上的小隔间来完成行李寄存处。每个房间内配备一名叫"Tapia"的机器人，可提供聊天服务，根据客人要求开关电视或提供天气信息。另一个仍然依靠人类的领域就是安保。酒店到处都设置摄像头，真正的人类坐在监控器后面，除了确保客人的安全，还要防止有人企图偷走昂贵的机器人。奇怪酒店仍然有少数工作需要人类完成，例如打扫清洁，虽然有自动吸尘机器人，但挑剔的客人可能会嫌它们扫得不够干净。除了机器人，酒店的另一大特色是人脸识别技术，客人在前台登记时留下自己的数字图像，代替电子钥匙，只需要刷脸就能开启房间。

机器人酒店通过技术解决人工短缺和酒店费用上涨的问题。奇怪酒店的住宿费起价9000日元，对于日本的消费水平而言相当实惠，同等档次酒店的费用一般是这里的2至3倍。

江苏的"夜宿秦淮"

秦淮区重点建设以"夜宿秦淮"为品牌的特色文化主题酒店群，成功推出桃叶渡君亭、门东花迹、钞库街18号等特色文化主题酒店。

（三）旅游餐饮

中华餐饮是我国吸引国际游客的主要因素之一，也是我国旅游发展的重要比较优势。全域旅游餐的规模应与市场需求相适应，形成"布局合理、特色突出、类型多样、卫生舒适、味美价廉、管理规范"的发展格局。

第一，食药、文化、旅游、商务等相关部门挖掘地方特色美食文化，制定美食制作标准[1]，推动旅游餐饮标准化制作。

第二，相关餐饮单位参与行业等级评定或争取行业品牌。例如，申请中

---

[1]　参照标准：《标准化工作导则》（GB/T 1.1—2009）、《标准体系表的编制原则与要求》（GB/T 13016—2009）和《服务业组织标准化工作指南》（GB/T 24421.3—2009）等。

华餐饮名店和中华老字号等行业品牌①；参评盘级旅游餐馆②、五星星级茶馆③、星级火锅店④、钻级餐饮企业⑤和确定餐饮企业的信用等级⑥。参加非营利性权威机构（例如，中国烹饪协会、省级烹饪协会等类似机构）的品牌认定。

第三，在促进餐饮产业标准化发展的同时，引导餐饮行业的特色化、多样化发展。在提供特色餐饮的基础上还应该注重餐饮的多样化，满足南方和北方、国内与国际、不同宗教信仰的游客之间的饮食差异。可引进国际知名餐饮品牌以及国内其他地方的特色菜系，发展有知名地方特色菜肴、特色小吃或地方连锁餐厅、主题餐厅以及具有特色的咖啡屋、冷饮店、酒吧等，满足游客多样化的餐饮需求。

第四，旅游餐饮业的发展需要以卫生、营养、健康为导向开发系列菜品，形成菜谱。在长期的旅游餐饮发展中，充分挖掘地方饮食文化特色，发掘地方名菜和特色菜谱，设计、包装成不同档次、不同类型的地方餐饮品牌，加强营销宣传，形成餐饮品牌和餐饮旅游吸引力。例如，河南商城的炖菜、眉山的榨菜、东北铁锅乱炖等。

第五，在旅游餐饮店铺发展的基础上，优化餐饮布点，在主要涉旅场所布局不同类型和档次的快餐店、小吃店或小吃部，并提供游客就餐的场地。引导餐饮适度集聚化发展，形成美食名店、美食街、乡村美食街、旅游特色餐饮休闲区。推进城市主城区、主要旅游乡镇（街道）或主要旅游景区中特色美食集聚区的形成与建设，营造具有浓郁地方特色的建筑风格和旅游氛围。尤其是调动村镇开展"一村一品、一村一味"等乡村美食开发与创新活动。

第六，景区或旅游目的地举办美食节、啤酒节、美食展销会等，通过专家评价、游客评价、网络评价等方式开展年度诸如"十大美食""十大美食店""十大名厨"等评选活动；开展美食制作表演、有奖竞答等娱乐、竞赛活动；参加地区性、全国性、国际性的美食节庆、赛事、展销等活动。

---

① 参照标准：《"中华老字号"认定规范（试行）》。

② 参照标准：《旅游餐馆设施与服务等级划分》（GB/T 26361—2010）。

③ 参照标准：《茶馆等级划分与评定》（SB/T 11167—2016）。

④ 参照标准：《火锅店分等定级规范》（SB/T 10945—2012）。

⑤ 参照标准：《餐饮企业等级划分和评定》（GB/T 13391—2009）。

⑥ 参照标准：《餐饮企业信用等级评价规范》（SB/T 10858—2012）。

第七，制定餐饮从业人员培训计划，对餐饮从业人员的进行培训，培养大厨、名厨、营养师、美食师等，并达到相应的标准要求①。

第八，就餐环境整洁，严格执行食品卫生、保鲜等有关法规和标准②，旅游餐饮价格合理，无价格欺诈现象，严控欺客、拉客、宰客等违法违规行为。

案例链接：

河南省商城县旅游餐饮品牌建设

河南商城县努力开发商城炖菜、乡野药膳、状元流水席等菜品系列，创新商城县美食体验业态；建设主题餐厅、连锁餐厅、特色餐馆等，建设3条美食街——城区美食街、汤泉池食街、黄柏山食街——构建商城全域旅游美食地图；举办"舌尖上的商城"美食评选比赛，评选出最具商城特色十大美食并评选十家餐馆；实施品牌战略，推进中华餐饮名店、中华老字号、中华名小吃等品牌的申报工作，形成具有核心吸引力的餐饮品牌。

安徽省合肥市旅游餐饮"诚信菜单"

合肥市三河古镇开展旅游餐饮"诚信菜单"试点工作，向社会公布"三河古镇诚信菜单"。"诚信菜单"涵盖三河古镇6大特色菜系和景区内餐饮40多种菜品和点心，对每份菜品和茶点统一标注价格上限和计量下限。

江苏省梁溪区"购物分层化"创新推出"无锡城俚厢"的时尚品牌形象，创新设计惠山古韵、手绘地图、啤酒、丝巾等一系列文创商品，开发游客"看得上、买得起、带得走、送得出"的旅游商品。

（四）旅游购物

旅游购物属于旅游弹性消费，旅游购物消费占比是衡量一个地方旅游业发展水平的重要指标，发达国家旅游购物占到旅游消费的40%以上。旅游购物业的发展既要符合一般商品的服务规范，同时也因游客的需求有别于社会商品，在品质上优于社会商品。我国旅游购物业需发扬工匠精神，挖掘丰富的商品资源优势，形成购物供给规模与游客需求相适应的"品牌化、特色化、

---

① 参照标准：《咖啡调配师岗位技能要求》（SB/T 10734—2012）、《餐饮业职业经理人条件》（SB/T 10478—2008）等。

② 《中华人民共和国食品卫生法》《食品安全国家标准 食品生产通用卫生规范》（GB 14881—2013）、《食品生产通用卫生规范》（GB 14881—2013）。

精品化、时尚化"和"布局合理、特色突出、做工精湛、价格公正、诚信放心、管理严格"的空间布点合理的旅游购物品体系，扭转游客在旅游景区"不想购、不敢购"和国民出境购的旅游购物困境。

第一，强化文化创意在旅游购物品中的应用。旅游购物业需与当地的文化、历史、产业紧密结合，开发体现自身主题特色的旅游纪念品。各相关产业利用自身的产业优势开发一系列文化创意旅游商品。例如，创意食品、创意农副产品、创意工艺品、创意生活日用品、创意旅游装备品等。

第二，提高旅游购物品的专业化水平。加大研发投入，建立研发基地，培养专业化研发团队。在满足游客旅游纪念品、旅游装备品等一般购物商品的基础上，开发设计具有地区或景区特色，能够展示独特地域文化内涵和自主知识产权且兼具实用性和观赏性的旅游购物品。

第三，塑造旅游购物品品牌。参加红点红星奖、IF 设计奖、红星奖、DIEA 奖、Good Design Award、丹麦设计奖、金点设计奖、戴森设计奖、澳大利亚设计奖、亚洲最具影响力设计奖等全国性和国际性的旅游购物品大赛。申请中华老字号、国家地理性标志保护产品等全国性行业品牌以及地区行业品牌，形成旅游购物品品牌体系。

第四，培育旅游购物品生产体系。培育旅游生产企业，建立旅游日用品、土特产品、农副产品、手工艺品、旅游纪念品等系列化、品牌化的旅游购物品生产体系。

第五，优化空间布点与提升品质。优化旅游购物店空间布局，在游客集中区域配置旅游商店、旅游商品专柜、旅游商品售卖中心或特色旅游购物街区。重点发展旅游购物特色店、精品店和旅游超市，推动旅游购物品认证化、连锁化和品牌化运营。

第六，旅游购物政策创新。配套完善旅游购物品税费政策，针对出入境旅游推出旅游免税店，探索旅游自贸区和自由港建设。

第七，净化购物环境。旅游商品价格合理、无价格欺诈现象；旅游购物环境整洁舒适并管理规范。

案例链接：

北京市旅游购物

推动旅游供应链升级，加强"北京礼物"品牌运营管理，首次由特许运营模式调整为认证监管模式。旅游商品企业重点研发冬奥类和世园会主题特许旅游商品，举办第十五届"北京礼物"旅游商品大赛。北京市注册备案退税商店 503 家。北京市创新工作模式，开出首张离境退税电子发票，同时与天津市率先实现离境退税互联互通，开创异地退税的先河，也促进了京津旅游市场一体化发展。

江苏省旅游购物

为破解旅游购物品产供需之间的不对称，举办"乐购江苏"旅游购物品展销会，通过国家旅游购物品研发中心（江苏）联合研发基地、江苏旅游箱包协同创新研发中心等旅游购物品研发基地的落地，推动旅游企业加大与研发基地的对接，开发具有特色的旅游购物品。集合 13 个省辖市的 2000 多种旅游购物品，形成统一的"城市游礼"旅游购物品品牌。以"城市游礼"为名的旗舰店进驻汤山温泉旅游度假区、东方盐湖城综合度假区，还将在各景区、度假区、城市设局布点。

河南省商城县旅游购物

借力商城旅游商品生产企业成立商城旅游商品研发基地，构建"大别山珍"旅游商品体系，推出"养生三珍""商城四宝"等系列旅游商品；推进商城黑猪、蜂蜜等国家地理标志产品的申报工作，构建商城优质旅游商品体系；在苏仙石乡等重要乡村旅游点建立电商服务点，同时面向消费者开展旅游商品生产地旅游活动，带动乡村旅游。

江苏游礼

江苏省级"江苏游礼"旅游购物品连锁店以及江宁区"江宁礼道"、秦淮区"秦淮礼物"、金湖县"金金有味"等地方特色旅游文创产品店，成为引领旅游购物品购物消费的新时尚。

（五）旅游娱乐

旅游娱乐也是旅游弹性消费内容，是提高旅游者逗留时间的重要手段，其消费占比也反映了旅游业发展的水平。旅游娱乐业的发展要注意结合地区实际，不能盲目求大、求全、求异、求新，应根据游客流量规模和需求，开发大、中、小、微结构合理的旅游娱乐产品，健全旅游娱乐体系，推动本土居民娱乐与旅游娱乐互动融合发展。

第一，合理建设符合标准、市场规律、科学技术要求的大型主题乐园或小型化、连锁化主题乐园。

第二，建设符合标准要求的中小型社会旅游娱乐休闲场所。例如，体育馆、博物馆、公共图书馆、科技馆、美术馆、文化馆、公园、动物园、植物园等为代表的公益性社会旅游娱乐休闲项目。

第三，开发规模适度、数量合理、类型多样的文化演艺产品，开展常态化晚间旅游演出活动。节目内容艺术水准高且符合市场需求，凸显地方文化特色，有效提升当地知名度和社会影响力，繁荣地方文化。引导影剧院、歌剧院、酒吧、KTV、舞厅等社交类旅游娱乐健康发展，丰富目的地夜生活。

第四，丰富景区及旅游目的地的旅游娱乐活动，因地制宜举办具有浓郁地方特色、类型多样的节事节庆活动，推动旅游活动与社会活动融合，推动旅游节事活动常态化和生活化。例如，因地制宜举办狂欢节、采摘节、啤酒节、冰雪节等现代节庆活动以及地方民族类、民俗类等传统节庆活动；发展群众性体育赛事活动，举办马拉松运动①，举办骑行赛事②；根据相关标准③，举办音乐、歌舞、戏剧、芭蕾、曲艺、杂技等演艺活动，合理发展实景演出等活动。

第五，文化遗产产品化，将非物质文化遗产开发成民俗体验、手工艺制作体验、艺术表演类产品，丰富旅游娱乐内容，提高娱乐的文化品位。

第六，社会娱乐设施旅游化。加快建设以温泉、洗浴、足浴、氧吧、美容等为代表的养生类旅游娱乐项目；以溜冰场、健身中心为代表的体育健身类旅游娱乐项目；以咖啡馆、茶馆、棋牌室为代表的休闲消遣类旅游娱乐项目。在酒店等场所适当增加健身馆、游戏厅、茶厅、棋牌室等旅游娱乐类项目，适度开展文娱表演并加强管理④。

第七，合理开发夜游景观、夜游活动和夜游产品，科学发展夜游经济。

案例链接：

河南省商城县旅游娱乐活动

河南商城县建设现代与传统相结合的康体娱乐设施体系。完善康体娱乐

---

① 包括马拉松、超长马拉松、半程马拉松、迷你马拉松、越野跑、山地跑、公路接力等。
② 包括公路自行车、山地自行车、场地自行车、BMX（小轮车竞速）等。
③ 《旅游演艺服务与管理规范》（LB/T 045—2015）。
④ 《娱乐场所管理办法》（2018 年修订）。

休闲设施配套，在城区、景区、乡村旅游点建设茶庄、剧院、健身房、农家KTV等设施；丰富康体休闲娱乐活动项目，开发休闲娱乐项目、中医养生项目、体育运动项目；丰富康体休闲娱乐活动形式，举办各类民俗体验活动、实景演出、森林音乐节、西河国际漂流赛、摄影比赛节庆活动。

江苏省常州市旅游娱乐项目开发

常州抓住当时全国还没有一个恐龙主题公园时"无中生有"，在建设恐龙博物馆的基础上，建立中华恐龙园，并将其发展成为一个创意产业基地；抓住"春秋淹城"这一优势，"借题发挥"，加入现代旅游的元素，开发建设占地5000多亩的中国春秋淹城主题公园，还花重金聘请顶尖职业经理人运营管理。迎合当代网络游戏爱好者的口味和年轻人的心理模式，"化虚为实"，建设"环球动漫嬉戏谷"游戏世界，成功实现文化、科技、旅游和体育竞技的有机结合。

江苏省梁溪区不夜城

江苏省梁溪区"娱在不夜城"，精心设计特色夜间旅游线路、夜间休闲产品和娱乐互动项目，引进中国戏码头、书码头等旅游演艺项目，形成覆盖浅度夜间经济和深度夜间经济的规模型、特色型、集聚式片区。

（六）招徕游览

招徕游览是旅游业的核心业务，旅游的最大价值就是为游客提供优质和便捷的旅游服务，这也是提高游客满意度及重游率的重要因素。服务增值是未来旅游高质量发展的重要体现。旅行服务包括线上服务和线下服务，并且呈现线上旅行服务占比逐渐扩大的趋势。

第一，培养本土旅行服务商，并针对OTA服务短板，大力发展地接社和培养本土导游，做好旅游接待服务"最后一公里"。

第二，加强对当地旅行服务商、导游和领队管理[1]，根据旅游新业态和市场新需求，有针对性地培养户外、自驾车等新类型导游工种。

第三，提升旅行服务商自身的服务品质，制定旅游服务商红黑榜，将优质的旅游服务商选入优质旅游服务商名录，将发生严重旅游服务事件的旅行服务

---

[1] 参照标准：《国家旅游局办公室关于领队管理工作有关事宜的通知》及相关附件（旅办发〔2017〕213号）。

商列入旅行服务商黑名单。成立危机公关小组，及时有效处理突发事件。

第四，推动线下旅行社在线化转型发展，推广普及在线经营与服务①。可与在线旅行商进行合作，将旅游目的地的酒店、景区、车票、用车等纳入推广范围。

第五，根据本地游客流量与游客出行方式统计结果，适度发展旅游汽车租赁服务。

案例链接：

福建自贸区旅游执业资格管理

在福建自贸区福州、厦门、平潭片区成立 3 家台资合资旅行社，经原国家旅游局批准试点经营福建省居民赴台团队旅游业务，并出台《台湾导游领队在福建自贸区执业实施方案》，明确台湾导游领队申领核发大陆导游领队证的相关要求。台湾导游领队可向所在自贸区指定窗口提交有关材料，并参加统一组织的岗前培训及考核，通过考核的人员核发导游证、领队证。

江西省湾里区推动旅游产业要素升级

江西省湾里区大力推进旅游供给侧改革，补齐要素短板，满足大众旅游时代游客的多样化消费需求。一是搭建"游"的平台。对狮子峰、珠海明珠、洪崖丹井国家 4A 景区加强管理，改善服务，提升知名度。加速九龙溪生态公园、月亮湾山体公园项目建设，推介开发铜源峡等旅游资源，全力推进明清园二期项目、洪崖文化公园建设，不断提升旅游承载能力。二是增添"娱"的乐趣。旅游+体育，承办全国三人篮球锦标赛、大型风筝节、全国自行车挑战赛、南昌国际马拉松赛、"走进湾里"暨十公里江西跑友邀请赛，续办太平啤酒节等一系列节庆活动，不断增添湾里区旅游活力，吸引人气。三是做足"吃"的文章。创立"梅岭味道"特色旅游餐饮品牌，推出全竹宴、全茶宴、全羊宴、全鹿宴等梅岭特色餐饮。四是优化"住"的环境。精心建设林恩茶研园、隐居梅岭、星图帐篷客栈等一批以茶、酒及创意元素等为特色的旅游度假酒店；建设墈下象棋村、桂林茶田村、立新竹海村、湾头仟荷村等10 个以上乡村旅游示范村和 100 家以上民宿旅游示范点。五是丰富"聊"的内容。收集整理梅岭萧史弄玉、乘龙快婿等爱情传说故事，融入旅游活动中，

---

① 参照标准：《旅行社在线经营与服务规范》（LB/T 069—2017）等。

建设"爱情不到湾里不甜"和"音乐之源、洪城之根"品牌。六是营造"购"的氛围。高标准建设太平心街、保利温泉里商业街、梅湾文化街、梅岭美食街等特色鲜明的旅游商业街，让游客充分享受购的乐趣，拉长旅游产业链条，增强旅游消费吸纳承载。七是融入"学"的元素。对景区古树名木挂牌，引进"天目地学"乐园，在主要商业街设立"阅读书箱"，让游客既享美景，又学知识。八是挖掘"拜"的资源。大力招商推介香城寺、紫阳宫、净明宗、九里十八观等宗教旅游资源，丰富天宁寺、翠岩寺禅修、素斋等内涵，增加宗教旅游内容。九是畅通"行"的道路。构建环梅岭一圈、各景区成网的旅游公路网；畅通东南西北方向"进湾里、上梅岭"的道路，打通梅岭与周边新建、安义、赣江新区的交通瓶颈。同时，引进观光缆车、低空飞行项目。十是推进"享"的项目。首创举办梅岭伶伦音乐节，继办啤酒音乐节等娱乐活动，推进保利水上乐园项目及商业街，让游客在湾里体验到高品质享受。十一是创建"健"的品牌。推动"医养结合"健康产业发展，推动中医药科创城和热敏灸养生示范村、太平"寿"文化特色村等养生项目建设，树立好"走进湾里、走进健康"品牌。十二是完善"评"的机制。建立游客评价反馈机制，通过旅发委官方网站、梅岭旅游微信公众号等平台，收集游客各类意见建议，不断完善和改进旅游服务，使游客玩得开心、舒畅。

（七）旅游企业与项目

党的十九大报告中提出"要激发和保护企业家精神，鼓励更多社会主体投身创新创业"。发展全域旅游其根本是培育壮大旅游市场主体，发展旅游实体经济，把旅游实体经济维持在合理的比例区间。

第一，改善旅游营商环境。出台促进旅游投资的用地政策、财政金融政策、人才引进政策等方面的优惠政策，提高社会好客度，优化旅游投资环境。

第二，培育或引进旅游骨干企业或大型旅游集团。实施旅游集团企业培育工程，符合条件的旅游企业可通过资产重组、股份合作、资源整合、品牌输出等形式做大做强。优势旅游企业可组建跨界融合的旅游产业集团和产业联盟。适度引进国内外大型企业和旅游集团。

第三，推进国有旅游资源整合开发与利用，推动混合所有制改革，引导民间资本参与国有企业改革重组，培育能够引领旅游业转型升级的现代旗舰型企业。

第四，利用现代金融政策扶持旅游企业发展。旅游企业可通过主板、中小企业板、创业板、新三板、科创板上市或在股权交易中心挂牌交易。可通过部分收费权、经营权抵（质）押等方式融资筹资。保险机构应为旅游企业提供新型旅游保险产品和保险服务。

第五，推动旅游产业要素、旅游项目和旅游企业集聚化和集群化发展，科学合理建设旅游产业园区、旅游产业集聚区等，形成旅游功能区，形成全域旅游增长极。建立重大旅游项目推进机制，精选重大旅游项目，纳入省、市的重点建设项目名录，制定年度建设任务计划，明确责任分工和时间节点，并建立重点旅游项目建设的检查督办机制。

第六，培育新型旅游企业。引进、培育与旅游业关系紧密的工业企业和商贸企业，壮大旅游创意、户外休闲用品、旅游购物品加工、旅游装备制造、旅游电商和旅游咨询企业。利用互联网、物联网和大数据等现代技术，大力发展或引进平台型或共享型旅游企业。

案例链接：

河北省保定市旅游资产整合回购行动

保定市在资产经营体制改革方面，开展旅游资产清查清理整合回购行动，三年以上无实质性投入，造成优质资源闲置或环境破坏、低效开发的，由资源所在地政府依法进行资产清算和整合回购，盘活存量旅游资产。涞水县对鱼谷洞、龙门天关、百里峡神奕探野探险公司进行资产清算和整体回购。涞源县对空中草原、斜山溶洞进行资产清算和整体回购。

江苏省南京市江宁区旅游产业转型升级

江宁坚持"项目为纲"，推动旅游产业转型升级，按照"旅游＋工业、农业、文化、生态、科技、教育、体育、医养"等"1＋N"思路，每年切块不低于15％的土地指标，保障重点旅游项目用地需求，以五年投入不低于1200亿元的标准，规划开发文化旅游、生态观光、商务会展、休闲度假、乡村旅游等具有江宁特色的旅游项目。

广西省壮族自治区旅游重大项目协调推进工作机制

广西壮族自治区确定100个旅游重大项目、20个特色旅游名县创建单位。自治区政府建立旅游重大项目协调推进工作机制，自治区领导带头联系推进旅游重大项目建设和特色旅游名县创建工作，并建立重点旅游工作跟踪服务制度，及时协调解决项目审批、建设用地、资金筹措等方面的实际困难，确保重大项目早开工、早投资、早见效。同时，建立重大项目储备和进出机制，形成储备一批、审批一批、建设一批的良性循环。

广西壮族自治区推动建立自治区领导联系重大旅游项目机制，自治区四家班子领导推进重大旅游项目建设工作；建立重大旅游项目厅际协调制度，由自治区分管领导协调重大旅游项目建设中存在的问题；与自治区财政厅共同做好旅游产业发展资金筹措与安排工作；与国土资源厅协调做好重大旅游项目用地保障工作，旅游产业用地改革试点取得重大突破并在广西特色名县（创建县）进行推广；与住建厅联合开展特色旅游名镇、名村创建工作；与农业、林业、水利、文化、商务、体育、畜牧水产等部门加强合作，推进产业融合；与宣传、新闻出版广电等部门联合，加大广西旅游整体形象宣传力度；与自治区扶贫办共同探索旅游精准扶贫新路子。

第二节　现代旅游综合产业体系

旅游产业融合是全域旅游区别于景点旅游的主要内容，它遵循从规划融合，到部门联动，再到产业融合的内在规律。旅游产业与其他相关产业融合创新发展是深化旅游供给侧结构性改革的客观需求，也是旅游产业发展壮大之后扩大再生产的必由之路。只有通过旅游产业融合发展，才能带动其他产业和事业的发展，进而有效发挥旅游业对区域社会经济的综合带动作用，并为区域发展带来新动力和提供新模式。

一、指导思想

树立"共建共享，服务全局"的全域旅游观，以旅游业为主导产业，与相关产业进行资源性整合、生产性融合、服务型融合、市场性融合、空间性融合，形成文化含量、科技含量、生态含量高的融合旅游新产品和新业态，构建现代旅游综合产业体系。充分发挥旅游业的带动力、整合力和提升力，增值一产，添彩二产，繁荣三产，带动全局，实现从传统的旅游产业链向旅游经济大循环转变，从"小旅游"向"大旅游"转型，构建"融合面广、创新性强、附加值高、成长性好"的现代旅游经济体系。

二、标准要求

根据国家以及地方相关文件要求①，产业融合的主要要求与内容包括：一是旅游与城镇化、工业化和商贸业融合发展，并争创相关国家产品或项目品牌。二是旅游与农业、林业、水利融合发展，并争创相关国家产品或项目品牌。三是旅游与交通、环保、国土、海洋、气象融合发展，并争创相关国家产品或项目品牌。四是旅游与科技、教育、文化、卫生、体育融合发展，并争创相关国家产品或项目品牌。在产业融合方面，全域旅游需全方位提升产业融合发展能力，拓展其他产业的旅游功能，培育满足市场需求的旅游融合新产品和新业态，并提高原有产业的附加值。可进一步依托文化、体育、农业、工业、林业、水利、交通等相关产业基础，建设旅游产业融合园区、融合示范基地、旅游集聚区或旅游功能区。

三、主要做法

（一）旅游与城镇化、工业化和商贸业融合发展

旅游已经成为城镇化的动力产业，旅游也为工业化提供了新的发展空间和新的生产方式，也成为当今社会主流的商业方式。

第一，开发旅游与城镇化、工业、商贸业融合发展型旅游产品。对历史文化街区、特色工业遗址区、商业活动聚集区等进行旅游化改造，建设功能完善、业态丰富的城市旅游功能区。例如，旅游主题功能区、休闲游憩区、特色文化街区、历史遗迹公园、文商旅综合体等。

第二，发展共享城市旅游业态。依托城市公园、主题乐园、博物馆、文化馆、科技馆、规划馆、展览馆、纪念馆、动植物园等场所，配套主客共享的旅游设施，培育城市休闲旅游的业态，提高社会资源的旅游化利用率。

第三，住建部门在城市建设过程中可结合地方文化，加大对城区外立面的改造，建设风情城区、城市绿道、慢行系统等，有条件的地区可建设旅游综合体、主题功能区、中央游憩区等。

---

① 《全域旅游示范区创建工作导则》（旅发〔2017〕79 号）、《国务院办公厅关于促进全域旅游发展的指导意见》和《国家全域旅游示范区验收细则》。

第四，引导发展业态丰富的环城市游憩带，推动城郊旅游集聚化发展。

第五，建立政府、协会等多主体推动的乡村旅游发展机制，促进乡村旅游管理规范化和旅游服务精细化发展。建设乡土文化突出、自然环境优美、设施配套完善的乡村旅游产业园区、乡村旅游集聚带（区）、特色村镇群落或乡村旅游功能区。

第六，创建国家旅游品牌，提升城市与特色村镇旅游品牌的引领能力。例如，国家生态旅游示范区、国家休闲示范城市、国家级旅游改革创新先行区、国家边境旅游试验区、全国旅游综合改革示范县，国家级或省级风景名胜区①。根据创建导则、创建指南等文件创建中国特色小镇、中国历史文化名城和历史文化名镇及历史文化名村②，创建特色景观旅游名镇（村）、中国传统村落③、国家工业旅游示范基地④等。

相关知识链接：

相关国家品牌创建流程

国家旅游与相关品牌的创建有类似的流程：一是根据创建级别和类型，建立地区主要领导担任领导，创建单位主管部门为主要成员，其他相关部门广泛参与的产业融合发展领导机制。二是制定具体的创建方案和规划。根据评定要求，制定相应的创建方案，明确具体任务、责任分工、时间节点等方面的内容；聘请有相应资质的单位制定保护、发展规划，明确保护和发展方向，定期开展规划实施与评估。三是创建阶段按照创建工作通知以及相关评定程序、标准等的要求，提升品质，加强保护；四是在创建成功后根据相关要求，加强保护，努力提升。

第七，合理建设展览馆、会议中心、展览中心等会展场所，争取举办或

---

① 参照标准：《国家重点风景名胜区审查办法》《国家重点风景名胜区审查评分标准》《国家重点风景名胜区申报书》。
② 参照标准：《历史文化名城名镇名村保护条例》《中国历史文化名镇（村）评选办法》《中国历史文化名镇（名村）评价指标体系》等。
③ 参照标准：《关于开展全国特色景观旅游名镇（村）示范工作的通知》《全国特色景观旅游名镇（村）示范导则》《全国特色景观旅游名镇（村）示范考核办法》《传统村落评价认定指标体系（试行）》等。
④ 参照标准：《国家工业旅游示范基地规范与评价》（LB/T 067—2017）等。

承办国际级、国家级、省级、市级商务会展活动。

第八，城市和城镇基础设施建设和公共服务设施建设应考虑旅游人口。

案例链接：

沈阳沈河区文商旅融合复活传统商圈

沈阳沈河区以"主客共享"为导向，以盛京皇城文化为统领，整合沈阳故宫、张氏帅府、沈阳中街等重点景点与商业资源，实现核心商圈旅游咨询服务点全覆盖，营造一流的全域旅游服务环境，把旅游流量导入商业空间，让传统商圈重获生机。

江苏省梁溪区旅游特色街巷

江苏省梁溪区建设集古迹旅游、运河风情体验、特色街区休闲、都市旅游度假于一体的古运河旅游风光带，提升城市街巷旅游景观，丰富特色旅游线路体验产品，开辟世界文化遗产古运河精华游、中国历史文化街区休闲游、国学文化名人故居游等精品特色旅游线路，为广大游客提供"精致慢生活"的都市休闲度假体验。

北京市旅游村镇"五个一"工程

北京传统村落改造实施一本开发建议书、一本地图折页、一个移动式咨询站、一个生态厕所、一个免费Wi-Fi站"五个一"工程，创建100个特色旅游休闲村（镇）。

海南省百镇千村工程

海南实施百镇千村工程，把百个特色产业小镇、千个美丽乡村建设作为创建全域旅游示范省的重要载体和工作重点，以深入推进"美丽海南百千工程"为重要契机，以A级旅游景区标准为工作指针，全面推进千个特色产业小镇建设，增强小镇的旅游观光、休闲和综合服务功能，全力促进特色旅游产业向旅游小镇聚集。坚持以旅游产业为引领，注重旅游产业发展对农村生产生活条件改善的带动作用，以点带面，统筹推进千个美丽乡村建设，全力建设千个宜居、宜业、宜游的美丽乡村旅游点，让中外游客共享海南的优良环境和资源，让百姓充分共享发展成果，真正把发展全域旅游的成效体现在百姓和游客的笑脸上，体现在美丽文明生态的社会主义新风尚上，体现在人人融入和服务海南"幸福家园"的成效上。

广西壮族自治区桂林市阳朔县"景区＋村镇"组合

桂林市阳朔县实施"精品景区＋特色村落"的全域旅游发展模式。以漓江、西街、印象刘三姐等知名旅游品牌为龙头，以绿道漫游系统为串联，整合阳朔县内的景区、古村落、古建筑，形成"一景区一精品、一村落一主题、一通道一风景"的特色化发展格局。

福建省旅游观光工厂

福建对工业旅游精准定位，引入"观光工厂"概念，在全国率先推出观光工厂旅游新业态，成为传统产业转型、提升、突破的新途径。一是突出观光工厂的旅游要素。观光工厂要有相应的旅游服务部门、旅游服务人员、旅游服务设施和产品更新研发部门；要设有游客中心、参观游览（展示）区（参观点不少于3个）、参观通道；应有相对固定的开放时间，日接待游客能力应不少于300人次。二是突出观光工厂主题特色。在入口布景和意象、厂区产品展览（或展售）区、参观通道、休憩设施、公共厕所、餐饮和购物设施等设计风格要契合观光工厂景观环境、主题特色和人文气息；导览图、产品和纪念品包装、品牌标识、吉祥物、旅游购物品的形象标识系统应特色鲜明、搭配合理、具有美学概念。三是突出观光工厂体验项目。DIY体验项目遵循观光工厂主题，融入科技、艺术和民俗风情等元素；满足不同性别、年龄、教育程度和职业等客群需求；体验项目（服装、鞋袜、食品、饮品、玩具等制作）具有趣味性、知识性、文化性和审美性。

晋江市及各镇（街道）一是成立工业旅游领导小组，指定专人负责观光工厂旅游工作，全面了解区域内工业企业的发展情况，并在企业创建过程中全面跟踪指导。二是出台资金扶持。各地市加大对观光工厂旅游的奖励扶持。例如，南平市对被评为福建省观光工厂的企业予以一次性奖励10万元，依托当地特色优势产业，建设茶叶、酒业、保健品、食品等观光工厂，形成"一听、二看、三体验、四购物"的观光工厂旅游业态，促进一产接二产连三产发展格局形成。三是行业协会引领。搭建行业协会创建工作平台，及时传递工业旅游创建的相关信息，推荐有规模、有实力、有特色的工业企业参与创建。例如，晋江是中国的"品牌之都"，全市有各类工厂800多家，品牌数量居全国县级市前茅。晋江旅游协会成立工业旅游分会，推行工业旅游发展联席会议制度，发挥行业协会在政府与企业间的桥梁纽带作用。

江苏省无锡市梁溪区城市商业旅游化

梁溪区旅游与文化商业跨界融合，构建"城市即旅游、产业全带动"的全域旅游产业发展格局。拓展多元体验项目，丰富商贸业的层次和内涵。重点提升商业聚集区、商业综合体的设施水平，加大购物中心内体验式商业业态的比重，不断创新业态模式，引进先进 AR、VR 技术，加快发展体验式消费，塑造高端业态引领商业升级，在商业区域引导以"情景式、社交化"为特征的新型跨界商业综合体发展，引导游客流进入商业空间消费、提升商贸业产值。大力发展旅游商业、文化商业，拓展体验消费，深入挖掘城市人文资源，营造特色商业文化氛围，提升特色体验消费节点的文化内涵。

（二）旅游与农业、林业、水利融合发展

旅游业与其他产业融合创新，建立以旅游为主导的新型产业体系，有利于推动其他产业供给侧改革与创新，提高我国旅游及相关产业发展的质量。

第一，开发旅游与农业、林业、水利融合发展的旅游产品和业态。例如，现代农业庄园、休闲农业与乡村旅游示范区、休闲农业示范区、休闲渔业基地、海洋牧场、森林公园、森林康养中心、森林小镇、森林公园、森林人家、湿地公园、水利风景区等。

第二，以农业资源和生产为基础，融合旅游要素和功能，建设不同规模和类型的田园综合体、田园艺术景观、家庭农场等新业态，发展观光农业、休闲农业、会展农业、创意农业等，探索众筹农业、共享农业、定制农业等新型运营模式。

第三，参照国家相应标准创建国家品牌。例如，国家现代农业庄园①、休闲农业与乡村旅游示范县（市、区）或点、休闲渔业示范基地②、国家森林

---

① 参照标准：《国家现代农业庄园建设与管理规范》《现代农业质量评分细则》《服务质量评分细则》《景观与资源质量评分细则》《农业农村部与文化和旅游部发布的创建工作通知》等。

② 参照标准：《全国休闲渔业示范基地创建标准》《农业农村部发布的创建工作通知》等。

公园①，国家湿地公园②、全国森林康养基地③、森林人家、森林小镇④、国家水利风景区⑤。

案例链接：

安徽省滁州市全椒县农业四季旅游

安徽全椒县建设荒草圩农耕文化园、荣鸿现代农业产业园等，引导现代农业产业园转型升级，加快推进园区民宿、老年健康养生、中医药健康旅游基地、研学旅游基地等新兴业态的项目发展，并串"珠"成链、串"景"成线，开发以最美乡村、生态养生、历史文化、爱国主体游和休闲度假为主题的旅游线路，形成"四季有花赏、四季有采摘、四季有美食、四季有节庆"的四季旅游格局。

湖北省黄冈市英山茶产业旅游

黄冈市英山一杯茶喝出大产业。英山作为"中国名茶叶之乡"，正依托茶业这第一大支柱产业，走融合之路，由茶园单一的"茶杯市场"取向，逐步迈向观光、休闲、农家乐等多样化效益取向。一是政府搭台，企业唱戏。引进市场主体对长冲茶园更新改造，建设现代农业旅游观光园。二是建设四大场馆（大别山创意茶楼、茶展馆、大别山茶博园、万益茶艺馆）和六大园区（大别山生态名茶加工园、孔坊大广茶业加工园、大别茶坊茶饮料、茶食品加工园、莲发茶业加工园、万益乌龙茶加工园），建设景观茶园（长冲茶园、绿羽茶园、金雷茶园、志顺茶园、茶叶谷），在茶旅融合的全域旅游大旗之下，产业与景区，景区与景区，产业与产业之间开始交融，互促共赢正在成为新的风景线。三是开展茶旅品牌营销。以大别茶访、志顺茶业、团黄贡茶、金雷茶业等八家龙头企业为主的一大批茶叶企业担当起精准扶贫市场主体的重任，从资金到技术，从流转到务工，从种植到市场，全方位参与，带活一批，

---

① 参照标准：《国家级森林公园行政审批指南》《中国森林公园风景资源质量等级评定》（GB/T 18005—1999）。

② 参照标准：《国家湿地公园评估标准》（LYT 1754—2008）、《国家湿地公园评估评分标准》等。

③ 参照标准：《中国林业产业联合会发布创建工作通知》等。

④ 参照标准：《森林人家等级划分与评定》（LY/T 2086—2013）、《国家林业局办公室关于开展森林特色小镇建设试点工作的通知》（办场字〔2017〕110号）等。

⑤ 参照标准：《水利风景区评价标准》（SL 300—2013）等。

带富一批。

江苏农业旅游新业态

江苏推出高淳桠溪四季花田、宿迁三台山森林公园"衲田"花海等十大"江苏四季赏花地",南京傅家边农业科技园、白马镇蓝莓基地、景业百果园等30个"江苏最美百果园",促进农旅融合。江宁区的十朵金花、浦口的十颗明珠、大丰区的荷兰花海、知青博物馆等都成为游客心中向往的旅游目的地。句容的葡萄节、盱眙的龙虾节、兴化的菜花节、金湖的荷花节等节庆活动都是农旅融合的具体体现。

(三)旅游与科技、教育、文化、卫生、体育融合发展

旅游与科技、教育、文化、卫生、体育等相关事业部门融合发展,是体现全域旅游事业属性的重要方式,也是事业部门业务拓展的新领域。

第一,开发与科技、教育、文化、卫生、体育融合发展的旅游产品和旅游业态。例如,科技旅游基地、研学旅游示范基地、健康旅游示范基地、中医药健康旅游示范区等。

第二,根据资源禀赋和比较优势,因地制宜有选择性地创建旅游品牌。例如,申报世界文化和非物质文化遗产①,国家级、省级非物质文化遗产②,健康旅游示范基地③,国家中医药健康旅游示范区(基地、项目)④,运动休闲特色小镇⑤,国家体育旅游示范区⑥。

第三,推动博物馆、美术馆、艺术馆等文化场所旅游化发展,挖掘传统地方文化,培育当代新文化,充分结合市场需求动向,开发文化演艺活动、传统节庆活动、现代节庆活动等。

第四,利用科技工程、科普场馆、科研设施等资源,通过不断丰富其科技内容,开发科技旅游产品,完善旅游服务设施,开展科普旅游活动。

---

① 参照《世界文化遗产申报工作规程(试行)》。
② 参照《中华人民共和国非物质文化遗产法》《国家级非物质文化遗产代表作申报评定暂行办法》《国家级非物质文化遗产保护与管理暂行办法》。
③ 《关于促进健康旅游发展的指导意见》《健康医疗旅游示范基地建设方案》。
④ 参照《关于开展国家中医药健康旅游示范区(基地、项目)创建工作的通知》。
⑤ 参照《体育总局办公厅关于推动运动休闲特色小镇建设工作的通知》。
⑥ 参照《关于开展"国家体育旅游示范基地"创建工作和"国家体育旅游精品赛事"申报工作的通知》。

第五，因地制宜建设爱国主义教育基地、国防教育基地、国家水情教育基地、红色旅游景区、中国研学旅游目的地和全国研学旅游示范基地等国家品牌。

第六，利用体育场、体育馆等场所，申请举办各类国际、全国、省、市等级别的体育赛事和展览活动。

第七，参考国家相关标准①，因地制宜发展冰雪运动、山地户外运动、水上运动、航空运动等旅游项目。

第八，根据相关标准建设国家登山步道②、自行车骑行道等③，并开展先相关活动。

案例链接：

北京市"旅游＋文化"融合发展

北京市推动"三个文化带"文旅融合发展。完成大运河、长城、西山永定河文化带和老城保护过程的旅游规划、项目和公共服务设施建设等工作，开展文脉保护传承工程。各区围绕"三个文化带"开展相关建设工作，延庆区围绕长城文化带建设，以"长城"为核心，融合文化体验、低空旅游、乡村休闲、健康养生等元素，逐步建设"一园、两域、三线、四区"的长城文化带。门头沟建设西山永定河文化带和长城文化带五年行动计划项目库，拟

---

① 《体育场所开放条件与技术要求 第2部分：卡丁车场所》（GB 19079.2—2005）、《体育场所开放条件与技术要求 第3部分：蹦极场所》（GB 19079.3—2005）、《体育场所开放条件与技术要求 第4部分：攀岩场所》（GB 19079.4—2014）、《体育场所开放条件与技术要求 第6部分：滑雪场所》（GB 19079.6—2013）、《体育场所开放条件与技术要求 第8部分：射击场所》（GB 19079.8—2013）、《体育场所开放条件与技术要求 第9部分：射箭场所》（GB 19079.9—2013）、《体育场所开放条件与技术要求 第10部分：潜水场所》（GB 19079.10—2013）、《体育场所开放条件与技术要求 第11部分：漂流场所》（GB 19079.11—2005）、《体育场所开放条件与技术要求 第19部分：拓展场所》（GB 19079.19—2010）、《体育场所开放条件与技术要求 第20部分：冰球场所》（GB 19079.20—2013）、《体育场所开放条件与技术要求 第24部分：运动飞机场所》（GB 19079.24—2013）、《体育场所开放条件与技术要求 第26部分：航空航天模型场所》（GB 19079.26—2013）、《体育场所开放条件与技术要求 第27部分：定向、无线电测向场所》（GB 19079.27—2013）、《体育场所开放条件与技术要求 第29部分：攀冰场所》（GB 19079.29—2013）、《体育场所开放条件与技术要求 第30部分：山地户外场所》（GB 19079.30—2013）、《体育场所开放条件与技术要求 第31部分：高山探险场所》（GB 19079.31—2013）。

② 参照标准：《国家森林步道建设规范》（LY/T 2790—2017）。

③ 参照标准：国家体育总局发布的《自行车道设施建设要求》。

纳入西山永定河文化带五年行动计划项目共六类 30 项，涉及资金 140.4 亿元，统筹推进古道、古村落、古寺庙、古长城的文物保护修缮，举办永定河大西山人文地理影像志摄影展和永定河文化节。昌平结合文化中心建设推动"旅游＋文化"发展，编制和实施昌平"三个文化带"保护建设五年行动计划，推进历史文化地标工程，建设大运河源头－白浮泉遗址公园。"三个文化带"已经成为北京国家级乃至国际级文旅 IP，也成为北京市全域旅游的风景廊道、旅游产业集聚带和旅游经济带，成为文旅驱动发展的典型。

广东省"旅游＋互联网"

广东省旅游局推进广东"旅游＋互联网"服务云建设，形成服务云"511工程（5 个支撑平台、1 批示范应用和 1 批创客创业示范项目）"总体框架和平台基础架构，进而形成连接政府、旅游企业、创客以及广大游客等旅游产业参与主体之间、旅游与互联网之间相互开放、相互包容、融合发展的全域旅游应用生态圈。未来随着示范应用建设的不断深入，广东将催生大批"旅游＋互联网"创业创新示范项目，示范成果又将进一步丰富服务云的内容；"互联网＋"将成为旅游企业改善游客服务的重要手段，游客的旅游体验将获得跨越式的提升，旅游产业与互联网产业将全面融合，并带动其他相关产业共同发展，形成全新的全域旅游发展格局。

吉林省冰雪体育旅游

根据"冰天雪地也是金山银山"的全域旅游发展观，以及"三亿人参与冰雪运动"的广阔市场，吉林省创新性提出建设以"冰雪旅游、冰雪体育、冰雪文化"为核心的"3＋X"冰雪全产业链，明确目标定位、产业定位和产品定位，专门研究冰雪产业的政策意见，构建冰雪产业的产业架构，提出冰雪产业发展的目标体系。以供给侧思维发展旅游，实现从冰雪旅游"一枝独秀"向"两季驱动、四季融合"转变。

甘肃省流动的体育旅游景区

甘肃省旅游与体育融合方面，酒泉戈壁挑战赛、兰州国际马拉松赛等体育赛事成功举办，成为"流动的景点""活化的景区"。

江苏省体育旅游业态

南京、苏州、无锡等地常态化的国际马拉松赛事成为体旅融合的新亮点；环太湖公路自行车赛、镇江航空旅游季等品牌活动成为体育旅游、低空旅游的重要项目。

（四）旅游与交通、环保、国土、海洋、气象融合发展

与政府职能部门融合发展，在为旅游业提供保障的同时，也可推动相关行业旅游化发展。

第一，开发旅游与交通、环保、国土、海洋、气象融合发展的旅游产品，推动旅游产品提档升级和多样化发展。例如，发展邮轮游艇旅游、低空旅游等特色交通旅游产品①。

第二，联合职能部门推出旅游品牌计划，联合其他部门创建星级汽车露营营地、生态露营地、自驾车露营地、帐篷露营地、青少年营地②，国家级、省级生态旅游示范区③，世界地质公园④，国家地质公园⑤，国家级、省级矿山公园⑥，国家级海洋公园、省级海洋公园⑦，中国天然氧吧⑧，国家气象公园等⑨。

---

① 参照标准：《游艇管理服务规范》（GB T 35558—2017）、《游艇码头设计规范》（JTS 165－7—2014）、《国际邮轮口岸旅游服务规范》（LB/T 017—2011）、《体育场所开放条件与技术要求 第 12 部分：伞翼滑翔场所》（GB 19079.12—2013）、《体育场所开放条件与技术要求 第 13 部分：气球与飞艇场所》（GB 19079.13—2013）、《体育场所开放条件与技术要求 第 24 部分：运动飞机场所》（GB 19079.24—2013）、《体育场所开放条件与技术要求 第 25 部分：跳伞场所》（GB 19079.25—2013）等标准以及《低空空域使用管理规定（试行）》等。

② 参照标准：《汽车露营营地开放条件和要求》（TY/T 4001—2013）、《生态露营地建设与管理规范》（LY/T 2791—2017）、《休闲露营地建设与服务规范 第 2 部分：自驾车露营地》（GB/T 31710.2—2015）、《休闲露营地建设与服务规范 第 3 部分：帐篷露营地》（GB/T 31710.3—2015）、《休闲露营地建设与服务规范 第 4 部分：青少年营地》（GB/T 31710.4—2015）等。

③ 参照标准：《国家生态旅游示范区建设与运营规范（GB/T 25362—2010）》《国家生态旅游示范区建设与运营规范（GB/T 25362—2010）评分实施细则》等。

④ 参照标准：《IGGP 章程及世界地质公园操作指南》等。

⑤ 参照标准：《国家地质公园建设标准》《国家地质公园验收标准》《国家地质公园资格评审表及评审指标赋分说明（试行）》等。

⑥ 参照标准：《国家矿山公园申报建设指南》《国家矿山公园建设验收标准（试行）》《国家矿山公园评审指标赋分说明（试行）》《关于申报国家矿山公园的通知》（国土资发〔2004〕256 号）等。

⑦ 参照标准：《国家级海洋公园评审标准》等。

⑧ 参照标准：《"中国天然氧吧"创建管理办法（2017 修订）》《天然氧吧评价指标》（T/CMSA 0002—2017）等。

⑨ 参照标准：《国家气象公园管理办法（试行）》《国家气象公园评价指标（试行）》《国家气象公园建设指南（试行）》《国家气象公园验收办法（试行）》等。

案例链接:

江西省高速公路服务区厕改

江西省交通部门将高速公路服务区内厕所建管纳入服务区文明服务创建工作,每24千米一个厕所,不断优化硬件设施和管理服务,整体提升服务品质。省文明办将厕所建设管理纳入文明城市考核指标体系。

浙江省桐乡市"一业驱动四化"产业融合模式

浙江桐乡成立产业融合部,全力推进产业融合工作,探索形成以"一业驱动四化"的产业融合发展模式:以旅游业驱动新型农业化,使农业向旅游观光、休闲农业转型升级;以旅游业驱动新型工业化,发展游艇、房车、直升机等旅游装备制造业;以旅游业驱动新型城镇化,建设濮院时尚旅游购物小镇、石门乡村休闲体验小镇和崇福运河文化小镇,使农村就地变城镇、农民就地变工人、产业就地转型;以旅游业驱动服务业现代化,借力旅游激活毛衫、皮草、家纺等专业市场,结合旅游大力发展文化创意、总部经济等现代服务业。

上海市松江区"五谷丰登"旅游产业融合模式

上海松江区推动"五谷丰登"的全域旅游产品体系。培育与一产结合,重在浦南乡村游产品的"泖田谷";与二产结合,重在一廊九区工业游产品的"科创谷";与文化结合,重在三大风貌区和影视板块文化游产品的"人文谷";与会议节庆赛事结合,重在各宾馆的"会议谷";与休闲度假相结合,重在主题乐园、公园的"欢乐谷"。

第七章

旅游设施与优质服务

发展优质旅游就是实现旅游业从规模化和粗放式的增长向优质和集约化发展转变。这是旅游业深入贯彻习近平中国特色社会主义思想的实践，同时也是满足人民日益增长的旅游美好生活的客观需要。改革开放以来，我国旅游业实现了跨越式发展，旅游已经从少数人的精英消费发展为大众化消费，如今已经成为人民生活的新方式。"十三五"时期是全面建成小康社会的决胜阶段，对传统旅游进行品质化提升，发展"以人民为中心、以质量为生命线"的优质旅游，对转变我国旅游业发展方式和建设世界旅游强国具有重要意义。

第一节 旅游设施

我国旅游设施建设较为滞后，旅游公共服务发展局部不均、不协调、不可持续等一直是制约我国旅游业发展的主要问题。2017年，李克强总理在政府工作报告中明确提出"完善旅游设施和服务，大力发展乡村、休闲、全域旅游"，同年召开的全国旅游工作会议要求"建设世界旅游强国，强国必先强基。没有基础设施和公共服务供给能力持续提升、软硬实力不断增强的经济社会发展基础，就不可能建成世界旅游强国"，旅游设施系统建设已经成为我国旅游发展中最为迫切的基础性工作。

一、指导思想

在全面建成小康社会和全域旅游发展背景下，旅游市场需求日益多样化、个性化和品质化对旅游设施提出了全新的要求，坚持需求导向，按照"标准化、特色化、智慧化、人性化、品质化、旅游化、国际化"的旅游设施建设标准，重在补齐短板，提高智慧服务能力，扩大旅游集散咨询服务、旅游标识引导系统、旅游交通、旅游厕所、旅游停车场等旅游设施的有效供给，补齐全域旅游公共设施短板，推动城市和乡村旅游公共设施一体化发展，建设"设施完善、数量充足、布局优化、有效覆盖、科技智慧、主客共享"的旅游设施体系，全面提升旅游设施水平，助力全面建成小康社会建设，为人民营造美好生活。

二、标准要求

根据国家以及地方相关文件要求①，旅游设施建设的主要要求与内容包括五个方面。一是旅游交通。城区、中心乡镇通往 3A 级（含）以上景区、旅游度假区等主要旅游景区道路畅通便捷；在国省干线公路、旅游公路或通景公路沿线合理设置公路服务区、旅游驿站、旅游观景台、摄影点、汽车营地等社会旅游设施；出租汽车服务良好；城市公交系统，公交线路覆盖率较高；城市观光巴士、旅游专线车或公共汽车车况良好且服务周到；提供汽车租赁业务服务；旅游风景道、城市绿道、骑行专线、徒步道等慢行系统贯穿主要城镇、乡村和景区，且舒适性高、安全系数高、景观设计及绿化较好。二是旅游集散咨询服务体系。主要旅游集散地设有旅游集散中心、旅游咨询服务中心、旅游咨询点，且位置合理、设施齐全，功能完善、环境整洁，符合相关规范要求；在主要旅游节点等设有全域旅游地图，为游客和当地居民提供全面准确的旅游信息。三是旅游引导标识系统。通往景区的道路沿线设有中英文对照的交通指示牌和旅游标识牌，且位置合理，标准规范；交通集散地以及 3 星级（含）以上饭店、国家 3A 级（含）以上旅游景区、乡村旅游民俗村、旅行服务商经营场所、游客集散地、游客服务中心、特色餐馆、娱乐和购物场所设置符合国家标准的公共信息图形符号；国家 A 级旅游景区、旅游度假区等游览场所设置有中外文对照的引导标识②，位置合理，标准规范。四是旅游厕所。有 A 级以上的旅游厕所；A 级景区、星级酒店、乡村旅游民俗村等的厕所数量充足、位置合理、干净无味、实用免费、管理有效；建筑

---

① 《全域旅游示范区创建工作导则》（旅发〔2017〕79 号）、《国务院办公厅关于促进全域旅游发展的指导意见》。

② 包括景区介绍牌、导览图、景物介绍牌、导游全景图、指示牌等。

风格与周边环境相协调。主要旅游线路沿线、主要街区、旅游集散服务中心以及旅游餐饮、旅游购物等旅游服务场所的厕所应"数量充足、布局合理、干净卫生"。涉旅厕所设有满足特殊人群专用的通道及无障碍厕位且设施符合规范要求。厕所公共信息图形符号规范清晰，指向明确。五是旅游停车场。3A级及以上景区、乡村旅游民俗村、3星级（含）以上旅游饭店等主要涉旅场所的停车场符合规范要求，分布合理、配套完善、管理规范、中英文标识准确。4A级（含）以上景区等应配套建设生态停车场；有针对旅游旺季解决停车场供应不足的措施。这表明发展全域旅游需要全面提升旅游公共设施水平，构建与大众旅游时代相适应的"结构完善、标准规范、特色鲜明、覆盖率高、易于获得、可获得感强"的旅游公共服务体系，并以全域旅游公共服务体系均等化、信息化为导向，推进实现旅游公共设施全面提升。

三、主要做法

（一）旅游交通

旅游交通是全域旅游的"生产线"，需要依托航空、高铁、城际铁路和高速公路，构建高速便捷的对外交通系统。改造干线公路网、农村公路网，形成便捷互通内部交通网。配套道路运输服务网，实现闭环交通，成网串景，形成外部"大交通"和内部"微循环"相连接，并与现代旅游节奏相适应的"快旅慢游"和"运游一体化"的共享旅游交通体系。

第一，加强旅游交通规划设计，完善旅游交通建设资金，按照相关标准与要求①，高标准编制符合地方实际情况的全域旅游交通综合体系专项规划，把旅游交通作为一种重要的交通形式纳入交通道路系统中统筹建设。

第二，提高旅游目的地的交通畅达性和便捷性，依托高铁、城际铁路、民航、高等级公路等构建"快进"交通网络，合理新建和扩建支线机场，建设覆盖国家5A级旅游景区通用机场体系，推进高铁旅游停靠站点建设以及过境高速公路出入口旅游转乘交通建设，形成进入区域"快速"交通通道，区域内实现主要景区与机场、高铁、枢纽站等快速互通。

第三，以机场、车站、高速、铁路等集散枢纽为重要节点，建设游客集散和中转系统，构建布局合理、零换乘的交通体系。尤其要提高各种交通运

---

① 政策文件：《关于促进交通运输与旅游融合发展的若干意见》。

输方式的衔接紧密度，旅游交通专线、城市公交、汽车租赁网点延伸到主要景区和乡村旅游点，与机场、车站、码头实现交通换乘无缝对接。

第四，全域旅游内部旅游交通按照"闭环"化建设原则，实现网络化发展，提高通景旅游公路和乡村旅游道路的等级，形成全域化的旅游交通网络，并推动交通旅游化，实现从"旅游交通"向"交通旅游"转变。

第五，建设中心城区到景区的专线公路、干线公路、景区公路连接线、主要景区循环公路及相邻景区连接公路，打通景区之间的联络线、断头路，实现旅游景区游览无缝对接。有条件的中心城市（镇）抵达乡村旅游点的公路和旅游连接线道路须达到国家等级公路标准。通往景区和旅游村落的道路需进行硬化、绿化和美化，围绕旅游路网，配套观景栈道、餐饮服务、特产销售、旅游厕所、停车场等旅游设施。

第六，推进两种及以上通达5A级景区，一种及以上通达4A级景区的快速进入的交通方式。A级及以上旅游景区公路全部达到便捷畅通标准①，其中中心城市（镇）抵达5A级旅游区和国家旅游度假区的道路原则上须达到国家一级或二级公路标准，抵达4A级旅游区和省级旅游度假区须达到国家二级或三级公路标准②，景区与景区之间的连接线须达到3级公路以上。具体公路等级选择时需兼顾考虑生态环境、旅游安全和旅游风貌等方面的要求，因地制宜地贯彻标准。

第七，将有一定旅游流量的高速公路服务区进行旅游化改造，建设成"选址科学、功能实用、风貌协调"的公路旅游服务体系。重点营造服务区景观环境，增设旅游信息、休闲娱乐、票务预定、旅游信息和旅游商品售卖等服务功能。有条件的地方设置房车车位、加气站和新能源汽车充电桩等设施。因地制宜配套驿站、观景台等设施，推动高速公路服务区向高速公路观光园区转型。

第七，推动建设"选址科学、功能完善、配套齐全"的自驾车旅居车旅游服务区，形成网络化营地服务体系。

第八，对公路路域环境开展综合整治，集中力量整顿治理违章建筑、占路为市、乱堆乱晒、乱竖非交通标志标牌等现象行为；完善旅游交通标志标

---

① 参照标准：《旅游景区质量等级的划分与评定》GB/T 17775—2003。

② 参照标准：《公路工程技术标准》JTG B01—2003。

线标牌建设。建立完善的旅游交通应急保障机制，建立应急预案和处置机制。

案例链接：

广西壮族自治区桂林市阳朔县"快旅慢游"交通体系

桂林市阳朔县构建"快旅慢游"交通体系。一是交通便捷化。创建西街4A级旅游景区，完善旅游标识导览系统。完善县域内景区（点）、度假地、交通枢纽之间的交通路网，实施国道321改（扩）建工程，实现县城一个小时通达机场、高铁站。二是交通方式多元化。开通机场—阳朔大巴车，交通方式有双层观光巴士、特色旅游出租车、城乡公交车、共享汽车、共享单车等。三是交通旅游化。建设漓江绿道、遇龙河步道、十里画廊状元步道，利用"一江一河"开展竹筏、游船观光。

贵州省荔波县"陆空并进，内优外快"的立体旅游交通体系

贵州荔波县编制发布《荔波县全域旅游交通建设（2016—2018年）三年行动计划实施方案》，科学地分解交通路网，把交通建设科学合理地融入全域旅游发展战略，县域范围内全域旅游的大环线、小环线、网络线构成"陆空并进，内优外快"的全方位立体化旅游交通体系。以全域旅游交通支撑为契机，加强交通服务软环境建设，实施"全域旅游、情满旅途"创建活动。塑造"微笑服务、温馨驿站，情满车厢、满意旅途"交通运输品牌：建立"亲情服务、温馨驿站"荔波汽车站；开通"情满车厢、文明班线"荔波至小七孔班线；组建"微笑服务、雷锋车队"雷锋出租车队；组建"满意旅途、党员车队"党员先锋车队。这些措施为荔波全域旅游发展营造了良好的社会环境。

浙江省温州市文成县"鱼骨状"公路网络

浙江文成县树立绿色交通、生态交通和美丽交通的发展理念，为全面服务全域旅游发展战略，投资6000多万元，完成335千米市级绿道建设，建起路径系统、绿化系统、标志识别系统、驿站观景平台等服务设施，初步形成一个以322国道（56省道）为主干道，以县道为支线，通向乡镇、辐射至农村的"鱼骨状"公路网络，基本实现"县域半小时交通圈"。在县域外，龙丽温高速瑞文段、溧宁高速文泰段工程全面推进，文成县即将融入"温州一小时交通圈"。

江苏省淮安市金湖旅游富民黄金线

金湖县依托水文化优势，建设300千米长的旅游绿道，并在沿线对原有河湖管理所、村集体管理用房进行改造提升，建设47个集智慧骑行、游客休憩、产品展销等功能为一体的旅游服务驿站，开通水上观光航线，建设绿道起点公园、陈家圩自行车越野挑战赛场，完善旅游公共服务，建设一条串联主要景区、乡村旅游区、美丽乡村、特色小镇的全域旅游景观廊道，成为一条金湖旅游富民黄金线。

辽宁省庄河市慢行交通、微型公交与交通末端"无缝对接"

辽宁省庄河市推进慢行交通、微型公交等形式与交通末端实现"无缝对接"，以丹大高铁站为中心，完备旅游专车租赁服务，布局辐射全市各旅游景区的高效、快捷、便利的交通运输网。抚顺沈抚新城推进公交线路进驻旅游景区。

（二）旅游集散咨询服务体系

随着散客游、自驾游时代的到来，全域旅游需各地因地制宜建立多层级旅游集散网络，推动旅游集散中心建设体系化、市场化、特色化、人本化和智慧化发展，构建"选址科学、容量合理、特色突出、功能完善、智慧便利、主客共享"的旅游集散与咨询体系。

第一，按照相关标准①，结合地方交通布局、旅游资源分布，建设具有地方特色、符合规范并常态化运行的旅游集散中心、旅游咨询服务中心、旅游咨询点，形成多层级旅游集散咨询服务体系。主要涉旅场所配置旅游咨询中心或旅游咨询点。例如，可在机场、火车站、汽车客运站、高速公路服务区等交通枢纽或在城区交通畅达便利位置设置市、县（全域）旅游集散中心或旅游咨询服务中心；在景区游客中心、公交枢纽站、旅游特色村、城市休闲街区（美食街、购物街等）主要旅游酒店、旅行社、社区服务中心、村委会、农家乐等场所设立旅游咨询点或二级旅游集散中心。

第二，完善旅游集散中心、游客服务中心、旅游咨询点的功能。咨询服

---

① 参照标准：《旅游信息咨询中心设置与服务规范》GB/T 26354—2010、《城市旅游集散中心等级划分与评定》LB/T 010—2011。

务场所应具有旅游宣传页发放、中英文旅游信息咨询①、商品展销、线路预订、门票销售服务、旅游咨询、交通问讯、应急援助、自助查询、便民服务、旅游投诉受理、住宿预定、导游服务、旅游宣传、旅游年卡办理等功能。可建立游客集散中心数字化咨询平台，也可提供3D全景漫游、VR模拟体验、AR全景展示等娱乐项目或其他组合产品，增强其旅游吸引能力和旅游消费功能。

第三，按照相关标准要求②，配置完善触摸屏、自动售取票机、自动售卖机、休息座椅、导览标识等设施设备。也可配置旅游服务机器人、旅游咨询机器人等，提高设备使用率和趣味性。

案例链接：

串点成线、连线成网，南京南站旅游集散中心助游客便捷游南京

南京采用多点式三级集散体系，一级集散中心设置在高铁站、汽车站等交通枢纽，二级集散中心设置在郊区及重要景点附近，三级集散中心则遍布南京各个景点周边，通过三级集散体系的建设，串点成线、连线成网，为市民游客提供便捷的旅游服务。南站旅游集散中心位于南京南站北广场，依托南京南站长途客运、高铁交通枢纽地位，针对高铁、长途客运及空港落地旅客提供旅游集散服务。南站旅游集散中心不仅提供南京旅游宣传页发放、中英文旅游咨询、旅游购物品展销、景点门票销售服务，而且还是"南京环城游"观光巴士、美丽乡村游直通车服务点，实现旅游公共交通系统与高铁、长途客运、空港、城市公共枢纽之间无缝对接，并串点成线、连线成网，切实提升游客游览的便捷度。

（三）旅游标识标牌标语系统

旅游标识标牌标语是旅游目的地与游客现场交流的第一媒介，是不可或缺的基础性、重要性服务设施，也是旅游目的地必不可少的创新性、可视性

---

① 包括景区（点）、度假区、住宿、餐饮、气象、交通、会展、医疗卫生、安全急救等方面的信息。

② 参照标准：《城市旅游公共信息导向系统设置原则与要求》GB/T 31382—2015、《公共服务领域英文译写规范第3部分：旅游》GB/T 30240.3—2017、《公共信息图形符号第1部分：通用符号》GB/T 10001.1—2012、《公共信息图形符号第9部分：无障碍设施符号》GB/T 10001.9—2008等。

营销平台。它具有目的地形象推广、个性表达、风貌营造、信息传递、文化展示、景点解说、道路指向、警示警告、宣传动员等重要功能。"布局合理、标准规范、指向清晰、内容完整、风格独特"的旅游标识标牌标语系统，有助于游客跟着标识去旅游，这不仅方便当地居民、外来游客，更加营造全域旅游视觉环境，并构成了旅游目的地一道亮丽的风景线，是发展全域旅游最基础和最有效的旅游流入口。

第一，有条件地区可出台《全域旅游标识标牌标语系统专项规划方案》，完善交通指引牌、旅游区导引牌、旅游服务设施指引牌和旅游宣传标语牌四类标识体系，对涉旅标识标牌进行统一设计和优化布点。

第二，旅游、交通、城管等单位参照相关标准①，完善高速公路出口、国省道出入口、主要交通干道、通景公路、重点旅游村通村公路沿线的交通指示标识、旅游标识牌。在通往重要旅游景区、城市主要旅游点和乡村主要旅游点的公路沿线适当设置旅游交通标识，重要景点景物须设置介绍牌。

第三，参照相关标准②，完善交通集散地、游客集散地、游客服务中心、星级饭店、乡村民俗村、民泊民宿区、旅行服务商经营场所、特色餐馆、娱乐和购物场所等的标识系统。

第四，参照相关标准③，完善国家 A 级景区、旅游度假区等场所的标识系统。在旅游景区、旅游度假区、旅游风景道、城市绿道、乡村风景道等入口位置设置旅游全景导览图。

第五，在旅游集散中心、重要通景公路入口、主要旅游吸引物、文化广场等游客集中区域，合理设置包含景区（点）、酒店民宿、道路交通、银行、

---

① 参照标准：《道路交通标志和标线》GB 5768—2009、《城市道路交通标志和标线设置规范》GB 51038—2015、《公共服务领域英文译写规范第 3 部分：旅游》GB/T 30240.3—2017、《公共信息图形符号第 1 部分：通用符号》GB/T 10001.1—2012、《公共信息图形符号第 2 部分：旅游休闲符号》GB/T 10001.2—2006。

② 参照标准：《公共建筑标识系统技术规范》GB/T 51223—2017、《公共服务领域英文译写规范第 3 部分：旅游》GB/T 30240.3—2017、《公共信息图形符号第 1 部分：通用符号》GB/T 10001.1—2012、《公共信息图形符号第 2 部分：旅游休闲符号》GB/T 10001.2—2006 等。

③ 参照标准：《公共建筑标识系统技术规范》GB/T 51223—2017、《公共服务领域英文译写规范第 3 部分：旅游》GB/T 30240.3—2017、《公共信息图形符号第 1 部分：通用符号》GB/T 10001.1—2012、《公共信息图形符号第 2 部分：旅游休闲符号》GB/T 10001.2—2006、《旅游景区质量等级的划分与评定》GB/T 17775—2003 等。

卫生间、加油站、停车场、官方微信、二维码、投诉救援电话等信息在内的全域全景图；在交通集散地、文化广场等游客集中地区设置电子显示屏，循环播放旅游信息。

第六，与智慧旅游平台对接，创新运用二维码和智能移动端工具，建设覆盖辖区的景区（点）、历史文化点、交通、道路、门牌、公共设施等的二维码标签，架构线下场景到线上信息之间的有效入口，为用户提供城市文化与旅游信息展示的窗口。

第七，适当设置"全域旅游，大有可为""人人是形象，个个是导游""发展全域旅游，营造美好生活""旅游让生活更美好"等全域旅游宣传标语或知识普及标语。

案例链接：

标识重庆

重庆围绕"全域旅游＋互联网"理念展开"标识重庆"实践和探索。"标识重庆"是基于旅游标识的"互联网＋"提档升级，它以二维码技术为载体，以智能移动端为工具，通过构建7431体系，助力全域旅游发展。"7"是指吃、厕、住、行、游、购、娱旅游七要素，"标识重庆"通过标识互联网化的手段，将全域资源有机整合到一个平台上，促进各行各业互联互通、融合发展；"4"是指四类用户，"标识重庆"是服务于游客、景区、商家、政府的公共服务平台；"3"是指三大平台，一是全域旅游的资源聚合平台，二是旅游监管平台，三是营销平台，通过搭建旅游大数据，为景区做好营销，帮助商家做好分销；"1"是指构建一个旅游目的地生态圈。

"标识重庆"对市民、游客而言，一是以提供更直接、更精确、更便捷的一站式咨询服务的方式，使人们真正实现"说走就走的旅行"，提升人们的旅游体验；二是以更丰富、更多样的内容展示，使市民、游客更有效地了解城市的历史和文化；三是以更人性化的咨询服务和互动服务，营造全域旅游服务氛围。

"标识重庆"对旅游行业管理而言，一是可以满足城市所需的多样化展示需求，是城市旅游形象展示的窗口；二是让旅游信息发布精准化、便捷化、全覆盖，是旅游管理、行业资讯的发布平台；三是有更多的入口来收集、归类、管理市民及游客的咨询、建议或投诉，是旅游行业互动的反馈平台，为旅游行业管理和舆情监控提供有效支撑；四是建设全市最大的数据入口，通过平台中行业业务数据、横向涉旅数据、景区管控数据等大数据的汇集、分析、运用，为各景区、各相关职能部门的经营和管理决策提供参考和依据，并汇入全市旅游大数据平台，为重庆全域旅游发展提供智慧支撑。

比利时布鲁塞尔、英国威尔士蒙茅斯小镇、
韩国首尔的旅游引导标识系统

比利时的布鲁塞尔通过遍布城市的标识入口，链接网络，提供在线景点、文化、公共设施等服务咨询，成为世界上第一个移动数码城市。英国威尔士的蒙茅斯小镇，对全镇各个建筑、博物馆、街道、景点等1000多个点位标识化，为游客提供资讯入口，可以链接维基百科，成为世界上第一个"维基科小镇"。韩国首尔推出的ITourSeoul，是首尔市的官方旅游指南，为在首尔的各国游客提供多国语言的自由行咨询、导游、翻译服务。

（四）旅游厕所

为持续推动厕所革命，原国家旅游局出台《全国旅游厕所建设管理新三年行动计划》，按照"全域发展、质量提升、深化改革、创新突破"的思路，加强规划引领、项目推动、示范带动、标准提升、宣传培训和监督检查。推进厕所在城乡间、景区内外合理布局，提高厕所建设质量，建立厕所管理体制，推广厕所科技应用，提高厕所文明程度，达到"数量充足、分布合理，管理有效、服务到位，卫生环保、如厕文明"的标准。全域旅游发展中旅游厕所建设既要符合国家标准，又要节约成本，还要推动厕所主题化和创意化发展。

第一，编制《旅游厕所专项规划》，提高厕所有效覆盖率，强化补足乡村厕所短板，实现厕所的全域统筹管理和主客共享。

第二，建立旅游与城管（或其他相关管理单位）协商共建的协同工作模式或工作小组，定期召开厕所建设专题推进会，将旅游厕所建设任务指标细化和量化。

第三，采取政府投资、企业自筹、上级补助、整合其他部门资金等多渠道筹措资金方式建设旅游厕所。实施旅游厕所标准化建设，对所有旅游厕所进行统一的规划建设管理，统筹旅游厕所的等级评定，A级旅游厕所的比例

达到60%。① 参照相关标准②，完善旅游厕所的无障碍设施和公共图形符号。

第四，推进城乡公共厕所的旅游化改造，对旅游交通线路沿线、重要旅游集散地、重要乡村旅游点、城市休闲空间（城市公园、旅游娱乐场所、休闲步行街区、美食街、购物街）等游客集中区域的公厕进行标准化改造和主题化、旅游化设计，在外观和功能上，充分考虑旅游元素、融入旅游功能，A级厕所原则上需设置家庭卫生间。

第五，加强科技投入，使用循环水冲卫生厕所、微水冲卫生厕所、无水冲卫生厕所、可生物降解的泡沫冲洗厕所等新型实用环保型厕所。③

第六，出台相应的《旅游厕所管理办法》，建立旅游厕所日常管理长效机制和奖惩机制，健全管理制度、加强人员培训、保障设施完备。推动旅游景区、旅游线路、商业街区、乡村旅游点等涉旅场所厕所的标准化建设和标准化管理。推行"以商建厕、以商管厕、以商养厕"，开展智能管理。④ 推动城区厕所共享发展，引导城区、景区交通沿线和临街、临景的企事业单位厕所免费向公众开放。

第七，实现旅游厕所智能查询，在智慧旅游平台建设中加入旅游厕所电子地图板块或者推出"旅游厕所APP查询系统"板块或与百度地图、高德地图等服务商联合推出旅游厕所电子地图或与微信小程序结合推出旅游厕所电子地图，实现信息查询、位置服务、游客满意度评价等功能。

第八，将旅游厕所建设管理与文明旅游结合起来，通过利用宣传栏、发放宣传倡议书、播放宣传视频等形式进行文明如厕宣传，营造文明、健康和向上的旅游厕所文化，促进社会文明进步。

案例链接：

山东省厕所革命

山东按照"厕所革命工作好不好，让游客和社会第三方说了算"的理念，把旅游厕所复核工作完全委托第三方开展，并把第三方复核结果作为旅游厕

---

① 参考标准：《旅游厕所质量等级的划分与评定》GB/T 18973—2016。
② 参考标准：《公共服务领域英文译写规范第3部分：旅游》GB/T 30240.3—2017、《公共信息图形符号第1部分：通用符号》GB/T 10001.1—2012、《公共信息图形符号第9部分：无障碍设施符号》GB/T 10001.9—2008。
③ 参考标准：《厕所革命：技术与设备指南》。
④ 参考标准：《厕所革命：管理与服务导则》。

所奖补资金拨付的重要依据。省旅发委与有关部门联合委托旅游行业协会作为"第三方"，组织专家团队前往全省16市（不含青岛）。济南率先创新实施城市厕所开放联盟，高效合理地利用厕所存量资源，有1200余座厕所加入，5A级景区"天下第一泉"附近建设厕所开放联盟一条街。青岛崂山区参照PPP模式与中国光大置业开展合作，由光大负责融资，政府分期回购，并委托光大独家长期经营管理，三年拟建100座生态厕所。枣庄开展厕所革命示范市创建活动，全域开展旅游厕所革命，研发公厕免费开放APP。济宁编制城市旅游厕所布局专项规划，各级财政配套资金推动城乡厕所免费向社会开放，同时，充分利用报纸、电视、网络及新媒体，并创办《济宁旅游》月刊，及时、客观、全面报道旅游厕所建设管理工作，教育和引导公民养成健康文明的生活方式和旅游方式。滨州实行领导干部包保责任制，每个县级干部包保相应县区厕所建设，定期对县区内厕所建设进行督查。聊城市旅游局领导班子成员每人挂点1至2个县（市、区），主动对接各县（市、区）政府主要领导或分管领导，指导县（市、区）落实旅游厕所建设任务。

广西壮族自治区厕所革命

广西系统推进厕所革命。第一，通过"以奖代补"等形式，充分发挥广西交通投资集团、广西旅游发展集团、中石油广西公司和中石化广西公司等中直和区直企业资源优势，在游客流量较大的公路沿线服务区、加油站建设旅游厕所并明确由业主负责管理，形成共促旅游发展的良好工作格局。第二，以商养厕，推动厕所管理市场化。长期以来顺应市场经济发展的要求，坚决走市场化的路子，通过旅游厕所商铺运营、厕所外立面广告招租、市政水电费减免、市政广场流动旅游店铺租金反哺等有效措施，为旅游厕所后期维护费用开源节流。例如，桂林市将中心广场厕所和相应的商业门面"捆绑"，公开向社会招标。中标者负责旅游厕所和门面的建设以及旅游厕所的长效管理，享有门面50年的经营权。同时，利用厕所墙面架设广告牌向社会招租，补贴厕所的维护和管理费用等方式，来平衡厕所日常管理的开支。第三，一票否决，强化厕所管理责任。广西将旅游厕所建设管理作为创建特色旅游名县、A级旅游景区、星级旅游饭店、星级农家乐、星级乡村旅游区等的重要指标，把各类创A评星等级申报评定、复核与厕所建设管理挂钩，实行"一票否决"，对旅游厕所不达标且不予整改的旅游企业，采取取消其下一年度使用旅游专项资金及奖励资金的资格，并给予降低等级或摘牌处理。第四，结合扶贫，落实乡村厕所管理责任。自治区旅游发展委与广西乡村办加强协作，重点对贫困村乡村旅游景点、农家乐厕所建设进行扶持，每年在贫困村建设200座以上乡村旅游厕所，并明确由村里负责管理。通过发展贫困村乡村旅游，帮助贫困村脱贫摘帽。第五，推行新技术材料应用，降低管理成本。引入"环保、实用、人性"旅游厕所设计理念，把现代科技融入厕所建设，通过生物除臭系统建设，利用泡沫代替冲厕用水，配备感应式显示屏，降低使用维护管理成本。

广西壮族自治区桂林市旅游厕所管理创新

桂林以国家标准与地方特色并重为原则，突出生态环保节能的特点，以美丽恬静的田园风光为特色，通过叠石流泉的园林造景手法，建设富有鲜明的桂北民居特色的旅游厕所。建设具有景区特色文化韵味的旅游厕所外立面，做到风貌与景区协调统一；扩充建筑规模、优化内部装饰，通过布置精致的图腾壁画等将文化融入厕所内部；旅游厕所内外各设休息空间，外空间建设富有诗情画意的园林景观，供游客休憩，内空间设休息室，配套设施齐全，光线明亮；厕所内洁具等所有设备均采用环保设备，并随时提供冷热水；科学设置通风设施，使厕所既能保持恒温，又可以实现通风；将母婴室和无障碍厕所设在最醒目的位置；无障碍厕所配套相关扶手工具以及坐式马桶。通过墙面彩绘等方式，于母婴室营造温馨的氛围，并配备儿童专供马桶。

吉林省旅游厕所管理创新

吉林省位于东北，冬季漫长寒冷，水冲厕所在冬季使用与管理存在诸多问题。推广"厕所设计大赛"获奖作品，成立全省旅游厕所建设专家组和推进组，及时总结旅游厕所建设进展情况，推广先进做法，创造性地解决各类技术性问题，大力支持和帮助解决景区厕所建设的有关技术难题。长白山管委会开通全国首个旅游景区厕所信息平台，在旅游厕所建设过程中，充分结合长白山生态、文化等元素并融入国际特色等建筑风格设计，形式形态不拘于传统的建筑形式，并提出景观构筑物的概念；充分运用新技术和新手段，注重对生态环境和资源的保护；功能空间灵活布局，因地制宜地合理配比蹲位及内外空间，达到"一个公厕一道风景"。

延边州敦化市作为先行试点单位，坚持做到"七有"：一是有组织，专门成立"旅游厕所建设领导小组"；二是有规划，按照发展需求制定三年旅游厕所新（改）扩建计划并逐步实施；三是有标准，每座厕所做到"三有三无"，即有镜子、净手设备、卫生纸等，环境保持无异味、无水渍、无杂物；四是有保障，累计投入 5000 余万元用于厕所建设；五是有人建，当年计划建设的旅游厕所指标按区域进行划分，确保任务完成；六是有人管，按照谁建设谁管理原则，投入使用的厕所均配备管理用房并有专人负责管理，规章制度上墙，采取双岗管理和轮岗管理制度；七是有文化，设计讲究文化，内部装饰力求简约明快，富有文化内涵。

河北省保定市涞水县野三坡乡村旅游厕所开放联盟

保定市涞水野三坡成立乡村旅游厕所开放联盟，制定管理章程、服务公约，统一标识。景区沿线、景区周边的大部分旅游经营单位厕所加入开放的行列，野三坡旅游投资公司对所有开放联盟的厕所给予每座厕所每年 1000 ~ 3000 元的资金或实物补贴，这样就形成业主有奉献、社会有补偿、良性互动模式和人性关怀氛围，对公共设施服务体系形成有力的补充。

湖南南岳区旅游厕所管理

湖南省南岳区编制《南岳区公厕布点专项规划（2014—2020 年)》并配套出台《南岳区公共厕所管理办法》。南岳区新建和提升旅游公厕 20 座，将旅游公厕的建设纳入目标管理绩效考核体系中，将厕所新建和老厕提升改造任务细化、量化到各个部门和单位。建立旅游公厕长效管理体制，实现旅游公厕管理规范化、标准化。南岳区还结合景区智慧旅游建设，把公厕纳入旅游 APP 公众平台，城景区交通沿线和临街、临景的企事业单位厕所免费向公众开放，为市民与游客提供了极大的方便。

江苏省苏州市"游急便"系统

苏州市研发"游急便"系统，通过微信公众号、服务号和手机 APP 等应用，为游客和市民找厕所、用厕所、评厕所提供平台。该系统在为游客提供方便的同时，通过评级系统有效提升苏州旅游厕所的管理和运营水平。系统内共搜集全市 2000 多个厕所的数据资料和地理位置信息，其中对 86 个旅游景区、度假区、乡村旅游区内 761 个旅游厕所的数据精确到面积、设施设备和管理细节。

江苏省苏州市大阳山国家森林公园 3D 打印厕所

苏州大阳山国家森林公园建成全球首座 3D 打印厕所，将复杂的传统建筑工序变成运用数字模型文件为基础的现代科技技术，不仅有效地提升建筑效率、缩短建筑工期、节省成本，且通过使用绿色环保材料展示大阳山"一片森林、一种生活"的品牌理念。苏州还把负压技术运用于环古城河厕所改造中，设置类似于烟道的风管，将室内臭气输入至除臭设备中，经负离子净化后，将干净无异味的新风由系统输送至室内。

江苏省南京市牛首山"牛首捌厕"

"牛首捌厕"由东南大学建筑设计研究院设计，充分展现牛首山东方禅意元素和景观特色，将建筑技术和艺术风格融入厕所建设，分别以"地衣""竹吟""眺望"等名字对八个风格各异的旅游厕所进行命名。"牛首捌厕"既是厕所，也是一个综合服务体，游客除了可以舒适、干净地如厕之外，还能在此观景、休息和补给。自牛首山文化旅游区开放运营，独树一帜的"牛首捌厕"很快吸引了广大游客和专业人士的关注，并获得好评。全球性建筑网站ArchDaily、香港 Gooood 设计网站、国内点击率最高的建筑微信号"建筑技艺"分别给予重点介绍。"牛首捌厕"入选国际建筑设计网站"DesignCurial"评出的全球颜值最高公厕。

（五）旅游停车场

随着我国的公路体系不断完善升级，高速公路节日免费等政策的刺激，促使具有自主性强、参与性强的自驾游成为众多游客的选择，自驾游已经成为旅游的主流方式。另一方面，伴随着自驾游的快速增长，停车难问题也随之显现，这就需要建设与游客流量相适应的"布点合理、生态绿色、配套完善、管理规范、智能创意"的停车场体系。

第一，完善国家 A 级景区停车场建设，有条件的地方可以做到 3A（含）级以上景区停车位满足景区游客最大承载量需求；3A 级景区停车场停车位需硬化或黑化（最低标准），4A 级（含）以上停车场停车位需为生态型（有绿化停车面或绿化隔离线的停车场，或者使用生态型或环保型建筑材料修建的停车场）；3A（含）级以上景区停车场有清晰标准的停车线，停车分区（大巴车、中巴车、小车、非机动车）；3A（含）级以上景区停车场内有清晰准确的方向引导指示标识；3A（含）级以上景区停车场需要分设出入口，安排专人值班管理；停车场建设风貌符合景区主题，与周边环境相协调；可根据实际情况合理设置备用停车场或临时停车场（例如，管理单位内部停车场）；

旅游高峰期，开放景区周边的学校、村委会等机关企事业单位等社会停车场。①

第二，重要涉旅场所（星级酒店、美食街、购物街）合理设置符合规范的停车场。旅游旺季时，开放主要涉旅场所（例如，星级酒店、美食街、购物街、主题公园）周边的学校等机关企事业单位作为备用停车场。

第三，合理利用城区道路、街区、地下空间、社区空间等社会停车场，游高峰期设置专人引导。完善乡村旅游点的停车场建设，合理设置服务设施。从交通干线到旅游景区（点）之间增设停车场并提供景交接驳服务。

第四，参照相关标准②，建设汽车营地，完善营地空间、供水、卫生、急救、娱乐等设施设备建设，为自驾游客提供充足舒适的营地服务。

第五，参照相关标准③，完善所有涉旅场所停车场设施建设，停车场可根据实际情况合理增设充电桩等设施，保障新能源汽车的需求。

第六，与智慧旅游平台建设相结合，实时更新全域主要涉旅场所（A级景区、星级酒店、乡村旅游点等）停车情况，并在游客较为集中的旅游集散地实时公布各主要涉旅场所停车位情况。A级景区、星级酒店、乡村旅游点等主要涉旅场所，可根据自身发展在手机客户端、网站等增设预约板块，通过预约制提高停车场使用效率。推出"全域旅游停车APP查询系统"或与百度、高德等导航服务商联合推出旅游停车场电子地图或与微信小程序结合推出旅游停车场电子地图，实现停车场布局、剩余停车位实时查询、游客满意度评价等功能。

案例链接：

河南省信阳市商城县旅游停车场建设

依托游客集散中心、景区、特色小镇、旅游风景道等合理配套建设旅游停车场。政府机关、团体、企事业单位及学校的机动车停车场在周末及节假日向社会开放，并嫁接"大别商城"APP，设计共享停车功能板块，用开放

---

① 参考标准：《旅游景区质量等级的划分与评定》（GB/T 17775—2003）。
② 参考标准：《自驾游目的地基础设施与公共服务指南》（LB/T061—2017）、《汽车旅游营地星级的划分与评定》。
③ 参考标准：《公共服务领域英文译写规范第3部分：旅游》GB/T 30240.3—2017、《公共信息图形符号第1部分：通用符号》GB/T 10001.1—2012、《公共信息图形符号第9部分：无障碍设施符号》GB/T 10001.9—2008等。

的理念整合停车场资源，进行资源优化再配置，达到错峰停车的目的。

广西壮族自治区桂林市阳朔县旅游停车场建设

桂林市阳朔县实施"厕所革命"和"停车场革命"两大革命。一是实施《旅游厕所改建计划》，推动"厕所革命"覆盖城乡。二是实施"三场站一中心"建设，配套旅游交通分级管理分级接驳，疏散城区游客，引导城乡、城景、景村之间游客互流。

河北省石家庄市正定县旅游停车场建设

作为有着较高知名度的旅游城市，古城正定开放了所有机关事业单位停车位，社会车辆可自由免费停放在机关事业单位院内的停车位；正定县城所有停车场已经实现免费开放，马路两侧台阶全部被抹平，方便居民、游客路边停车。

浙江省台州市天台县旅游停车场建设

浙江天台实施"八个全覆盖"，加速推进旅游厕所、停车场、咨询服务、标识系统、智慧旅游、旅游交通、游憩设施和乡镇A级景区"八个全覆盖"，推动景区内外一体化、城乡一体化、主客一体化。

（六）智慧旅游设施

智慧旅游设施是提供智慧旅游服务、智慧旅游管理、智慧旅游营销和智慧旅游交易的前提，是能够大幅提升旅游公共服务能力和范围以应对旅游全域化发展的必然选择。全域旅游智慧旅游设施建设应做到涉旅场所实现无线网络、通信信号、视频监控全覆盖，全域旅游流量实时监控、实时发布、动态跟踪和精确管理。

第一，建立智慧旅游大数据中心。统筹数字公安、城管、交通等各部门的数字资源，建立旅游业数据库，深度挖掘分析旅游大数据，为科学决策和精准营销提供数据支撑。

第二，布局智慧旅游终端设施。在重点景区和旅游线路上建设配套的智慧旅游设施，研发网上预订、移动支付、电子票入园、景区地图导航、自助式导游等终端软件，在重点旅游景区、宾馆饭店等游客集中场所设置终端查询机或咨询服务机器人。

第三，结合天眼或雪亮工程，补充景区和重点旅游线路监控设备。

第四，提升旅游线路沿途及景区周边电信、Wi‒Fi发射基站设施，提高信号的强度和有效覆盖率。

第五，建设景区门禁系统，完善三维 GIS、GPS 巡更管理等调度指挥系统。

案例链接：

广东省惠州市智慧旅游服务体系建设

广东惠州实施智慧旅游"1＋2＋N"工程。"1＋2＋N"工程，即"一个中心、两大系统、N 个智慧旅游行业应用"。"一个中心"即惠州智慧旅游大数据中心。"两大系统"即智慧旅游信息服务系统、智慧旅游电商营销系统。"N 个智慧旅游行业应用"即智慧景区、智慧酒店、智慧旅行社、智慧旅游乡村、智慧运营商等工程，建立创建标准，引导旅游行业更加"智慧"。在全国率先成立"中国（惠州）互联网＋旅游＋文化产业合作平台"，开展吃、住、行、游、购、娱等领域的跨界合作。构建统一的旅游资源数据库，构造本地化旅游行业的智慧平台。

（七）其他配套设施

重视涉旅地区的邮电、通信、光、电、气、水等配套基础设施建设，这些设施对旅游业的发展发挥着至关重要的作用。部分偏远地区、山区的景区水电通信等设施配套缺乏或不足，对游客管理、生态环境和安全救援影响较大。建立"覆盖率高、利用率高"的旅游配套设施体系的关键在于树立"共享设施"的理念，在其他领域的基础设施建设过程中对旅游线路、旅游区和全域旅游场所进行统筹规划建设。

第一，在城乡体系规划中和城市基础设施建设过程中，统筹考虑供水供电等旅游基础设施需求，或就近延伸城市与村镇基础设施，推动城景、镇景和村景基础设施一体化发展。

第二，对于城乡规划和城市基础设施未达标准地区，则需要实施旅游基础设施专项建设工程，同时科学考虑环境保护需求，对于生态环境脆弱的地区可以采用新型能源就地供电，设置移动供水、供气装置。

第三，旅游配套设施与社会民用设施相比，除了设施的基础功能之外，还需要考虑设施的景观审美功能。可以重点突出旅游设施的地方性和文化内涵，可因地制宜，突出特色和创意，力争做到"人无我有，人有我优，人优我特"。或深植各地的自然环境和地域文化，深挖自己的资源优势和文化个性，突出并结合地域特色、文化特色、资源特色等诸多要素，建设出真正具有文化内涵、有地域特征、有新颖创意的旅游设施风格和环境。

第二节 优质旅游服务

建设令人民更加满意的现代服务业是我国旅游业发展的重要战略目标。随着经济社会的发展，大众旅游时代的到来，广大游客对旅游服务质量的要求会越来越高，我国优质旅游服务有效供给仍然不足，旅游服务质量的提升速度还不能满足游客日益增长的需求。旅游高质量发展需要树立"服务就是财富，微笑可以致富"的发展理念，提高旅游竞争力需要把发展旅游业从资源依赖转向提供优质服务，为游客提供顾客价值，也为旅游企业创造利润空间，走内涵式发展之路。

一、指导思想

按照"高标准、精细化、智能化、国际化"的方向提供优质旅游服务，以旅游服务标准化为基础，以推进旅游服务个性化为导向，以旅游服务智慧化为技术支撑，以旅游志愿服务为特色，辩证把握旅游服务的标准化和个性化的内容①，大幅提高游客满意度，提升游客旅游体验流程，让广大游客享受安心、放心、贴心、开心、舒心的优质旅游服务。充分发挥市场的作用，推动服务业的价格水平回归正常，合理建立服务价格增长机制，让优质服务成为旅游企业保持占有市场份额和核心竞争力的决定性因素。营造专业化服务环境、全员好客环境，树立良好的口碑效益，让优质旅游服务成为全域旅游产业链中最为增值的环节。

二、标准要求

根据国家以及地方相关文件要求②，优质服务的主要要求与内容包括四个

---

① 二者的辩证关系：标准化能够保证服务质量的底线，个性化则能为游客带来"超出预期"的效果，

② 《全域旅游示范区创建工作导则》（旅发〔2017〕79号）、《国务院办公厅关于促进全域旅游发展的指导意见》和《国家全域旅游示范区验收细则》。

方面。一是旅游服务标准化。充分发挥规范标准在全域旅游中的服务、指引和规范作用。完善旅游业标准体系，提升区域内旅游基础设施建设标准、旅游公共服务标准、旅游行业管理标准、旅游支持系统标准等。强化标准实施与监督，扩大旅游标准覆盖面，对涉旅行业从业人员标准进行培训，提高从业人员服务意识与服务能力。旅游服务满意度高，树立友善好客的旅游服务形象。争取获评国家级旅游标准化示范区、旅游服务质量标杆单位、国家级服务业标准化示范点、省（市）级服务标准化示范点以及其他标准化示范企业（点）。二是旅游服务个性化。建立以游客和居民评价为主的主客评价机制，引导旅游服务个性化发展。实施旅游服务质量标杆引领计划，企业严守旅游服务规范和承诺，有关部门建立优质旅游服务商目录，推出优质旅游服务品牌，塑造旅游服务品牌，不断提高游客满意度。三是智慧旅游服务。建立旅游服务线上"总入口"和旅游大数据中心，形成集交通、气象、治安、客流信息等为一体的综合信息服务平台。涉旅场所实现免费 Wi-Fi，通信信号、视频监控全覆盖，主要旅游消费场所实现在线预订、网上支付，主要旅游区实现智能导游、电子讲解、实时信息推送。开发游客行前、行中和行后各类咨询、导览、导游、导购、导航和分享评价等智能化旅游服务系统。建立旅游监测运营平台和旅游大数据中心，建立集交通、气象、治安、客流信息等为一体、互联互通的旅游信息数据平台。四是旅游志愿者服务体系。设立旅游志愿者服务站；成立旅游志愿者服务队伍；开展常态化旅游志愿服务活动；配套旅游志愿者服务管理方案、办法和规章制度。

三、主要做法

（一）旅游接待服务

旅游接待服务是指旅游企业面向游客提供的有偿旅游组织与接待服务活动并获取相应的报酬，具有营利性，是旅游业的核心业务。主要包括旅行社服务、旅游餐饮服务、旅游住宿服务、旅游交通服务、旅游购物服务、旅游娱乐服务等，涵盖旅游全流程体验。

第一，旅行社接待服务诚信化、信息化和标准化，需要回归正常的商业逻辑，杜绝低价游等欺诈招徕行为。促进旅行社在线化转型发展，实现线下旅行社和线上 OTA 旅游组织接待服务能力提升。

第二，完善导游服务规范化、信息化和人性化要求，以科学性和正确性为第一原则提升导游词，针对自驾游、户外运动等新的旅游方式，增加新的导游工种。

第三，在保证安全、干净、卫生就餐环境下，餐饮服务特色化、多样化和集聚化，对于大众游客有便捷地获得餐饮的机会，并为其提供固定的就餐场所以及为方便食品提供热水或加热设备。防止游客随地吃饭、随地丢弃餐具。

第四，旅游餐饮接待服务很多环节是在后台操作完成的，透明和可追溯成为保证服务质量的重要举措。需要大力倡导厨房透明度、食品的可追溯性，营造安全放心的餐饮心理环境。

第五，提高餐饮现场标准化和个性化的服务水平，倡导提供餐饮机器人服务，同时加强线上服务，提供餐饮介绍、网上预订、网上支付、网上评价等服务。

第六，在保证卫生条件下，旅游住宿服务标准化、优质化和品牌化。坚守星级饭店的服务标准，推动住宿服务标准的宣贯。依托新型住宿形态提供特色化、个性化的住宿服务。引进国外饭店管理服务品牌的同时，培育本土饭店管理服务品牌。倡导提供多种功能的酒店机器人服务。

第七，完善票务服务系统，倡导客运联程，提高联网、联程、异地和往返票务服务水平，构建"一站式""一条龙"的旅游交通服务。增加特色交通旅游服务能力，例如，针对旅游列车、马车、索道等交通过程中的安全服务、解说服务等。

第八，建立旅游交通服业人员岗位资格和服务质量考核机制，提升旅游道路运输服务的质量。提升出租车服务水平，开展清洁出租汽车活动，规范化服务，打击不按表计价、拒载、欺客等行为，营造好客环境；可引进大型汽车租赁企业，为落地自驾游客提供汽车租赁服务；发展地方汽车租赁企业；与高德、百度等大型导航企业合作，完善旅游交通导航服务。

第九，建立交通、旅游、林业等跨部门数据共享机制，运用网站、微博、微信、应用程序（APP）等媒介，及时发布交通路况、景区人流量、天气预报等信息，为社会公众提供多样化的交通预告预警服务。

第十，提升旅游购物品品质，回归旅游购物正常商业逻辑，构建健康的购物生态链，改变旅游地摊式购物场景，营造特色店、精品店等高品质体验式购物场景。不断提升旅游购物场所的环境，提高旅游购物服务质量，完善旅游购物管理体系，制定质量管理、价格管理、计量管理、位置管理、售后服务管理等方面的管理制度并且落到实处①。

第十一，旅游娱乐内容健康化、特色化、时尚化和有趣化。在有流量支撑的前提下适度发展演艺、主题公园，同时大力发展与流量匹配的中小微旅游娱乐活动。推动旅游娱乐全程化，在游程设计中科学合理地穿插娱乐活动，丰富娱乐玩耍内容，提升旅游体验质量。

第十二，推广建设智慧型景区、酒店、旅行社、旅游村镇及智慧运营商，推动旅游体验及消费的模式创新，再造、优化旅游企业服务流程，进而提高旅游消费服务水平。

第十三，委托第三方机构或设立内部服务质量管理机构，开展游客满意度调查，了解旅游服务现状与问题，针对游客反映较为突出的问题，进行服务补偿。提高智慧化管理和精确管理水平。

第十四，由政府背书成立第三方认证或担保机构，成立旅游服务品质商业保险机制。完善服务监管机制、服务诚信平台和服务承诺制度。

第十五，当前制约我国旅游服务品质化发展的主要因素之一是服务的价格偏低，需要适度提高基层服务员工的薪资水平和社会保障程度，提高一线员工的自豪感、安全感和归属感，提高员工的忠诚度。

案例链接：

"北京服务"旅游服务品牌

北京市高标准完成党的十九大、"全国两会""一带一路"国际合作高峰论坛、国际刑警大会、国际检察官大会、首届世界旅游发展大会、G20 能源部长会、中非论坛北京峰会等国内外重大会议活动的服务保障任务，举办北京国际电影节、全国少数民族文艺会演、中国网球公开赛、第十九届北京国际旅游节、2017 北京国际青年旅游季、2017 北京国际旅游商品及旅游装备博览会、2018 年新年倒计时等特色品牌活动，推动全域旅游与冬奥会（冬残奥会）、世园会、世界休闲大会等融合发展。全市会议会展商务旅游蓬勃发展，

① 参照标准：《零售企业服务质量评价准则》（SB/T 10636—2011）、《零售企业服务管理规范》（SB/T 10959—2013）、《零售企业卖场安全管理要求》（SB/T 10906—2012）、《商品售后服务体系》（SB/T 10401—2006）、《农村商业店铺和商业企业等级划分规范》（SB/T 10820—2012）、《购物中心业态组合规范》（SB/T 10813—2012）、《购物中心建设及管理技术规范》（SB/T 10599—2011）等。

2016年北京国际会议约5000个，国际大会与会议协会（ICCA）统计的北京2016年协会类会议为113个，国际会议数量排名不断攀升，位居全国首位、亚洲第四。在总结这些经验的基础上，梳理服务流程、建立常态化工作机制，建设"北京服务"品牌。

西藏自治区拉萨市旅游服务标准化建设

拉萨组建旅游服务标准化建设工作领导小组，制定《拉萨市旅游服务标准化建设年工作实施方案》，组织星级宾馆（饭店）、旅行社、A级景区（点）和各县（区）开展拉萨市旅游服务标准化建设年活动和召开景区精品化试点工作动员部署会议，与旅游企业签订旅游服务标准化承诺书。市政府成立6个旅游服务标准化工作督导小组，分别前往各县（区）、景区（点）、旅行社和宾馆（饭店）检查服务情况，有效提升了拉萨旅游行业的整体服务水平。根据拉萨旅游业的实际现状，先后制定《拉萨市景区质量等级评定标准》《星级宾馆（饭店）服务标准》《导游服务标准》《旅游法规政策》《拉萨旅行社经营标准管理》《拉萨旅游基础设施标准》和《拉萨市旅游行业安全生产手册》等11种行业标准。

四川省成都市导游自由执业

成都一是建立以导游自由执业责任保险为主，旅游团队意外保险为辅的保险体系，很好地解决了导游自由执业的法律风险。按照原国家旅游局旅发〔2016〕59号文件规定，强制为自由执业导游购买50万元以上保额的执业责任保险，并购买旅游意外保险。二是健全导游自由执业责任保险调处机制，由保险公司、法律人士、行业协会共同组成"成都导游自由执业责任保险调处中心"，专门处理导游执业责任保险事故的协调处理，充当第三方角色，公正、专业地协调各方不同利益、化解矛盾、解决问题。三是发挥市"导游员调处奖惩委员会"的各项职能，依据《成都市导游员奖惩规则》，对导游执业行为进行奖惩。对于导游执业中不合法、不文明但又不属于行政处罚范围的行为进行处置，解决旅游纠纷和游客投诉的前端问题。四是指导旅游者在预订导游服务时，与导游或导游提供企业签订详尽的书面服务合同，明确双方的权利义务，并约定违约责任，将文明旅游内容纳入旅游服务合同，以减少旅游服务纠纷的发生。引进第三方评价机制，由旅游者对导游服务做出评价，旅游者掌握对导游的评价权，从而约束导游行为，形成导游优胜劣汰的新机制。五是逐步完善包括旅游主管部门对于导游服务违规行为的约束制度、对导游违法违规行为的制裁机制、严重违法违规导游的退出机制、导游人员的保障机制、导游自由执业机构的运行机制等相关机制，加强对自由执业导游的监管力度。

广西壮族自治区桂林市阳朔县旅游服务标准化建设

桂林市阳朔县巩固全国旅游标准化示范县创建成果，提高旅游社会服务水平。全面推进标准化强县工作，利用第九批国家农业综合标准化示范县、全国唯一县级基层标准化改革创新先行区的创建活动，加快建立涉及城市管理、新兴特色旅游、农业农村、应急管理等领域的标准体系，建设标准化管理景区（点）、标准化规模观光采摘园、标准化精品民宿，成立排筏从业者协会、房车露营协会、民宿协会、国际旅游志愿者协会等第三方旅游服务组织。

（二）旅游公共服务

旅游公共服务是指由政府、非政府组织或旅游企业为游客提供的无偿服务活动，具有公共性、公益性、普惠性和共享性。旅游公共服务包括线下服务和线上服务。线下服务包括依托旅游集散中心、旅游咨询服务中心（点）、旅游停车场等公共设施提供信息咨询、信息发布、旅游宣传、旅游救援等旅游公共服务。线上旅游公共服务是指通过互联网、移动设备等为游客提供信息查询、旅游宣传、旅游预约等旅游公共服务。随着科技水平的提高和大数据的广泛运用，智慧旅游可以有效实现全域范围内旅游信息和资源的互联与共享，可以快速、高效地为游客、行业管理者、旅游从业者、旅游企业提供全方位的公共服务。游客也对网络的依赖程度越来越高，以智慧管理、智慧服务为内容的线上旅游公共服务成为重要的供给方式。

第一，提高游客运输组织与服务能力，开通旅游客运班车、旅游专线公交车和城市观光巴士等交通组织的服务方式和内容，推行公交车载 Wi-Fi 和电子站牌等智能化服务。提高城乡客运线路服务旅游的能力，将运力闲置的客运班车用于旅游服务，提高行政村客车通达率，实现主客共享社会公共交通。

第二，依托游客集散中心、游客服务中心和游客咨询点，为游客和本地居民提供信息咨询、旅游集散、宣传展示、旅游购物、旅游投诉、旅游预订、旅游租车等旅游公共服务。

第三，依托自驾车营地、旅居车营地、停车场和游客集散体系等，为游客提供自驾游和自助游相关的旅游公共服务。

第四，在旅游集散中心、旅游景区、主要乡村旅游区（点）、城市游憩街区、城市重点公共文化活动场所等游客集中场所，实现10分钟以内找到厕所或停车场，旅游公路沿线车程30分钟内设置旅游厕所或市政公厕。游客集中场所已建的A级、AA级旅游厕所男女厕位比例需达到1：2或2：3，厕所内须开展爱护设施、文明如厕的宣传。

第五，建立智慧旅游管理平台。监测重点景区游客流量和作业运行等，加强全域内旅游流的协调、指挥、预警和调度，通过控流、限流、引流，确保旅游安全和全域旅游均衡发展。

第六，建立智慧旅游服务平台，提供出行前在线信息查询、订购付款，出行中自助导览、信息咨询、智慧解说，出行后服务点评、投诉、退款等全程智慧化服务。例如，苏州的旅游线上总入口基本实现了政府旅游公共服务的全过程覆盖。

第七，建立智慧旅游公共营销平台。政府联合目的地相关利益主体，统一形象和品牌，共同开发网站、微信、微博、手机旅游APP软件，构建内容丰富、图文并茂、界面美观、更新及时、互动性强等为特征的目的地公共营销平台。

第八，推进旅游服务链智慧化改造。把智慧旅游技术渗透到吃住行游购娱等旅游服务链的各个环节。例如，AAA级（含）以上旅游景区提供智能导游、电子讲解等服务。

第九，制定并推广旅游公共服务建设规范和质量服务标准，强化旅游公共服务标准宣传和推广培训，提高旅游公共服务标准覆盖率，完善旅游公共服务质量保障体系，建设旅游公共服务品牌。

案例链接：

福建省"放心游福建"

福建省实施"放心游福建"旅游服务承诺。发动全省A级景区、旅行社等参加优质服务承诺活动，签订优质服务承诺书。联合工商局、物价局发布《关于开展"放心游福建"旅游服务承诺工作的通知》，针对旅游投诉实施"一口受理、限时办结、先行赔付"的服务承诺，以12315全省旅游投诉统一受理平台，与全国旅游投诉热线及其他旅游投诉热线联通，负责旅游投诉、举报及意见建议收集和分办转办等工作。投诉承办单位接到旅游投诉必须在24 小时内主动联系投诉人，启动处理程序；对于事实清楚、证据充分、索赔法律依据明确的投诉（简称"快处先赔"投诉）在 7 个工作日内办结，并答复投诉人。对于未在 7 个工作日内办结的"快处先赔"投诉，承办部门通过"放心游福建"旅游理赔基金会实行先行赔付。

北京市智慧旅游服务平台建设

北京市全域旅游推动了智慧旅游的快速发展。五个创建单位先后启动旅游综合监测平台建设，昌平投资 3060 万元，延庆投资 2000 万元，怀柔投资1800 万元，平谷投资 712 万元，监测游客进入景区的人数和实时流量，对各种突发安全情况进行监控和安全处理，进行游客结构与旅游数据的统计分析。各区智慧旅游应用水平不断提高，延庆开发"长城内外"旅游电商平台，门头沟构建"门城通"APP，向市民提供移动政务服务大厅、政府门户、智慧社区、智慧教育、智慧医疗、智慧旅游、便民服务等多领域的政务服务、公共服务及社会服务，并运用"云平台"技术，设计开发手机 APP，实现公厕位置、设施情况、蹲位数量及意见反馈等功能。怀柔为民俗户开发"乡村宝"，省去计算机登录填报的复杂步骤，使用 POS 机刷身份证，实现自动识别，并整合多个异构安防子系统构建雁栖湖旅游景区综合安防管理系统。

智慧旅游让温州越来越好玩

温州市是全国首批 18 个智慧旅游试点城市之一。温州依托云数据中心平台，借助基于物联网技术的高清视频监控、景区实时客流监控、景区车流量监测、旅游大巴实时监测等手段，建成包含地理信息系统、旅游资源管理系统、旅游预测预警系统、假日运行监测系统、客流统计分析系统等十一大业务系统和手机端展示应用的旅游综合管控平台，实现旅游产业监测、资源管理、统计分析、预测预警、应急指挥、信息发布等功能。同时建成涵盖 1 个主会场及 13 个区县分会场的全市旅游视频会议系统，实现远程会商、远程培训、远程指挥和协作的功能。

温州还建立旅游基础数据库，通过省、市、县三级相关单位的数据采集，汇聚近 8000 个旅游资源实体数据，对接国家、省、市三级旅游业务管理系统数据、横向部门数据（包括公安、交通、测绘等）、自建系统数据、景区数据等 30 余个系统共 100 余项数据类型，为各应用系统提供数据支撑，可满足各类旅游信息综合查询和统一发布需求，为游客提供更加实时、详尽、准确、多元化的旅游信息服务。

温州依托"一云多屏"技术，建设功能完善的温州旅游综合信息服务平台，为游客轻松解决旅游过程中的吃、住、行、娱、游、购等需求。温州旅游综合信息服务平台涵盖官方资讯网站、电商网站、天猫旗舰店、微信、微博、多媒体查询屏、WAP、旅游 APP 等多终端，为游客提供包含旅游资讯获取、旅游产品推荐、活动推广、行程规划、导游导览、720°虚拟旅游、旅游地图服务等贯穿旅游全过程的一体化的公共信息服务。

江苏省智慧旅游服务平台建设

江苏旅游局与江苏电信联合建设全国首个以游客为中心的实时游客流监测平台。该平台基于智能手机的大数据，分析全省 13 个市的旅游客流情况，并对省内 76 家主要旅游景区和 50 个旅游度假区实时对客流量、游客来源地、游客属性、客流对比，以及游客在省内各市及旅游景区停留时长进行分析比照。同时，基于游客互联网行为数据，对旅游品类关注度、景区热度、门票预订、游客网络餐饮住宿偏好等进行排名，全面掌握游客游前、游中、游后在互联网的完整行为偏好，为采集旅游数据、健全景区安全预警机制、加强游客引流疏导、制定个性化旅行线路、规划景区周边配套等工作提供决策依据。

江苏和新华社合作建立全省旅游系统网络舆情报告机制，全天候对全省旅游系统网络舆情进行监测，推出舆情大数据及解读，对正面舆情、敏感舆情和热点事件进行分析及解读，每月完成一份《舆情月报》，五一、国庆、春节、端午等假日和重大活动期间制定《舆情专报》。基于权威第三方采集的旅游市场舆情分析，江苏舆情报告受到省委宣传部、省新闻出版局等多个部门认可，江苏旅游舆情监测已成为上级领导和各级旅游部门掌握管控网络舆情的重要载体。

广西壮族自治区桂林市阳朔县智慧旅游服务建设

桂林市阳朔县依托"旅游＋互联网"示范县，建设 O2O 旅游目的地。一是线下网络化，建设智慧旅游中心、杨堤绿道智慧旅游中心、互联网旅游集散中心、共享汽车服务中心等，形成新型游客服务中心体系；二是线上平台化，联合桂林出行网、百度、携程、乐途、去哪儿网，为游客提供网上咨询、订票服务，形成统一的旅游公共服务平台，真正实现"一部手机游阳朔"。

第七，建立全域旅游安全管理服务体系。完善旅游安全制度建设，强化旅游、公安、交通、卫生、食药监等有关部门的安全监管责任，建立相关部门参与的旅游安全联合监管机制。完善旅游安全风险预测与警示制度，配套应急预案，开展常态化安全演练。加强旅游企业建立安全管理制度力度，景区（点）最大承载量警示，加大出游安全风险提示，有广播、新媒体、手机短信等多种信息预警发布渠道，落实旅行社、饭店、景区安全规范。强化高风险环节的安全监管，对客运索道、大型游乐设施等特种设备和旅游用车、高风险旅游活动等重点领域及环节实施监管。建立政府救助与商业救援相结合的旅游救援体系。与本地110、120、119等合作，建立联合救援机制，旅游企业有专门救援队伍或与其他专业救援队伍（或商业救援机构）合作，旅游保险产品丰富，扩大保险覆盖范围，提升保险理赔服务质量。

（三）旅游社会服务

旅游社会服务包括旅游志愿者服务和本地居民为游客提供的服务。旅游志愿者服务是以提供讲解、向导和咨询等服务为主的服务。本地居民为游客提供的服务是义务性的，包括指路、介绍宣传家乡风物和风味、当向导等，它是一个旅游目的地好客的重要标志。例如，云南司机喜欢一般讲旅游，西安司机一般喜欢讲历史，可见云南和西安的司机潜意识中都在宣传旅游。

第一，设立志愿者服务站，定期开展旅游志愿者服务活动。在游客较为集中的重要涉旅场所（重要景区（点）、度假区、旅游饭店、美食街、购物街等）设立志愿者服务站，为常态化开展旅游志愿服务提供阵地保障。

第二，建立旅游志愿者服务管理方案。管理办法包括旅游志愿者培训，健全招募选拔机制、控制机制、评价奖励机制等。

第三，成立旅游志愿者服务队伍。可依托各地团建工作，建立相对稳定的青年成立旅游志愿者服务队伍，定期开展旅游志愿服务。发挥少先队员"小手拉大手"作用，设立小小讲解员和青年志愿者岗亭，为市民和游客提供讲解、引导及答疑等服务。当地学校师生和公职人员可利用闲暇时间参与旅游志愿者服务活动。外国游客集中地区，还可成立外国人志愿者服务队伍。例如，桂林阳朔就有外国人志愿者队伍。

第四，建立旅游志愿者服务平台。可建立旅游志愿者信息数据库，引导旅游志愿服务组织和志愿者通过互联网、APP实现旅游志愿服务活动发起备案、志愿者注册招募及志愿服务签到签退管理，并实时通过APP和网站发布志愿服务活动信息并记录服务时长。也可设立志愿者服务时间银行，依照规定享受特定的旅游优惠或服务。

第五，加强旅游志愿者服务精神的宣传。广泛使用微博、微信、公众号、论坛等新媒体，以图片、文字、音频、视频等形式宣传旅游志愿服务事迹，进行旅游志愿者服务精神宣传。

第六，合理开放社会服务窗口，对社会窗口服务人员进行旅游基础知识和基本礼仪的培训，尽可能地扩大游客服务的接触率。

第七，对景区和旅游线路沿线居民进行旅游知识和待客礼仪方面的培训，提升目的地居民"人人是导游，个个是形象"的旅游意识。

案例链接：

浙江省台州市全民导游

天台开创"全民导游"时代。建立天台山旅游培训学校，县四套班子领导带头当导游、学导游、考导游证，组建一支2000人的旅游志愿者队伍，引导干部群众讲出天台好故事、发出天台好声音。创建"家·天台"的旅游服务品牌。制定全景引客、全时迎客、全业留客、全民好客，践行旅游服务"四个凡是"标准，建设最温暖旅游目的地。节假日甚至取消5A级主要景区门票，迎接"大众旅游"时代到来，努力让游客行之顺心、住之安心、食之放心、娱之开心、购之称心、游之舒心，打响"家·天台"的旅游服务名片。

浙江省衢州市旅游公共服务建设

浙江衢州市委把全域旅游建设各项要求有机融入共青团工作，坚持以志愿服务、环境美化、宣传推广为主线，打好"青春组合拳"，助推衢州全域旅游建设，服务衢州旅游业转型升级。

衢州全面整合部门资源，建立长效机制，切实构建旅游＋志愿服务新体系。搭建平台，推进管理信息化建设。联动团杭州市委，签订"志愿汇"平台建设合作协议，完善旅游志愿者信息数据库建设，引导旅游志愿服务组织和志愿者通过网络和移动终端实现志愿服务活动发起备案、志愿者的注册招募及志愿服务签到签退管理，并实时通过APP和管理网站发布志愿服务活动信息、记录服务时长。夯实阵地，推进活动常态化建设。在江山"江郎山—廿八都"景区、碗窑乡、常山新昌乡等地试点设立旅游志愿者服务站，为常态化开展旅游志愿服务提供基础保障。引导志愿服务团队和民间组织常态化开展景区志愿者服务活动，协助管理部门推进环境维护、咨询导引、旅游宣传等工作。以承办重大旅游赛会活动为契机，选拔优秀青年参与志愿服务，集中组织服务技能、文明礼仪培训，提升志愿者服务大型会议、赛事的能力，切实打造旅游赛会志愿服务标准化管理新样板。

开展"百团助力'五四三'攻坚"行动。组织青年团员参加当地"五四三"攻坚战，共同促进衢州旅游环境的整体提升。深入推进"百团助力治水剿劣"专项行动，全年共组织各领域的"河小二"志愿者5万余名，组建"河小二"突击队和志愿者团队569支，协助全市各级河长、塘长开展治水剿劣、庭院美化、河道美化等工作。持续开展"百团助力治水美景"系列行动，围绕"提升群众治水满意度"精准发力，引导广大市民主动参与治水、体验治水、共享治水成果，全面助力小城镇环境综合治理和美丽乡村建设。开展"我为文明城市添光彩"志愿服务活动。立足创建"全国文明城市提名城市"决战年，高标准、常态化开展"我为文明城市添光彩"志愿服务活动，引领动员广大团员青年为践行文明、扮靓衢州当好宣传员和监督员。与市委宣传部联合举办"文明创建·志愿者加油干"学雷锋志愿服务启动暨志愿者加油站授牌仪式，共招募建设9家志愿者加油站，为志愿者提供休息茶歇、文化休闲、技能提升等服务。联合多部门开展文明劝导、环境整治集中行动，市本级共组织志愿者近5000人次，累计开展服务8000多小时。开展"红领巾"助力全域旅游系列活动。以少先队田园采风计划、"小鱼治水"等活动为媒介，充分发挥全市少先队员的"小手拉大手"作用，通过"红领巾"辐射带动更多市民共同参与环境整治提升工作。其中，在衢州城市展示馆中设立的小小讲解员和青年志愿者岗亭，就吸引了1000余人次的志愿者参与，为5万余名前来参观的市民和游客提供讲解、引导及答疑等服务。

第八章

全域旅游环境

随着社会的快速发展，广大人民群众对美好生活的需求日益增长，旅游已然成为人们美好生活需求的异地化实现方式。旅游消费过程也从景点旅游向全域旅居生活的体验转变，游客开始由景区走向社区，由专门的旅游服务场所扩展到目的地可游空间。目的地的生态环境、市场秩序环境、文明旅游环境和旅游安全环境开始对游客的消费体验产生更直接、更深刻的影响。目的地环境成为游客全程接触、体验和感知最直接的因素，也成为影响目的地的重要吸引力之一。全域旅游发展观认为"目的地环境就是旅游资源，目的地环境就是旅游产品，目的地环境将成为未来旅游核心吸引力和竞争力之一"。

第一节　生态环境

人与自然是生命共同体，人类必须尊重自然、顺应自然、保护自然。现代化建设既要创造更多物质财富和精神财富以满足人民群众对美好生活日益增长的需要，也要提供更多优质生态产品和生态服务以满足人民群众对优美生态环境日益增长的需要。国务院办公厅下发的《关于促进全域旅游发展的指导意见》中指出"发展全域旅游要推进全域环境整治，保护好资源环境"。

一、指导思想

坚持"绿水青山就是金山银山，冰天雪地也是金山银山"的环境资产理念，树立"环境就是旅游资源，环境就是全域旅游产品，环境就是旅游竞争力"的全域旅游发展观。全域旅游环境的营造与建设不但要满足最基本的生态指标，还要具备艺术审美等旅游观赏功能和旅游产品功能。确保在旅游开发的过程中不破坏生态环境和自然景观的前提下，通过发展全域旅游，促进主要游线沿途景观风貌集中整治，塑形公共生态景观空间和旅游公共艺术空间。以发展全域旅游促进城乡人居环境、旅游环境和资源环境的持续优化，进而形成目的地环境影响力、环境吸引力和环境竞争力。

二、标准要求

根据国家以及地方相关文件要求①，生态环境的主要要求与内容包括五个方面。一是城乡环境。实现全域垃圾一体化处理，推进旅游村寨、旅游景区、旅游场站、城区、镇区等城乡垃圾污水无害化处理。主要涉旅场所干净卫生整洁，无乱堆乱放乱建乱摆现象。涉旅路边、河边、湖边、海边达到美化、绿化、洁化、净化。城乡、景区内外环境一体化美化。动员全民开展清洁乡村、清洁景区、清洁星级饭店等活动。二是旅游资源保护。对重点特色旅游资源制定保护规划和保护措施，旅游资源开发不破坏生态环境和自然景观。三是生态环境保护。对重点流域（例如，风景河流、湖泊等）、重点生态区域（例如生态功能区、生态旅游示范区、自然保护区等）制定生态保护或环境治理规划并有效实施，全域范围没有黑河、臭河、垃圾河。四是空气质量要求。区域空气质量 $PM_{2.5}$ 达标天数有效提升（10 天以上）。五是风貌特色突出。旅游景区、旅游村镇建筑富有特色、乡村风貌突出，旅游公共空间风貌环境优美。

三、主要做法

（一）旅游资源保护

旅游资源的保护包括对自然资源和人文资源的保护。自然资源主要是自然景观资源或功能性资源，是自然赐予人类的财富。文化资源有鲜明地域特色，是全域旅游发展的凸显特色和彰显个性的重要载体。全域旅游需树立全域旅游资源观，遵循"保护、利用、开发、效益"相结合的原则，在保护的前提下有效开发利用旅游资源。

第一，开展自然和文化全域旅游资源普查，编制全域旅游资源保护规划，

---

① 《全域旅游示范区创建工作导则》（旅发〔2017〕79 号）、《国务院办公厅关于促进全域旅游发展的指导意见》。

建立"全域旅游资源库",并保持动态更新。

第二,发掘自然资源并建立自然资源档案,构建分类分级管理体系。

第三,对地方历史文化、民族文化等有针对性的保护和旅游利用措施。

第四,对重点旅游资源建档立案,利用 GIS 等空间技术对旅游资源进行空间定位和动态管理。

第五,针对重点特色旅游资源制订保护规划,进行针对性保护与利用开发。例如,针对历史文化名镇名村、各类古村古镇、周边乡土田园等编制专项保护与旅游利用规划。

第六,树立未来旅游资源观,加强科学管理,保护和开发相互并存,有意识地挖掘、培育和存贮一批潜在旅游资源,有意识地培育未来旅游资源,造福后代。

案例链接:

五大连池划区保护

为营造绿色的全域生态旅游环境,黑龙江省五大连池市每 200 公顷林地设为一个责任区,共区划 280 个管护经营责任区,每个责任区配备一名专职人员进行管护。加强中幼林抚育工作,加快森林资源的培育,开展人工造林工程。在国有林场实施封山育(造)林 1000 公顷,完成中幼龄林抚育面积 1 万公顷。采取林场集中造林,林权归国有,地方政府政策支持的方式有计划、分步骤地对林区耕地全部进行还林;重点抓好乡镇绿化,计划每年重点绿化标准村屯十一个,每个村屯 30 亩,共计 1650 亩。

攀枝花新型旅游资源观

四川省攀枝花市打破传统的名山大川、历史遗存等观光旅游资源观的束缚,创造性地将旅游资源按"6 度"(温度、湿度、高度、洁静度、优产度、和谐度)重新整合为新的康养旅游资源。以康养旅游、全域旅游为结合点,走"旅游+"发展之路。

(二)生态环境建设

强调对自然生态系统的整体保护,强调对生物多样性的保护培育和生态环境的修复恢复,把山水林田湖草视为一个生命共同体,是全域旅游发展的重要资源和游客可感的整体环境。需强调对自然生态系统的整体保护,对生物多样性的保育和生态环境的修复恢复，让"蓝天白云、青山绿水、冰天雪地"不仅成为国民高幸福指数的一个重要指标，而且也成为重要的全域旅游吸引物和全域旅游卖点。

第一，制订符合实际的生态保护或环境治理规划，针对山水林田湖的生态保护与修复，制订保护与旅游利用规划，尤其是对重点流域（例如，风景河流、湖泊等）、生态区域（例如生态功能区、生态旅游示范区、自然保护区等）制订治理规划，实现保护性开发利用。可申报国家园林城市、国家生态市县、国家绿化先进县等国家品牌。

第二，科学划定生态红线和生态安全区域，严守资源消耗上限、环境质量底线、生态保护红线，辩证地处理好生态保护与旅游活动开发的关系。

第三，提高森林覆盖率，改善空气质量①、涵养水土。区域内地表水质量达国家标准和湖泊、河流、海域水质达标。降低噪声，噪声指标达国标规定，营造全域康养型旅游环境②。

第四，制定实用措施，消除和减少污染源。治理工业污染和交通运输领域污染，削减燃煤污染，综合防治扬尘和面源污染。

第五，倡导旅游绿色消费，降低资源和能源消耗，推广节水节能产品和技术的使用，推进两型景区、酒店和旅游村镇建设。

第六，加强环境监测和执法，保障生态安全。完善监测监控体系建设，加强空气质量预报预警平台建设，建立环保预警预报机制。

第七，采用生态斑点－廊道理论，借鉴浙江的点状供地经验，探索生态红线的新划法，科学测度旅游用地与保护用地的定量关系，以及旅游产业对生态区利用效应和其产业替代所产生环保的价值。

案例链接：

阳朔乡村旅游示范区生态建设

阳朔县按照规划先行、示范带动的工作思路，做好生态乡村建设工作，在全县建设 127 个生态示范村，主要抓遇龙河生态乡村示范区的建设。对遇

---

① 空气污染指数（全年 API 指数＜100 的天数）（％）。

② 主要旅游景区及旅游度假区、居住区等功能区环境空气质量达到 GB 3095 要求；地表水环境优质，地表水环境质量达到 GB 3838 要求，集中式饮用水源水质应达到 GB 5749 要求；声环境和谐，无噪声污染，主要旅游功能区噪声应达到 GB 3096 要求。

龙河示范区 19 个村屯进行房屋立面改造 1487 户，拆除废弃危旧房 419 座；修建联网公路 7.5 千米，观光步道 6.2 千米，硬化村道 4 万多平方米；村屯绿化 6 万多平方米，立体绿化花化 3000 多盆，联网公路绿化 19500 平方米，建成"小花园""小果园""小菜园"等"微田园"200 多个，村庄建筑乱搭乱建、杂物乱堆乱放、垃圾乱丢乱倒、污水乱泼乱排得到有效治理，生态乡村建设取得了阶段性胜利。

阳朔县的主要做法：一是生态与产业融合，实现可持续发展。注重生态、农业与旅游高效融合，通过生态建设推动农村传统产业提档转型，把生态优势转化为经济优势、发展优势。根据各村实际，把生态建设与加强旅游基础设施建设、景区（点）建设、提高接待能力、提升服务水平相结合。二是政府主导、政策支持、群众参与，形成合力。政府做的工作主要是高标准做好建设的统一规划；实行领导分片包干动员群众工作责任制；通过生态乡村建设，真正实现了田园变公园，村屯变社区，农家变旅馆，农民变居民，一产转三产的目标。村屯面貌进一步改善，旅游环境进一步好转，群众收入进一步提高，做到了生态效益、社会效益、经济效益同步提升。

武宁"五大生态""三个示范"助力生态环境建设

江西武宁县提出构建"五大生态"的目标（绿色经济生态、优美自然生态、养生宜居生态、和谐人文生态和清明政治生态），打造"三个示范"（绿色生态示范县、全域旅游示范县、城镇建设示范县），走生态保护和生态旅游相得益彰的路子。在山林管护方面，武宁实施"林长制"，建立县、乡、村三级"林长"体系机制，形成以政府为主导、部门联动、全民参与的森林资源保护管理新机制，同步实施增绿用绿护绿工程，提高森林覆盖率。在河湖治理方面，推进河长制，全面清理网箱和养殖库湾，发展大水面清水渔业，同时集中开展河湖流域水资源、矿山污染等"九项整治""清河行动"。在生产生活方面，全面改造完善城区污水管网，实施雨污分流；坚决不引进有污染的企业，园区污水一律实行"零排放"。实施农村清洁工程全覆盖，农药化肥使用"零增长"，环境质量得到全面提升。

甘肃省推广全域无垃圾示范区创建工作。全力开展全域旅游无垃圾示范区创建工作，持续开展旅游环境卫生大整治，营造全域干净宜人的旅游环境，实现了 4.5 万平方千米"全域无垃圾"的目标。

山西大同"大同蓝"全域生态环境品牌

大同是中国重要的煤炭重化工基地，境内含煤面积632平方千米，累计探明储量376亿吨，是中国能源工业的重要支柱，被称为"煤都"。从产业结构和能源结构来说，过去煤炭产业在全市工业经济所占的份额超过50%，"一煤独大"也给大同环境造成严重的污染。大同市委、市政府深化生态文明体制改革，实现生态文明建设制度化和法治化，纵向到底，横向到边，形成保障"大同蓝"的体制机制。构建党政同责、一岗双责、权责一致、齐抓共管的工作机制。建立环境保护工作协同治污、联合执法、应急联动三大机制，提高区域联控实效。对各区（县）污染防治工作的监测、监管、评估制定统一规则。针对重点企业和行业进行重点监控。建立区域环境监管机制。注重信息的公开化，确保公开的信息准确、统一，并建立统一的监管标准，包括相关执法的规章制度和管理措施，形成一致的执法标准和尺度。大气污染防治领导小组办公室定期公布燃煤锅炉处罚名单、通报秸秆火点情况、环境违法企业整治处罚情况等，接受社会监督。出台环境污染有奖举报办法，设立500万元的污染举报奖励，实现"12345"政府热线、"12369"环保热线和"12369"环保微信"三平台"无缝对接，每年受理调处环境信访2000余件，件件有落实，案件办结率和回访率均达到100%。

（三）城乡卫生环境

干净整洁的城乡卫生环境可以提高旅游舒适感，延长目的地的适游天数，拓展目的地的旅游活动空间，提升全域旅游发展的质量与规模。

第一，开展"宜游宜居宜购乡村"行动。加强宜居乡村宣传教育，逐步改善不文明习惯，培养好客行为。对村庄道路、房屋、景观和环境进行旅游化改造，对旅游接待户实施改厨、改厕、改房、改圈、整理院落的"四改一整"工程。推广实施"六小工程"，合理布局乡村土特产品销售点。

第二，实施"清洁城乡"工程，成立综合环境整治办公室，开展重点涉旅场所环境综合整治行动。依法拆除景区、乡村旅游区内及周边违规广告牌匾和违章建筑及有碍观瞻建筑。依法取缔景区、宾馆、乡村旅游区、农家乐、民宿等沿线占道经营摊点。督促乡镇清理旅游场所、河（湖）水体和道路及两侧的卫生死角，确保路面、路肩、边沟、桥涵、边坡及周边环境整洁卫生，无乱堆乱放乱建乱摆现象。

第四，建设水处理基础设施，有条件的旅游景区、旅游村镇均应实现雨污分流和污水无害化、生态化处理并集中管理排放，提高污水处理效率，提升旅游区水环境质量，进而营造水景观。

第五，建设垃圾回收处理体系，有条件的旅游景区、村镇均应实现固废垃圾分类回收、转运和无害化、生态化处理全覆盖。有条件的地方可以对垃圾站和污水设施做景观化改造，使其风貌与旅游环境整体协调，形成干净整洁美观的旅游卫生环境。

第六，建立垃圾站、污水厂设施的运营维护投入机制，设置专职管理人员，健全乡村保洁机制，加强乡村保洁员队伍建设。保持适度的财政投入或引入商业化的运维机制。

第七，城乡卫生环境建设与乡村振兴、城市双修、美丽乡村、小流域整治等国家战略相融合，申报国家卫生城市、国家文明城市等国家品牌。

案例链接：

伊犁特克斯县全域旅游卫生环境建设

伊犁特克斯县以改善全域旅游人居环境为重点，开展全域城乡卫生环境整治，推动城乡环境卫生管理规范化、精细化和常态化。首先，成立以县长为组长的环境卫生综合整治协调领导小组，各乡镇场分别成立爱委会，乡镇场一把手任主任。组建城管中队，各村（社区）配备环境卫生专干，形成纵向到底、横向到边、齐抓共管工作格局。其次，建立环境卫生双向监督制度。各乡镇场、村（社区）按照属地管理原则，与驻辖区单位签订环境卫生目标管理责任书；将卫生单位创建作为文明单位创建的基础条件，纳入全县绩效考核。建立红旗台账制度和电视台曝光制度，并配套奖惩制度。再次，做好全民健康教育和社会卫生宣传教育，普及卫生科学知识。各乡镇场、村（社区）加强居民教育引导，制定村规民约，落实环境卫生巡查制度。各中小学校教育引导中小学生爱护环境、保护环境，养成良好习惯，增强爱国卫生意识。最后，组织人大代表、政协委员每年开展两次环境卫生专题视察工作，县爱卫办、绩效办、环保局等部门组成联合督查组，分片区定期、不定期检查。成立爱国卫生专门督查机构，在县爱卫办增设督察队；建立督查通报制度。坚持每周巡查，并纳入单位年度绩效考核和领导干部考核扣分范畴。

（四）城乡风貌环境

城乡风貌环境是全域旅游主题凸显、文化张扬和品牌塑造的重要载体，通过文化赋能风貌或通过艺术美化风貌，优化或再造全域旅游目的地城乡风貌景观，形成目的地宏观吸引力，更加有助于提升全域环境营销和环境消费能力。

第一，城市是全域旅游集散的中心和游客活动的主要空间，城市风貌需要美观协调，特色辨识度高，富有地方文化内涵，为游客营造良好的旅游氛围和旅游消费环境。

第二，乡村旅游是全域旅游的重要板块，旅游村镇是乡村旅游的基地。实施旧村整治和新村建设，开展城乡风貌造景行动，推进镇村寨特色营造、镇村环境绿化、主要干道亮化、门前屋后美化等，塑造符合地域文化特征的风貌景观，让游客身入乡境、感受乡情、品鉴乡味、留住乡愁。

第三，实施"七边（铁路边、公路边、山边、河边、海边、湖边、景边）四化（绿化、美化、洁化、净化）"，对起到串联景点的旅游廊道进行景观化和公共艺术化改造，形成旅游风景道、城市绿道、乡村绿道等全域型旅游廊道产品。

第四，对旅游节点上的重要旅游区、旅游村镇等公共空间进行风貌改造和公共艺术化改造，构建"节点优化、数量充足、功能完备、精致美观"全域旅游公共游憩空间体系和全域旅游公共艺术空间体系①。

第五，景区周边和主要旅游线路沿途村镇保持传统村镇的原有肌理、传统建筑元素以及与自然环境相协调的村镇天际线，构筑具有当地文化特色的建筑风貌景观和环境。

案例链接：

阳朔全域美丽建设

以旅游美带动全域美，实施美丽廊道、美丽村镇、美丽田园、美丽庭院建设，通过美丽公路建设、美丽立面改造、美丽庭院革命，实现"车在路中行，人在景中游"。在美丽村镇方面，以种植本地花卉、果树为主，各个自然村实施的村屯绿化体现差异化，不搞千篇一律；在美丽公路方面，在无通车

---

① 旅游公共游憩空间包括博物馆、文化馆、城市公园、休闲广场、公共绿地等城市公共开放空间和游客中心、集散广场、旅游厕所等旅游公共空间。

需求的路段，使用本地青石、砖片、鹅卵石等乡土材质硬化路面；在美丽田园方面，200多个"微田园"景观，实现了"田园变公园、家园变花园、农家变店家"的转变。在美丽庭院方面，遵循乡土风貌，使用小青瓦、白粉墙、坡屋面、花格窗等传统元素，同时保留青砖房、泥砖房。在美丽村镇方面，整个县域成了休闲大景区、生态大家园，呈现"处处是风景"的全域旅游格局。

崇明区通过生态廊道串联城乡风貌

上海崇明区加强多旅融合发展，形成独具崇明特色的旅游轴线。一是加强体旅融合，建设总长约500千米"生态绿道"，有序推进生态绿道及补给站、休息点、标识系统等项目建设，让游客在优美的环境里享受骑行和路跑的乐趣。二是加强林旅融合，按照"一镇一树种、一镇一特色、一路一景观"的发展要求，建设"十八个各具主题特色的大公园"和"三横十五纵"生态廊道，在全区范围内形成"春花秋色"的四季景观。三是加强水旅融合，推进"三区三带"周边河道治理和"一横八纵"河道景观廊道建设，做好水环境、水景观、水文化文章，形成"水清、岸绿、景美"的全域化景观水系。

第二节 市场环境

良好的市场环境是保障游客合法权益和全域旅游优质发展的基础，我国旅游业既处在黄金发展期，也处在矛盾凸显期，旅游市场环境问题突出，需要持续优化。为此需要加强旅游综合或联合执法力度，扩大旅游监管范围，规范旅游市场经营者和消费者行为，通过法制建设、部门联动，有效改善旅游市场环境，建设人民群众更加满意的现代旅游服务业，保障全域旅游健康持续发展。

一、指导思想

顺应新时代发展要求，坚持以人民为中心的发展思想，聚焦市场秩序，依法治旅，常态化开展整治行动。同时推动行业自律，提高行业自我管理能力。加强社会对旅游行业的监督作用，提高旅游社会治理能力。通过"依法治旅、行业自律和社会监管"构建市场监管能力强、投诉处理机制健全、市场秩序良好、游客满意度高的旅游综合监管体系，全方位维护游客的合法权益，建立公平和谐有序的商旅市场环境，提升旅游竞争力，推动旅游优质发展，满足人民对美好旅居生活的需求。

二、标准要求

根据国家以及地方相关文件要求①，市场环境的主要要求与内容包括三个方面。一是加强执法监督。成立旅游执法队伍，执法机制健全，人员经费保障落实；有年度工作计划、日常检查方案、工作记录及总结报告。二是加强旅游投诉举报处理。建立旅游市场联合执法和投诉统一受理机制，实现机构到位、职能到位、人员到位；向社会公开投诉电话，旅游投诉渠道畅通；投诉处理有记录、有总结。三是完善事前预防，事中、事后监管。利用大数据技术做好市场流量预测和客流引导，建立旅游"红黑榜"评价机制，无黑车、黑导游、黑旅行社、黑店等非法经营现象。

三、主要做法

（一）加强执法监督

市场执法监督是依法治旅的重要体现，通过执法机构、队伍和机制建设，确保旅游秩序的底线要求，坚守市场"法律红线"，让政府、旅游企业、游客、居民等均能依法从事旅游活动，共同营造"放心、舒心、安心、开心"的旅游市场环境。

第一，成立旅游执法队伍，保障执法人员和执法经费到位。加强旅游质监执法队伍的市场监督执法功能，开展旅游执法行动，严肃查处损害游客权益、扰乱旅游市场秩序的违法违规行为，曝光重大旅游违法案件，实现旅游执法检查的常态化。

第二，通过综合或联合执法机制，加强对涉旅领域执法检查，常态化开展旅游黄金周值班监督检查工作，通过执法活动的开展整治旅游市场环境，维护游客合法权益。

第三，在旅游流量密集的区域发挥旅游警察、旅游工商、旅游巡回法庭

---

① 《全域旅游示范区创建工作导则》（旅发〔2017〕79 号）、《国务院办公厅关于促进全域旅游发展的指导意见》。

等开展专项执法作用。

第四，将旅游市场综合治理纳入目的地社会治理新体系中，提升旅游市场监管能力。

案例链接：

安徽黄山综合执法"一支队伍"管到底

在净化旅游市场、优化旅游环境上，黄山市建立具有独立行政执法主体资格的黄山市旅游管理综合执法局，在旅游管理领域集中行使涉及旅游、价格、工商、食品安全、交通运输、公安、体育、文化等8个部门的88项行政处罚权。对集中的行政处罚权，原职能部门不再行使。"入列"的8个部门88项行政处罚权，无一不与旅游市场监管紧密相关。新成立的旅游咨询投诉中心是统一受理和处置旅游投诉的平台，集中不同部门的6部投诉电话和5个网络平台，24小时运行。除"一个平台服务"以外，还实行"一支队伍执法""一个主体处罚"。

四川乐山建立监督维权体系

乐山市由市旅游体育委牵头受理旅游投诉，直接处理或移交有关部门处理，跟踪督办落实情况。建立旅游投诉、维权处理、和解机制、调解机制、执法机制，形成高效快捷维权体系。通过建立由游客、旅游监督员、行业协会、专业服务机构参与的市场监督体系，引导涉旅企事业单位设立旅游投诉处理专员等措施，拓宽旅游投诉受理处理渠道，并保持高效畅通。创新内部工作机制，建立投诉受理流程台账，形成覆盖市、县（市、区）、企业三级的投诉受理体系，通过定期评估、强化协调的方式，实现旅游投诉处理的部门联动。以"放心舒心消费城市"创建为突破口，建设"诚信乐山旅游信用公示与服务平台"，完善旅游消费诚信公示、信息查询、信誉保障服务，通过不定期更新涉旅部门企业信息、执法信息，实现企业信息、执法信息的开放共享、互联互通。建立违法企业"黑名单"制度，完善企业和从业人员的诚信记录，从源头上防止涉旅违法案件发生。发挥行业协会自律作用，约束引导会员企业诚信经营，探索零负团费新路径。

（二）加强旅游投诉举报处理

顾客抱怨和投诉是衡量旅游服务质量的核心指标，减少抱怨、防止抱怨转化为投诉，以及及时有效处理投诉是提高旅游服务质量的关键。

第一，建立"机构健全、统一平台、顺畅有效"的旅游投诉统一受理闭环，并持续优化投诉流程。

第二，向社会公开投诉电话，运用12301智慧旅游服务平台、12345政府服务热线以及手机APP、微信公众号、咨询中心等多样化手段开展投诉服务，形成线上线下联动、高效便捷畅通的旅游投诉受理、处理、反馈机制，畅通旅游投诉渠道。

第三，投诉处理应做到热情友好、处理规范公正、反馈及时有效，不断提高旅游投诉的结案率和满意率。

案例链接：

黄岛区完善旅游投诉监管体系

黄岛区在旅游执法方面：一是建立游客投诉统一受理平台，以政务服务热线12345为载体，对全市涉旅部门非紧急对外公开服务电话进行整合，实现热线资源整合优化，提高旅游投诉处理效能；二是贯彻落实《国务院办公厅关于加强旅游市场综合监管的通知》，按照"属地管理、部门联动、行业自律、各司其职、齐抓共管"的原则，明确职责，促进旅游业综合监管，将旅游执法职能纳入综合执法，由区综合行政执法局进行统一查处，提高执法效能；三是探索建立先行赔付制度，目前各区市已建立先行赔付制度；四是建设诚信体系和监督机制，市政府办公厅发布《消费市场秩序专项整治违法行为举报奖励办法》，加强对企业守法经营的约束力度。

连云港建立投诉处理机制

连云港在行业监管方面，建立旅游投诉联合处置机制，成立联合执法办公室。通过行业文明创建、诚信创建等方式选树正面典型，培育行业标兵。实行线下查处、网上曝光、违规约谈、短信提醒等方式，公布旅游"黑名单"，建立品牌退出机制，全面推进旅游信息公开。在综合监管方面，建立市政府牵头，各县区、景区和市级职能部门共同参与的旅游综合监管机制。

（三）强化事前预防事中事后监管

加强旅游舆情监测和客流预测，对可能存在的市场环境问题进行事前预测预防，做好预案，防患未然。同时加强事中事后监管，加大处罚力度。

第一，加快建立旅游领域社会信用体系，将其纳入全国统一社会信用系统，对失信行为开展联合惩戒行动。

第二，行业管理部门加强对旅行社、导游人员的日常监管。

第三，充分运用全国 12301 旅游监管服务平台，扩大旅游"红黑榜"范围，将旅游景区（点）纳入旅游"红黑榜"评价机制，并向社会公布实施，惩前毖后。

第四，发挥旅游行业协会自律作用，提高酒店联盟、民宿协会、旅行社联盟、导游协会等旅游社会组织的日常监管和管理能力。

第五，充分发挥社区、游客等社会力量对旅游市场不良现象和违法行为的监督作用。

案例链接：

黑龙江信用核查公示制度

黑龙江省旅游委分两批次通过政务网发布 383 家承诺诚信经营旅游企业名单，接受广大游客监督和举报。建立信用核查公示制度，每季度对失信和违规旅游企业在《黑龙江省旅游政务网》上进行曝光。

江苏"计分制"

江苏省苏州市实行外来人口入籍"计分制"管理制度，推出"大众点评"式的旅行社诚信管理平台，探索购物点"黄名单"制度，强化全域联动的监管工作绩效考核，建设以诚信管理为核心的旅游市场综合监管新机制。持续开展旅游市场秩序专项整治，行政处罚力度保持全省首位。运行全市旅游安全网，实现旅游安全管理"人防＋技防"的结合。

北京市昌平区旅游产业负面清单

昌平区及时调整《昌平区产业准入特别管理措施（2016—2017）》，把在旅游景区及沿线 1000 米内从事珠宝首饰、工艺品、收藏品、保健品、书画、养生等商品经营以及开办演艺场的经营主体纳入区域产业准入负面清单。从2016 年 10 月起，工商部门全面停止了景区周边及沿线新设立旅游商店登记注册业务和现有旅游商店变更登记业务，暂停办理营业执照，彻底把住旅游市场的准入关，三年来累计清退游客投诉较多、存在虚假宣传等违法行为的旅游购物、演艺场所 21 家。

广东海陵岛区餐饮行业"四平台，五统一"监管模式

广东海陵岛区对餐饮行业实行"四平台，五统一"监管模式。四平台：电子点菜平台、信息公示平台、后台监管平台、阳光厨房平台，五统一：统一使用经质监部门检验合格的防作弊电子秤、统一使用"五星承诺诚信牌匾"、统一悬挂投诉电话牌匾、统一悬挂鲜活商品标识牌、统一使用让顾客签名确认的电子菜单。

（四）非正规就业引导与规范

非正规就业是指劳动者与用工单位未签订劳动合同，但已形成事实劳动关系的就业行为。与其他行业相比，旅游非正规就业人数相对较多，由于旅游非正规就业门槛较低，一大批一线从业人员为低技能劳动力，其主要来源为本地居民和流动人口。旅游非正规就业者之间，以及非正规就业者与正规就业者之间竞争激烈，个人权益和人格尊严往往得不到有力的保护，更谈不到其他福利保障。因此，非正规就业对旅游市场秩序影响大，进而影响旅游的高质量发展。

第一，为非正规就业人员建立社会制度性保护。建立与景区等关联旅游企业之间的劳动关系，并纳入社会保障体系中来。

第二，加强旅游非正规就业人口的职业培训以及就业服务，提高旅游非正规就业人口的旅游技能和服务水平。

第三，避免多头管理。旅游非正规就业几乎涉及政府所有的管理部门，例如工商、税务、卫生、城管等。这些部门都在履行管理职责，结果造成多头管理、政令不一的混乱局面，因此需要明确统一的部门和机构集中管理，并统一决策。

第四，编制和发布《非正规就业管理办法》。

第三节　文明旅游环境

习近平总书记在党的十九大报告中指出，当前我国社会文明水平尚需提高，并从文化软实力的视角提出到2035年将社会文明提升到新的高度，到2050年中国的社会文明与物质文明、政治文明等全面提升，全面实现现代化。

文明旅游是社会文明在旅游领域的直接体现，也是现代文明形成的重要动力，是社会文明的重要组成部分和有益补充。发展全域旅游有助于形成文明友好的旅居社会环境，更好地树立文明旅游世界大国形象，弘扬中华民族优秀的民族文化和新时期中国特色社会主义核心价值观，丰富我国精神文明建设的内涵。

一、指导思想

通过政府引导、行业自律、社区自觉构建文明旅游秩序和风尚，营造文明、和谐的全域文明旅游环境。开展全域文明旅游宣传教育活动，引导游客恪守公德，讲究礼仪，注重言谈举止，爱护环境和公共设施，摒弃不良习惯，尊重民族民俗和传统，保护生态和文物古迹，践行文明旅游公约和社会主义核心价值观。强化居民和旅游从业人员的旅游参与意识、旅游形象意识、旅游责任意识、旅游安全意识，树立"处处都是旅游环境，人人都是旅游形象"全域旅游环境理念。构建健康平等的友好型主客旅游交往环境，培育旅游新文化，形成良好的社会文明环境和好客的旅游社会氛围。

二、标准要求

根据国家以及地方相关文件要求①，文明旅游环境的主要要求与内容包括三个方面。一是文明旅游教育。每年定期开展文明旅游意识教育活动。二是建立不文明旅游记录制度和部门间信息通报机制。三是文明旅游宣传。制作本地文明旅游宣传视频，在游客集散中心、星级酒店、A级旅游景区、广场、旅行社等主要涉旅场所播放文明旅游宣传视频。在各类旅游景区（点）、旅行社和旅游餐饮、购物、娱乐等各种旅游服务场所以及市民广场以适当方式张贴、宣传最新版的《中国公民国内旅游文明行为公约》②。

三、主要做法

（一）文明旅游宣传

文明旅游宣传有利于主客树立文明意识、培养文明行为，传播旅游文明，

---

① 《全域旅游示范区创建工作导则》（旅发〔2017〕79号）、《国务院办公厅关于促进全域旅游发展的指导意见》。

② 文明旅游公约：重安全，讲礼仪；不喧哗，杜陋习；守良俗，明事理；爱环境，护古迹；文明行，最得体。

甚至创造旅游新文明，有利于构建和谐的主客关系，营造文明的旅游环境重要方式。

第一，制作本地文明旅游宣传标语①和宣传视频，要求结合地方特色文化，符合本区域旅游形象，针对国内外游客，可根据语种需求译制中外文对照字幕。

第二，通过多媒体手段宣传，利用电子 LED 屏、游客服务中心、官方网站、微信、微博、电视台等媒介滚动播放文明旅游宣传片，倡导游客文明旅游。

第三，通过实体广告、志愿者宣传文明旅游，综合利用宣传栏、宣传牌、宣传单、志愿者服务，在广场、旅行社、星级酒店、A 级旅游景区等涉旅场所，以漫画、文字、玩偶等广告形式，合理张贴、宣传最新版《中国公民国内旅游文明行为公约》。

第四，文明旅游"进景区、进社区、进校园"，尤其是充分利用景区平台对游客进行社会主义核心价值观和文明旅游宣传工作，结合社区活动定期开展文明旅游宣传工作。

案例链接：

上海启动"百场文明旅游进社区"活动

上海开展"文明旅游为中国加分"百城联动活动。组织"百场文明旅游进社区"活动，组建"上海文明旅游宣讲员"队伍，并授予聘书，已有 50 多位宣讲员的宣讲大军，有历届全国导游大赛的获奖者和上海金牌导游工作室成员，也有各条旅游战线上的中文导游和各类语种的外语导游和领队。他们热心社会公益活动，有丰富的实战经历和宣讲经验，愿意与社会各界分享旅游案例、传播文明故事。有部分导游代表此前也曾参与"原国家旅游局全国领队文明旅游授课""文明旅游进校园""文明旅游进社区""文明旅游大家谈"等系列宣讲和研讨活动，参与文明旅游的倡议和践行活动，把文明旅游的贴士等内容带入校园、办公楼和社区，成为构建文明社会、提升旅游文化

---

① 文明旅游十大宣传语：1. 没有安全，就没有诗和远方；2. 文明，是适可而止的举止；3. 公序良俗，让你拥抱差异多彩的世界；4. 想赢得尊重，先尊重别人；5. 爱惜万物，听一听历史和自然的声音；6. 别让一段旅行，丢了人生品行；7. 捍卫良知是一种勇气，释放善意是一种能力；8. 谦让，使你和环境更加和谐；9. 你若轻声细语，世界便云淡风轻；10. 公序良俗，让你拥抱差异多彩的世界 。

建设的有生力量。

百城联动活动分为两个阶段，上半年的主题为"文明旅游为中国加分·绿色出行"，下半年的主题为"文明旅游为中国加分·出行有礼"。内容包含旅游宣传推广、H5 大赛、文明游客先进事迹宣传等。"绿色出行"重点围绕旅游活动中践行生态环境保护，珍爱青山绿水，杜绝旅游行为对生态环境的污染和破坏等方面进行宣传；"出行有礼"围绕旅游活动中中国游客的良好素质和文明形象进行宣传。其间进行评选，选出有代表性、有影响力的文明游客。这次的宣传将引发社会对文明旅游的持续关注，形成游客共同参与、共同监督、共同维护文明旅游的行为习惯，提升中国游客素质和中国旅游业整体文明形象。

（二）文明旅游教育

面对大众旅游时代的来临和文明旅游工作新趋势，文明旅游既需要课堂教育和社区教育，也需要"润物细无声"的文明旅游环境教育来改变主客不文明旅游心理和不文明旅游行为，促进主客旅游行为向文明旅游行为改变，这需要地方政府、相关职能部门和全社会的共同努力。

第一，加强干部学习文明旅游法律法规，开设文明旅游教育学习班，加强以身作则意识，做到执法懂法、不滥执法。

第二，开设文明旅游专题培训活动，对旅游窗口从业人员全员进行旅游接待礼仪培训，要求旅游工作人员做到举止文明、衣着得体、讲话礼貌等基本素质要求。

第三，定期开展文明旅游社会教育活动，对接触到游客的当地居民、出租车司机、岗亭人员进行培训，加强文明素质培养，树立良好的旅游社会氛围。

第四，编制文明旅游教材，推动文明旅游进课堂。特别是针对中小学生，在校期间，除文明旅游教育之外，开展以文明旅游为主题的写作、绘画、手工艺品、演艺等活动赛事，评比"文明旅游宣传小明星"，校外活动期间，组织亲子文明旅游互动，让家长以身作则亲身体验、教导孩子文明旅游。

第五，通过自组织网络平台，对主客进行文明旅游教育与引导、激励与惩戒。在主流媒体新闻网站、旅游网站、旅游 APP、微博、微信公众平台，开设文明旅游互动版块，通过发布文明旅游行为图、曝光不文明旅游行为，对不文明行为进行干预，同时开展"文明旅游达人"评选活动，获得称号者可享受景区门票优惠等旅游福利。

第六，通过社会组织特别是旅游社会组织举办游客文明旅游教育活动或文明旅游行为改善干预项目。

案例链接：

大鹏新区社区旅游学院引领文明旅游

大鹏新区管委会与深圳职业技术学院共建大鹏新区社区旅游学院，做好智力支持、技术服务、人才培养工作和文明旅游教育，有效整合区校优势资源，实现强强联合、优势互补、互利共赢，探索"深圳市民终身教育学校"新模式，服务于地方经济和产业发展。双方通过社区旅游学院在师资、科研、服务社区劳动力转移、产业转型升级、职业技能培训、社区文化建设等方面展开全面深入合作，为新区培育一支综合素质高、服务意识强、具有专业化水准和国际化视野的旅游人才队伍。深化大鹏新区"全域旅游"建设，充分挖掘旅游社会资源、提升旅游业整体服务水平、营造良好的旅游环境、供给高品质旅游消费产品。落实共享发展理念，通过职业培训、就业指导、创业帮扶惠及更多群众、社区居民，推动新区旅游经济提质增效和文明旅游升级，引领新区旅游高质量发展。

（三）文明旅游制度建设

文明旅游制度建设就是政府或行业组织把文明旅游宣传、教育方式与活动或好的旅游语言和行为习惯等通过法律、条例或社会公约的方式固化下来的过程。文明旅游制度建设是文明旅游既有成果的固化，也应对未来文明旅游发展发挥着引领的作用。

第一，建立行业信用信息发布平台。根据行业相关标准和要求，依托旅行社、景区和饭店业务管理系统，面向游客、旅游企业、导游、领队、旅游行业协会会员等建立旅游行业信用信息采集与发布平台，探索旅游文明信用体系建设。

第二，建立旅游不文明行为记录制度和其他部门间信息通报机制，逐步实现旅游行业文明信用体系与其他部门的信用系统互联互通，并最终纳入全国统一社会信用系统。

第三，通过信用网络数据平台进行监控，收集整理网络评论及热线举报内容，联合其他相关部门，建立文明旅游个人及单位"红黑榜"制度。对于有不文明行为的游客或单位，进行黑榜警示，并纳入全国统一社会信用系统，依法采取惩戒措施，从而提高旅游企业与市民的自律能力和文明旅游意识。

第四，行业协会、旅游目的地社区等可发布文明旅游倡议，制定专项或地方文明旅游公约。

第五，旅游景区可制定景区内部的文明旅游手势、礼貌用语、文明约定或通过特定的仪式宣誓文明旅游责任。

第六，推广"垃圾银行、垃圾换礼品、垃圾换食品"等生态旅游活动，培养游客生态意识和生态旅游行为习惯。

案例链接：

呀诺达景区文明旅游引导

呀诺达景区结合自身雨林特点，特别策划在入园口设立一个专门的环保宣誓平台，游客在宣誓过程中身心愉悦地领悟到景区倡导爱护自然、环保从我做起、从身边做起的理念，纷纷自愿加入环保宣誓行列，给自然雨林景区带来一股清新的低碳环保游园之风。

广东省佛山创建文明旅游监督、维权队伍

广东省佛山市高明区为更好地促进文明旅游，提升公众文明旅游维权意识，组建成立文明旅游监督员和文明旅游维权律师队伍，并为代表们颁发聘书。当选文明旅游监督员的代表发出文明旅游安全出行倡议。对旅游服务人员开展高频次交叉培训，提高服务质量。定期对景区工作人员从仪容仪表、言行举止、服务礼仪等方面进行全面培训。平均一个月组织10次培训，培训内容包括消防安全、游客微笑服务、岗位服务技能等。

浙江丽水网格化管理机制

浙江丽水建立文明旅游网格化管理机制，重点建立4支队伍：文明创建指导员队伍、文明旅游志愿者队伍、行风监督员队伍、旅游企业联络员队伍。

第四节　旅游安全环境

旅游安全环境是旅游发展的基本保障，没有安全就没有旅游业。随着全

域旅游的持续推进，旅游人数激增，旅游活动规模急剧扩大，散客自助旅游、探险旅游等特种旅游形式蓬勃发展，致使影响旅游安全的因素趋于全域化和复杂化。只有建立可靠的旅游安全环境才能保障广大游客的人身财产安全，推动全域旅游持续安全发展。

一、指导思想

树立"安全是旅游的第一保障"的全域旅游安全观，强化旅游安全"红线"意识，制定旅游安全"底线"要求，运用"社会（人、财、物）安全、设施安全、心理感应安全"的多位一体的旅游安全观，贯彻执行国家及地方的相关法律法规①，构建旅游安全宣传、教育与管理体系。建立最为基础人财物的安全保障机制，全面提高旅游安全设施水平，推动安全应急预演常态化和安全救援职业化，提高应对旅游突发事件能力。全方位保障旅游者的人身、财产安全，营造"放心、开心、舒心"旅游的安全心理氛围，营造全域安全的旅游目的地。

二、标准要求

根据国家以及地方相关文件要求②，安全环境的主要要求与内容包括五个方面。一是旅游安全管理。落实旅游安全生产责任制，建立旅游安全管理工作协调机制，每年进行安全生产检查；无重大旅游安全责任事故发生。二是旅游安全配套设施。各类旅游景区（点）、星级饭店和游客集散场所等设有安全保卫人员，安全设施配套完善。三是旅游经营单位旅游安全教育与防范措施。旅游经营单位建立安全生产教育、防范制度，定期进行检查落实。四是应急预案体系建设。本区域有紧急救援机构并公布紧急救援电话号码，且应安排年度应急救援演练，突发情况下可有效救助旅游者。五是旅游保险。提高旅游行业旅游保险的购买率和覆盖面。

---

① 《中华人民共和国旅游法》《中华人民共和国安全生产法》及由文化和旅游部公布的第41号令《旅游安全管理办法》。
② 《全域旅游示范区创建工作导则》（旅发〔2017〕79号）、《国务院办公厅关于促进全域旅游发展的指导意见》。

三、主要做法

(一) 旅游安全管理

旅游安全管理是指国家、旅游管理部门、相关安全职能部门和旅游企事业单位的基本职能。它运用行政、法律、经济、教育和科学技术手段等，协调旅游发展与安全生产的关系，处理旅游部门、旅游企业、游客和居民等安全问题的相互关系，实现旅游过程安全和结果安全，保证旅游经济活动、科研活动顺利进行并有效发展。全域旅游安全管理实现从景区（点）和旅游线路沿线等范围拓展到全域范围，特别是要关注到自驾车自助游客、民泊民宿等新型住宿业态、农家乐等全域旅游业态集中的区域，也就是传统旅游安全管理不到位的旅游新业态安全问题。

第一，根据国务院旅游工作部际联席会议制度，各级政府成立节假日旅游安全协调工作小组，制定节假日旅游安全协作工作方案，依法加强旅游安全监管，落实各项安全防范措施，消除各类旅游安全隐患。

第二，由旅游行政主管部门及旅游企业成立旅游安全生产目标责任工作领导小组，制定旅游安全生产管理制度。各涉旅企业，尤其是星级饭店、A级景区、旅游集散中心等旅游单位，应结合本单位的实际情况，根据游客安全需求，制定出各个场所、各项服务工作的安全标准和安全保卫岗位责任制。

第三，旅游行政主管部门、旅游企业等落实旅游安全生产责任制，建立旅游安全管理和假日监管工作协调机制，每年定期开展安全生产自查自纠工作，加强对涉旅企业的安全生产教育及检查。

第四，涉旅行政管理单位制定适用于本地区的安全生产教育培训计划，建立隐患排查制度，定期开展旅游安全生产自查自纠工作。例如，旅游特种设备安全检查、交通运输安全检查、水旅游安全检查等。

第五，根据季节、行业、节日等特点，在元旦、春节、"五一""十一"等黄金周、小长假前，旅游生产部门应采用自查、对口互查、联合督查的方式，开展旅游安全生产检查工作。

第六，作为旅游安全管理的重要补充，联合涉旅部门、街道办和社区，加强社会旅游功能区的旅游安全管理。

第七，针对安全生产工作方案，对员工开展安全生产培训和安全教育，利用各类告示牌及解说系统对游客开展安全教育宣传工作。

案例链接：

湖南明确各部门旅游安全管理职责

湖南争取省政府印发《湖南省旅游市场秩序和旅游安全监管工作暂行办法》，在全国省级层面率先制定实施旅游市场秩序和旅游安全监管责任清单，明确旅游、安监、发改、民族宗教、公安（消防）、交通运输、食品药品监管等 11 个部门对旅游市场秩序和旅游安全的监管职责。

颐和园旅游安全宣传活动

北京颐和园景区举办 2018 旅游安全宣传咨询日活动，以"生命至上、安全发展"为主题，在现场宣传旅游安全、旅游保险、文明旅游等有关知识。现场组织出境游安全相声、安全生产知识互动问答、消防装备展示、烟道逃生体验等活动，发放《旅游突发事件应急手册》《旅游安全提示宣传折页》《旅游安全出行提示》，以及旅游保险、文明旅游、出境游安全等宣传资料，播放旅游安全、安全生产事故典型案例等宣传片。工作人员对市民游客关注的旅游突发事件应急处置、旅游保险以及文明旅游等知识给予耐心解答。

（二）旅游安全设施管理

设施安全先于旅游生产和运行安全之前，因此设施安全是旅游安全的第一道防线。旅游设施安全管理需要建立安全管理制度，优化旅游设施布局，加强安全检查与维修，提高对旅游设施、设备的安全管理，确保旅游生产安全。

第一，各涉旅企业，尤其是旅游集散中心、A 级景区、星级饭店等单位，必须建立完整的旅游安保人员队伍，保证各项旅游安全管理工作的安全标准和责任制能得到贯彻实施，有效地防止旅游安全事故的发生，要求人员落实到位、工作职责清晰、安全保障专业。

第二，完善旅游安全设施的配置。根据全域旅游流量完善旅游监测监控设施，在区内各旅游集散中心、旅游交通沿线及景区（点）、各乡村旅游点的游客集中区域、旅游危险场所，合理布设视频监控、人流监控、位置监控、环境监测等设施设备，并实现与区域旅游大数据中心的数据无缝对接。完善旅游安全提示牌建设，在危险地带设置符合标准的、准确清晰的旅游安全提示牌。完善灭火器、救生圈等安全救援设施建设。

第三，建立以上旅游安全设施、设备（旅游车船、索道、电瓶车、游乐设施等）的安全管理台帐，其内容包括旅游安全设施、设备的主要性能参数、投用时间和地点、历次检修记录、检测记录和设备更新情况等，未来可以建立旅游设施设备物联网，提高旅游设施设备的智能化运营水平。

第四，定期检查旅游运行中的安全设施设备，针对有问题的设施设备应及时提出整改方案，对旅游安全设施设备进行及时维护和检修。对旅游索道、主题游乐设施等特种旅游设施、设备的维护和检查应由专人负责，建立并完善专门的安全检查和运行维护台帐。

第五，对超过使用年限、严重损坏、国家明令淘汰的或由于技改等原因淘汰的和达不到安全要求的旅游安全设施、设备应及时申请报废或更换，消除旅游安全隐患。

案例链接：

云南旅游安全保障点

云南组建途安旅游安全保障救援中心以及昆明、大理、丽江、西双版纳等四个救援工作站。

（三）应急预案体系建设

旅游应急预案指面对旅游突发事件，例如，自然灾害、重特大事故、环境公害及人为破坏等的应急管理、指挥、救援计划等。

第一，旅游应急预案应该纳入地方的综合防灾规划。

第二，建立旅游综合管理应急指挥领导小组，制定应急预案，建立一支专业的旅游应急救援队伍，在重要涉旅场所公布应急救援电话。

第三，各涉旅企业，建立应急救援机构和队伍，相应制定应急救援预案和应急演练计划，并开展演练活动。例如，运送紧急药品，紧急就地处理，及时送往医院并安排需住院的游客入住，入院后的追踪服务，尽快与游客亲友进行联系等。

第四，加强目的地和景区（点）最大承载量信息警示、重点时段游客量调控和应急管理工作。确保信息畅通，强化应急值守，坚持领导干部带班和24小时应急值守制度，提高景区灾害风险管理能力。

第五，强化安全警示、宣传和引导工作。完善旅游安全预警机制，规定在暴雪、大风、风浪、泥石流等特殊天气和地质异常情况下，必须停止旅游相关活动。

第六，建立政府救助与商业救援相结合的旅游救援体系。

（四）旅游保险

旅游保险也称旅行保险，是为保障旅游安全而针对旅游途中可能发生的各种意外所导致的一切意外死伤事故而为游客所设计的保障，是旅游安全服务的重要内容。全域旅游者具有自组织行为特征，其旅游行为风险陡增，旅游保险越来越成为全域旅游活动的必要保障，也是影响游客"放心、安心、舒心"旅游的重要因素。

第一，加强旅游保险宣传教育，提高游客旅游保险意识，提高旅游保险的购买率。

第二，完善各类旅游保险产品，扩大旅游保险覆盖面，制定适合于不同情况的各种旅游保险险种，并能针对不同游客和特殊游客群体（例如，女性游客、老年游客、儿童游客、残障游客等）的需要，制定出实用的保险产品，并提供配套的优质保险服务。

第三，针对散客游、自驾车游、户外运动游等特殊的新兴旅游产品和旅游方式，制定有针对性的旅游保险品种，推动旅游安全全域化保障。

第四，提高旅游保险理赔服务水平，最大限度预防或降低意外风险，做好安全事故善后工作，保障游客合法权益。

案例链接：

北京市旅发委搭建全国首个"京郊旅游政策性保险服务体系"，以政府财政补贴保费为手段提升参保率和覆盖面，通过较小的保费支出获得大额的保险保障，发挥商业保险风险转移和社会管理的作用，提高政府基本公共服务能力。其主要做法：一是统一体系布局。市旅游委制定平台建设发展规划，并组织协调相关资源和团队实施；按照公开、公平、公正的原则，招标不少于3家保险公司形成共保体共同承保。二是统一产品及补贴。保险产品的承保条件、责任范围、赔付标准，以及保额、期限及保费的关系统一，并根据发展需要不断迭代升级；组织各保险服务机构根据民俗户、特色业态、小微企业的风险特点设计组合式保险产品以充分满足实际需求。主要险种：公众责任险、食品安全责任险。保费及保额：民俗户 400 元保费，全年累计赔偿额度至少为 50 万元；新业态和小微企业 1000 元保费，游客全年累计赔偿额度至少为 100 万元。补贴模式：政府补 80%，个人 20%。三是统一服务流程。该体系统一保前、保中、保后实务操作流程，并公开承诺服务时效标准，统一理赔工作与时效标准，不断创新理赔服务方式，保证小额快速理赔、大额专项理赔。"京郊旅游政策性保险服务体系"是乡村旅游行业与保险行业深度合作的首创，通过引入融资担保等普惠金融业态，缓解京郊旅游产业资金需求，助力产业发展。京郊旅游保险服务平台的运营模式，可复制到其他区域或行业，有着良好的示范效应。按照试点三年估算，政府累计保费补贴约 500 万元，累计为 1.8 亿人次京郊游客提供公共场所的安全保障；累计转移 88 亿元的风险保险保障，有效减轻政府负担。

第九章

全域旅游共享与合作

　　全域旅游是一种主客共享经济形态，需要推动社会资源旅游化和旅游资源社会化双向转变，把游居二元空间变成一元合成空间，实现居游一体化发展。全域旅游既要让投资方、建设方、管理方参与其中，也需要广大游客、居民、商户共同参与。既要考虑让游客游得顺心、放心、开心，也要让居民生活得更方便、更舒心、更美好。通过共创全域旅游事业实现全民共享发展成果，增强居民获得感和幸福感，促进居民养成"人人都是旅游形象，人人都是东道主"的潜在意识和自觉行为，提升全民旅游发展意识和文明素养。

第一节　旅游脱贫致富

　　党的十九大报告提出："从现在到 2020 年，我国进入全面建成小康社会的决胜期，做好全国在现行标准下农村贫困人口全部脱贫，是我党作出的庄严承诺，更是必须完成的硬任务，绝无退路。"李克强总理在首届世界旅游发展大会上强调"旅游业不仅是培育发展新动能的生力军和大众创业万众创新的大舞台，也是实现扶贫脱贫的重要支柱和建设美丽中国的助推器，实施旅游消费促进计划和旅游投资促进计划，以旅游业的升级换代促进国民经济的提质增效"。旅游作为脱贫致富的重要形式，在"十二五"期间，全国范围内通过发展乡村旅游，已带动约 10% 的贫困人口脱贫，"十三五"期间全国通过发展旅游将带动约 746 万贫困人口脱贫。

一、指导思想

贯彻落实党中央、国务院对扶贫攻坚的系列部署与安排①，持续发挥旅游业对当地居民带来的致富减贫作用。实施分类指导，中西部地区以旅游扶贫为主，东部地区以旅游致富为主。通过发展全域旅游推动传统的"点"式景点旅游扶贫致富向"面"上的全域旅游扶贫致富转变，创新老百姓参与方式、受益方式和组织模式，提高旅游扶贫致富的规模和全域效果，促进旅游共建共享、优化旅游社会环境，形成若干可复制、可推广的全域旅游扶贫富民新模式，实现旅游脱贫致富效益最大化。

二、标准要求

根据国家以及地方相关文件要求②，脱贫致富的主要要求与内容包括三个方面。一是大力促进旅游创业就业。组织旅游人才培训，开展针对贫困村（户）旅游技能培训；旅游企业通过招工解决贫困人口就业问题；涉旅企业申报国家小型微型企业创业创新示范基地，创建国家级、市级双创示范基地。旅游主管部门及主要旅游经营单位与高校、科研院所、行业协会、旅游企业等单位形成特色旅游人才发展合作机制且双方合作紧密，取得良好成效。二是旅游扶贫富民方式多样。通过景区带村、能人带户、"企业＋农户""合作社＋农户"、直接就业、定点采购、帮扶销售农副土特产品、输送客源、培训指导、资产收益等各类灵活多样的方式，促进受益脱贫和就业增收致富。三是旅游扶贫富民成效。贫困地区建档立卡贫困人口通过旅游就业等脱贫占地方脱贫人口总数的比例显著提高；非贫困地区旅游富民成效显著，主要旅游乡镇（街道）农民年人均可支配收入和增幅显著提高。

---

① 党中央、国务院印发的《关于打赢脱贫攻坚战的决定》、国家发展改革委等11个部门制定的《全国乡村旅游扶贫工程行动方案》、国务院办公厅印发的《兴边富民行动"十三五"规划》。
② 《全域旅游示范区创建工作导则》（旅发〔2017〕79号）、《国务院办公厅关于促进全域旅游发展的指导意见》和《国家全域旅游示范区验收细则》。

三、主要做法

（一）旅游创业就业

中央高度重视"旅游在扩内需、稳增长、增就业、减贫困、惠民生中的独特作用"，全国《"十三五"旅游业发展规划》提出了实施旅游创业就业计划，旅游创业创新对推动经济提质增效升级和人民群众生活水平跃升有着重要的贡献。旅游细分领域的创业就业条件远优于其他许多传统行业，旅游正在成为创业创新最活跃的领域之一，旅游需求的多样性以及市场细分的多向性决定了旅游创业、就业形式的多样性。

第一，制定旅游人才发展目标和工作计划，并广泛征集民众意见。

第二，建立促进旅游创业就业机制，引导科技、艺术、设计等各类专业人才参与旅游规划设计和开发建设。通过创意设计、旅游创业、旅游经营、旅游服务、资产入股等方式参与旅游建设。

第三，加强与高等院校开展旅游教育合作，开设特色旅游专业；建立特色实践基地，定期开展旅游专业技能培训，例如，烹饪技能培训、乡村旅游管理人员培训、导游培训、乡村旅游向导培训等，并建设旅游人才与就业服务平台，促进贫困人口就地转移致富。

第四，民间资本参与旅游建设，建立民间资本参与旅游公共服务设施建设的机制。创立中小微旅游企业孵化器，发展创业型的个体私营旅游经济和家庭旅游手工业，并申报国家小型微型企业创业创新示范基地。

第五，实施"大众创业、万众创新"工程，加强政策引导和专业培训，引导退休人员、乡贤人士、高校毕业生、专业技术者、务工人员进入旅游行业实现自主创业。按照中国乡村旅游创客示范基地的相关要求[①]，出台务实、优惠的招募和引进乡村旅游创客的政策，创建中国乡村旅游"双创"基地。

第六，旅游特色村可申报中国乡村旅游创客示范基地、国家级（省）级双创示范基地等乡村旅游品牌。

---

① 《中国乡村旅游创客示范基地推荐认定工作的通知》。

案例链接：

以旅游促进创业就业

昌平区建设"昌平区全域旅游人才培养基地"，组织开展特色餐饮开发培训、"营改增"专题讲座等旅游创业就业培训活动 12 次，为旅游创新创业提供人才保障。发挥区内文体旅创新孵化平台——北京昌科科技孵化器有限公司作用，集聚文体旅产业方面创业项目超过 500 个，涵盖赛事运营、户外旅游、运动健康等领域。

（二）扶贫富民

脱贫攻坚和乡村振兴是新时代全面小康建设的重要任务。旅游就业方式灵活、带动机制多样、辐射效应强，是扶贫富民的重要渠道和有效途径。发展全域旅游可以在全域范围内充分发挥旅游的扶贫带动功能，让更多的贫困群众和老百姓受益。对非贫困地区，可以提高旅游富民的受益面，促进经济结构优化，让老百姓从旅游发展中获得更多实惠，提高百姓生活幸福感。

第一，制定乡村旅游扶贫行动方案。根据调查摸底情况，对接国家和地方乡村旅游扶贫政策，因地、因户、因人制定方案，整合扶贫、旅游、农业、水利等政策和资金，精准施策。

第二，完善贫困村旅游服务设施建设；实施乡村旅游"六小"工程，完善旅游扶贫村的停车场、旅游厕所、医疗急救站、农副土特产品商店、垃圾集中收集站和旅游标识标牌等旅游公共服务设施建设。

第三，开展针对游客的特色农村商品销售专项行动，与贫困村（户）签订协议并落实。实施旅游后备厢工程，开展针对游客的后备厢行动，与贫困户建立特色农村商品销售专项合作，推动农超对接和农企对接，同时与电商企业开展销售合作，建立农村旅游电商基地。

第四，提高贫困人口就业技能和就业机会，定期开展针对旅游扶贫村贫困人口旅游技能培训，涉旅企业定向培训和招聘贫困人口，解决贫困人口就业问题。

第五，培养乡村致富带头人、旅游合作社或企业。通过在贫困村以发展旅游带动村民脱贫致富，推广景区带村、能人带户、"企业＋农户""合作社＋农户"等各类灵活多样的方式，全面促进老百姓受益脱贫致富。

第六，挖掘社区风俗与风情文化旅游资源，充分调动和发挥本土文艺人才，开展民俗演艺活动，提高本土居民依托比较文化优势参与旅游开发。

案例链接：

湖南省南岳区区外帮扶与区内直扶模式

南岳区与国家级贫困县湘西花垣县结对，投入帮扶资金改善周边城镇旅游服务设施，并实现景区广告位互换、客源互送、政策互惠、农产品互推，在"乐游南岳"电子商务平台及南岳区旅游扶贫特产店，均展示和帮售扶贫旅游产品如边城磨老苞谷、边城格瑞农和脐橙、边城踏沙黄桃、边城南太大米、苗绣笔记本包、苗绣iPad包、边城翠翠雕像摆件等；与省级贫困乡祁东县凤歧坪乡对接，签署旅游农副土特产销售协议。区内把旅游收入通过微信支付的方式直接划入贫困户的账户，实现精准扶贫。

桂林市阳朔县原住民利益共享富民模式

广西阳朔多年来一直坚持旅游企业与原住民利益共享的富民模式，营造全民参与氛围，先后出台一系列扶持政策并提供平台，引导有条件的原住民参与旅游开发，同时引导旅游企业聘用原住民，解决就业问题。例如，本地区职业技术学校开展"旅游服务与管理"课程，以培养涉外、高级旅游服务人才为目标。阳朔县多年来为五星级酒店、4A级以上景区培养大量优秀员工，同时开展外语、导游等旅游特色培训，为阳朔旅游行业培养合格的人才，扶持沿江村民发展特色乡村游项目、建设特色农家乐和农家小旅馆20余家，增加村民收入；杨堤漓江景区优先安排符合条件的28户精准扶贫户到杨堤漓江景区担任筏工；落实阳朔县贫困村电商旅游扶贫"贫困村农家饭票"项目，利用智慧旅游平台吸引游客到农家乐吃农家饭，为当地村民脱贫创造条件，以杨堤村委、高洲村委为代表的"农家饭票"已经上线；联合阳朔县农业部门根据水洛村的实际情况和群众所需，制定特色农业创富、乡村旅游增富的经济发展规划，加快推进农业产业结构调整，建设精品金桔示范基地，村民收入连年增加。

海南省琼中县旅游扶贫模式

为实现乡村旅游可持续性发展，琼中县采取政府引导、企业参与、银行支持、镇村创建的方式，推动形成"政府＋公司＋农民合作社＋农户＋品牌＋基地"多方共建、"产业发展＋生态保护＋文化传承＋环境整治＋休闲旅游＋高效农业＋品牌农业"融合发展的旅游扶贫模式，实现企业和农户合理分享旅游收益。一是"什寒模式",即通过政府总体把控、企业日常运维、合作社组织实施、农户出工出力的方式,将农户闲置的房屋等资源作为资产入股到企业,由企业负责改造成标准化驿站、客栈、民宿、露营地、茶吧,并携手农户统一运作管理,员工均从本村聘用,经营收入60%归农户、35%归投资企业、5%归村集体,实现了多方互利共赢局面,什寒全村100多户农户通过参与乡村旅游建设经营管理,经营管理收入占到其总收入的50%以上。二是"云湖模式",为破解乡村休闲旅游发展农村土地供应及资金瓶颈问题,在什云村推出云湖乡村旅游开发模式,由政府引入企业,在农户不失业、不失地、不失居的前提下,企业出资对农户的土地进行承包或让农户以土地入股等形式进行土地流转。自企业入驻当地后,什云村及周边村庄共有300多位农户参与酒店基建和餐厅服务管理,实现农户就地就近就业。通过工资收入、股金收益等形式,激发了农户的主人翁意识和参与旅游开发的热情。

湖北省黄冈市英山神峰山庄产业扶贫

黄冈市英山神峰山庄开启"新文化＋新农业＋新健康"复合经营模式,以"扶智、定点、流转"六字方针为突破口,开辟出一条大别山片区产业扶贫的新途径。一是扶贫先扶智,培养一个新员工脱贫一个农户。凡山庄员工都要进行2个月的技能培训,因此,一群普普通通的农民变身为一支在市场经济大潮中嗷嗷叫的"九大员"(服务员、演员、导游员、市场营销员、社会体育指导员、游泳救生员、农业技术员、业余通信员、卫生员)复合型人才队伍。二是定点促扶贫,定点一个养殖户致富一个家庭。以建设国家运动员绿色食品基地为目标,采取"五统一"(猪舍、种苗、饲料、芯片跟踪、营销)方式,建设31个黑禧猪养殖示范基地、1个眼镜山鸡孵化基地、67个眼镜山鸡养殖示范基地。三是通过土地流转发展一批专业村,小康一片乡村。采取"公司＋基地＋种养合作社＋农户"方式,转变农村经济发展方式,为土地流转后的农民提供以生活保障、收入保障、增收保障、致富保障为内容的"四重保障"。

北京昌平区以旅游促进精准帮扶工作

昌平区把发展旅游业作为低收入村增收的重要手段,开发大岭沟猕猴桃谷风景区,有效解决农户就业,拉动农村经济收入,提高农民生活水平。紧密开展对口帮扶工作,与阿鲁科尔沁旗、太仆寺旗签订了对口支援帮扶协议,组织"昌平尚义旅游协作交流会",举办太仆寺旗旅游管理人员高级培训班,为曲麻莱县规划设计旅游项目推广与宣传方案，为栾川县举办乡村旅游餐饮技能培训班，增强精准帮扶工作效果。

第二节 旅游惠民便民

旅游业本质上也是一种共享经济形态，它作为"六大"国民幸福产业之首，具有提升国民幸福感的功能。旅游惠民便民是全民分享旅游福利的有效途径，是增强国民国家自豪感、认同感和归属感的有效方式。发展全域旅游需要坚定旅游为民、旅游惠民的以"人民为中心"的旅游发展思想①，大力提升全域旅游公共服务水平，提高运用现代科技的能力，使得全域旅游公共服务能够在全域范围内惠及居民和游客。

一、指导思想

与传统景点旅游相比，全域旅游更加强调旅游的事业属性。全域旅游发展的重要目的之一是通过旅游惠民便民工程，实现社会资源的旅游化共享。发展全域旅游就要坚持旅游为民、旅游惠民的宗旨意识，让人民有更多获得感。将旅游目的地的碎片化社会旅游资源进行旅游化利用，使公共资源发挥公共旅游服务功能，为旅游者提供多样化社会旅游产品供给，例如，文化馆、博物馆、图书馆、文保单位、景观园林、城市休闲公园、红色旅游景区、爱国主义基地等。倡导商业化景区开展降价、免费等旅游优惠活动。建立旅游扶贫助残机制，对弱势人群进行旅游优惠与补贴，建立旅游对社会的奖励机制，对劳模、先进工作者等先进群体实施旅游奖励。通过旅游惠民便民服务，把全域旅游建设成为国民的幸福产业、快乐产业和福利产业。

二、标准要求

根据国家以及地方相关文件要求②，旅游惠民便民的主要要求与内容包括

---

① 李金早. 以习近平新时代中国特色社会主义思想为指导 奋力迈向我国优质旅游发展新时代［R/OL］.（2018－01－09）.

② 《全域旅游示范区创建工作导则》（旅发〔2017〕79号）、《国务院办公厅关于促进全域旅游发展的指导意见》和《国家全域旅游示范区验收细则》。

四个方面。一是全面落实特殊群体减免门票的优惠政策。二是主要涉旅场所配备为孕婴、老年人、残疾人服务设施。三是公共开放空间免费对外开放，例如，博物馆、文化馆、图书馆、科技馆、展览馆、城市公园、纪念馆、休闲广场、规划馆、动植物园等；四是创造性制定其他有效的便民惠民措施。

三、主要做法

（一）旅游惠民

旅游惠民主要是利用政策和价格工具，为游客和老百姓提供价格优惠或消费补贴等。

第一，针对老弱病残的游客提供常态化帮扶服务，所有旅游接待场所开展对老人、军人、学生、残疾人等特殊旅游群体的免票优惠活动。旅游部门联合物价部门制定 A 级景区针对特殊人群的减免门票优惠政策，景区按照规定在售票处张贴优惠政策，并严格执行该政策。

第二，常态化开展特定节假日（世界遗产日、旅游日等）的免票优惠活动，探索"旅游日"错峰优惠活动或延长活动的优惠时间，例如，在元宵节、三八妇女节、六一儿童节、端午节、教师节、中秋节、重阳节等法定和传统节假日（与其他小长假重叠的除外）向广大群众免费开放，让老百姓有时间、可选择地享受到实实在在的旅游福利。

第三，免费向居民和游客开放文化馆、图书馆、博物馆、科技馆、展览馆、规划馆、纪念馆、城市公园、休闲广场、动植物园等公共空间。可对多次或长时间逗留的游客发放旅游休闲市民证（卡），享受本地居民待遇。

第四，出台旅游消费相关补贴政策。例如"文化旅游消费补贴"，补贴内容可包含逛展会、乡村游、购文创产品、唱歌看剧、艺术培训、游泳健身等方面，丰富广大群众的精神需求，拉动广大群众和游客的文化消费。针对研学旅游、红色旅游等事业型旅游消费也可给予一定的补助。

第五，大力培育公益旅游和慈善旅游组织，开展工作假日、旅游扶贫等公益旅游活动。

第六，建立友好旅游城市、友好旅游景区等，联合区域范围内的多家主要景点推出旅游年票，并给予居民和游客较大的优惠幅度或利用市场化的手段推动商业化景区降价，提高民众出游意愿和旅游机会。

案例链接：

桂林市阳朔县旅游企业与原住民利益共享

桂林市阳朔县坚持旅游企业与原住民利益共享的富民模式，原住民参与旅游开发，引导旅游企业聘用原住民，主客共享旅游红利。其中，从事遇龙河漂游服务的3300人中95%是当地农民；参加《印象刘三姐》演出的600多人中50%以上是当地农民。建立以漓江为核心的大景区旅游生态补偿机制。全力推进漓江、遇龙河景区"四统一"规范化管理，沿江农户每年享受景区收入总额10%的分红，使沿江6万多群众直接受益，促进1100多贫困人口脱贫摘帽，群众在旅游发展中的幸福感、获得感不断增强。

河南开封景区与长白山景区互送"红包"

河南开封景区与长白山景区借助"一带一路"城市旅游联盟，发起向两地游客互送"红包"活动。即开封市清明上河园、开封府等多家主要景区对长白山保护开发区的市民实行凭身份证免景区门票的优惠活动，长白山景区对开封市民免长白山景区门票。此举不但为旅游惠民活动在更大范围内推广奠定了基础，也为更多景区携手合作共同惠民树立了样板和标杆。

江苏省常州市旅游"感恩回报月"

江苏省江苏常州市每年组织开展旅游"感恩回报月"活动，活动内容主要包括：在主要收费旅游景区、旅游企业以最优惠的价格、最贴心的服务回报常州市民；面向常州市民和新市民的旅游景区（点）定地定时半价活动；面向享受低保政策家庭以及市区6000多名为创建文明城市辛苦工作的环卫工人，开展免费游览常州市旅游景区活动；为感谢城市文明志愿者对常州创建全国首批全域文明城市的辛劳付出，常州市旅游局特邀300名城市文明志愿者代表免费畅游常州新景区。常州市旅游局还通过与途牛网合作，为感恩回报月定制特惠两日游产品，通过途牛网线上、线下销售，为1000名江苏游客（常州市除外）提供特惠游机会。

浙江省开化县全域旅游免费政策

浙江省开化县采取全域免费政策，在特定的周期内，除国家法定假日以外，每逢周一，开化县内根宫佛国、钱江源景区全部实行免费政策，12月份全月免费。

（二）旅游便民

旅游便民主要是通过提供便民设施、便民场地或其他有助于当地居民或游客出游与旅游消费便利化的举措。

第一，街区、旅游集散中心、城市公园等、3A级（含）上景区、3星级（含）以上旅游饭店等主要涉旅场所配备孕婴、老年人、残疾人旅游设施和优质的服务，例如婴儿车、拐杖、轮椅、无障碍通道等无障碍设施及其辅助设施。

第二，为游客在旅游集中场所提供携带食品集中就餐场所、直饮水、租赁等旅游生活服务以及医疗、安全救援、交通等专业化服务。

第三，沿旅游线路新增旅游驿站、公益性旅游休闲区、汽车维修等新型旅游公共空间。

第四，为游客提供免费咨询服务或公共交通服务，为游客提供志愿者服务或向导服务，为游客提供公共救援服务，全面全程提升游客好感度。

案例链接：

湖南省南岳区城区免费公交

湖南南岳将客运和旅游运输相结合，全面推行城区免费公交制度，增设乡村旅游客运停靠点，开通高铁衡山西站至南岳旅游线路车，开通城区至红星、水濂、十里茶乡和方广景区的公交线路或旅游专线，健全交通接驳系统，实现全方位的对外互联互通。在原有客运站设施中增加旅游咨询、旅游服务等功能。构建无缝换乘的旅游公交网络，以高铁站、游客服务中心、重点旅游景区为节点，利用旅游公交专线、生态观光车、自行车、汽车租赁等，建立了全域旅游公共交通接驳系统，实现无缝换乘。在重点景区设置直饮水为游客提供饮水服务，在重要旅游服务点免费发放矿泉水和雨衣，提供免费咨询等，让游客与居民共享旅游红利。

（三）构建和谐的旅居社会关系

作为全域旅游目的地，良好的主客关系是其长治久安之良策，也是其可持续发展的基石。全域旅游致力于构建政府、企业、商人、游客、居民、员工之间和谐相处，共建共荣的旅居社会关系。

第一，构建多主体共建共享机制，全面提高主客旅游参与意识、责任意识、服务意识和形象意识。

第二，游客有充分表达自身利益诉求的组织或渠道，其旅游自由、自主选择、公平交易、享受服务等相关权益能得到充分保障，无欺客宰客现象。

第三，居民通过居委会等既有的社会组织表达利益诉求，提高社区参与能力，确保居民利益得到保障，且生活环境、所有土地、基础设施、传统文化等能得到保护与提升。

第四，旅游从业人员的人身安全、福利待遇、职业尊严、职业通道等能得到充分保障。

第五，政府转变管理思维，尤其需要树立旅居民管理意识，建立专门的旅居民管理机构，引导成立旅居民管理委员会，从而加强对定居民和旅居民的双重管理，实现政府、企业与当地居民等各利益主体和谐共处、协调有序、互惠互利。

案例链接：

山东省旅游共建共享指数体系

一、居民共建共享指数

一是居民好客度。居民对游客热情好客，主动帮助和引导游客开展旅游活动，为游客提供各种便利，居民好客度调查高。二是居民认知度。居民对本地旅游发展的认知度较高，能清楚地向游客推介和宣传本地旅游；居民对本地旅游形象的认知度较高，能清晰地认知本地的旅游形象口号，居民调查总体认知度高。三是居民满意度。旅游富民利民，带动居民增收致富，居民对当地旅游发展满意，对旅游带来的工作机会满意度高，对旅游引起的物价变化和带来的社会治安问题无明显不满情绪，居民调查总体满意度高。四是居民参与度。居民参与当地旅游经营、旅游规划编制、充当旅游志愿者与旅游义工等各种旅游事业。居民参与旅游利益分配。旅游企业与当地居民建立合理的利益分配机制（例如提供就业岗位、门票收入分配等），从旅游发展中获益。

二、游客共建共享指数

一是游客认知度。游客对当地的旅游形象认知度高，能够清晰地认知当地的知名旅游景区、特色文化、民俗风情等，游客调查总体认知度高。二是游客满意度。游客满意度高，口碑好，游客调查总体满意度高。三是游客参与度。游客参与旅游文明行动，成为旅游志愿者与旅游义工，并有机会成为荣誉市（县）民。

三、投资人共建共享指数

一是投资人认知度。投资人对当地的旅游形象认知度高，能够清晰地认知当地的知名旅游景区、特色文化、民俗风情等，调查人调查总体认知度高。二是投资人满意度。投资人对当地旅游发展环境、投资环境满意度高，投资人调查总体满意度高。三是投资人参与度。投资人参与旅游服务经营、旅游项目开发建设、参与旅游形象宣传，加入当地各种旅游行业协会或旅游行业组织。成立旅游创客机构，开展旅游创客行动。返乡农民工、大学毕业生、专业技术人员等通过开展多种形式的旅游自主创业。

第三节　区域旅游合作

随着经济全球化和区域经济一体化进程的加速，世界各地的旅游区域合作步伐不断加快，合作交往愈加密切。其中，中国与东盟、欧盟、北美 – 加拿大等的区域旅游一体化成为世界各国区域旅游合作的优秀范例，近年来亚太地区以及金砖国家的区域旅游合作也开始呈现出蓬勃发展之势。历经几十年的发展，我国区域内的旅游发展已经较为充分，但区域旅游合作发展相对滞后，发展潜力大，已成为旅游业发展新的增长点，也是我国旅游业实现可持续发展的必然选择。《国务院关于促进旅游业改革发展的若干意见》明确指出："推动区域旅游一体化发展，包括完善国内国际区域旅游合作机制，建立上下连接、互联互通的旅游交通、信息和服务网络，加强区域性客源互送，构建务实高效、互惠互利的区域旅游合作体。"国家《"十三五"旅游业发展规划》提出："优化产业空间布局，做强 5 大跨区域旅游城市群、培育 20 大跨区域特色旅游功能区、建设 10 条国家精品旅游带、重点建设 25 条国家旅游风景道"。

一、指导思想

区域旅游合作需完善区域内基础设施建设，打破原有点状、块状、线状的旅游发展模式，实施以区域旅游交通、产品、市场和政策为内容的一体化发展战略和网络化发展战略，推动区域旅游资源共享、发展优势互补、旅游信息共享、客源市场共享、线路互联互通，消除旅游要素流通壁垒，提高区域内旅游要素的流动性和市场化优化配置的能力，做大区域发展的共同"旅游蛋糕"，实质性把各地和各个方面的利益捆绑在一起，形成区域旅游合作共同体和区域联动效应，增强区域旅游的核心竞争力，增强抵御风险的能力，塑造特色鲜明的区域整体旅游形象和区域旅游目的地品牌。

二、标准要求

根据国家以及地方相关文件要求①，区域旅游合作的主要要求与内容包括三个方面：一是本地区与其他地区共同制定促进区域旅游发展措施，构建统一的区域旅游品牌，发布统一的区域旅游市场规则和标准；二是跨区域开展旅游帮扶和对口支援活动，签订区域旅游合作框架协议等合作文件，在旅游规划编制、旅游产品开发、旅游教育、旅游基础设施、对外形象宣传、策划外宣活动、搭建自驾旅游平台等方面共同合作，共同促进区域旅游发展；三是全域旅游更加注重联动区域发展空间，发展多目的地旅游，打破地域和行政分割，打破各种制约，形成开放发展的格局。

三、主要做法

（一）区域旅游合作体制机制

区域旅游合作体制机制是区域旅游发展的顶层设计，有助于区域旅游合作常态化、规范化和制度化运行。

第一，成立区域合作组织。以政府和旅游企业为主体，行业协会、民间组织等其他产业组织为支持和补充，成立区域旅游合作联盟或其他合作组织。在此基础上，可设立综合性的跨行业和区域的协调组织进行补充。区域合作组织具体负责合作区内高层对话机制成果的落实，包括研究区域旅游合作发展方向、重点领域和行动计划。

第二，制定旅游合作年度项目和计划，协调解决旅游合作过程中的问题

---

① 《全域旅游示范区创建工作导则》（旅发〔2017〕79 号）、《国务院办公厅关于促进全域旅游发展的指导意见》和《国家全域旅游示范区验收细则》。

等，制订《区域旅游发展规划》，出台类似《区域自驾游产业发展实施意见》《区域旅游便利化措施》《合作区自驾游奖励暂行办法》等系列政策文件，为合作区旅游发展提供政策保障。

第三，建立区域旅游合作机制。由政府牵头搭建合作平台，建立组织协调机制、客源互送机制、信息共享机制、共同营销机制、政策协调机制等区域旅游合作机制。

第四，遵循区域旅游合作发展规律，可同时推动双边合作和多边合作机制，最终形成全区域合作机制。

案例链接：

香格里拉旅游联盟

香格里拉涵盖川西南、滇西北、藏东南的广大地区，作为"一带一路"倡议和"长江经济带"国家战略的叠加区域，区域内各民族多元一体，山水相依，文化相通，资源互补，天然地形成了旅游命运共同体。香格里拉区域十一市县成立了香格里拉旅游合作联盟，制定了《香格里拉区域旅游合作章程》并共同签署了《香格里拉区域旅游合作备忘录》，构建了区域旅游合作会议机制、信息共享机制、项目开发机制、线路开发和无障碍旅游区建设机制、市场营销机制、发展评价机制、旅游安全救援机制和旅游扶贫机制，致力于建设成国际一流的旅游合作组织，最终推动香格里拉成为中国西南的旅游中心、世界一流的生态旅游区和世界著名的旅游目的地。香格里拉区域旅游联盟三省区十一市县旅游业发展已经初具规模，共接待游客约2700万人次，旅游收入超255亿元，实现旅游就业17万余人，旅游累计投资逾220亿元。

福建省厦门市建立区域联动合作平台

建立厦漳泉旅游同城化、闽粤赣十三市旅游区域协作、中国南方旅游城市协作体等多层次的区域旅游合作体系，充分发挥厦门区域性旅游中心城市作用。

（二）开发区域型旅游产品

区域旅游合作与共享重要方式是基于竞合理论，依托区域旅游资源共同开发或错位开发区域型的旅游产品，培育区域旅游共同利益点，形成区域旅游合力，是区域旅游可持续发展的基石。这种区域型旅游产品包括跨区域线路产品、跨区域文化产品、跨区域旅游区或旅游目的地。

第一，挖掘合作区独特的旅游资源或突出的旅游资源，共建区域一流、个性多元、差异明显的旅游产品或旅游目的地品牌体系。

第二，整合合作区优势旅游资源，错位开发，产品互补，共推跨区域旅游线路，形成具有市场竞争力的特色区域游线产品或区域线路品牌。

第三，依托跨区域大尺度旅游资源或共同的地域文化资源，推出跨区域的旅游景区或目的地品牌，奠定双边或多边持久合作发展的基础。

第四，依托区域交通道路、河道或旅游资源廊道，开发跨区域的旅游风景道。

案例链接：

吉林省区域旅游合作

黑龙江雪乡、长白山景区联手，开发以"近赏雾凇、远离雾霾，缤纷四季、大美长白，银堆玉砌、秀甲中外"为主题的冬季旅游"白金三角"旅游产品；联合延吉、珲春、图们三地，开发以"消夏吉林市、避暑长白山、休闲珲图延"为主题的夏季避暑休闲度假"黄金三角"旅游产品，该旅游产品和线路已经成为东北旅游的精品线路。另外，深入挖掘和整合特色旅游资源，重点开发4条四季风光、2条满族文化、4条宗教文化、4条摄影采风、4条历史文化和中国四大自然奇观、中国四大气象奇观以及"黄金三角""白金三角"等22条旅游精品线路。

（三）区域旅游设施共建

基础设施建设是区域旅游合作的前提，互联互通交通体系是旅游线路形成、客流形成和旅游要素流动的载体。健康持续的区域旅游合作与发展需要旅游道路相通、旅游交通服务一体化、旅游基础设施标准一体化、通关便利化和交通政策一体化。

第一，改善区域内断头路、道路等级不匹配等问题，保证同一旅游线路上景区、景点的道路通畅，并适度减少区域旅游合作区收费关卡的数量甚至取消收费关卡。

第二，有限发展区域航空、高铁、高速公路等现代快速交通方式和交通工具。

第三，建设跨区域旅游指示路牌，在主要的交通要道设置旅游指示路牌，方便游客跨区域流动。

第四，相互开通重点景区（点）与旅游集散中心的旅游巴士专线。

第五，加强信息平台建设，推动信息共享，利用新媒体互动宣传和共同营销。

第六，共同推进旅游标准化建设，联合制定和推广旅游景区、旅游住宿设施、旅游餐饮、旅游交通、旅游卫生等方面的旅游标准，实现设施标准和服务标准互认、统一和共享。

第七，组建区域旅游交通运营与投资集团。

（四）区域旅游共同营销

共同营销是区域旅游合作最为活跃也是最易于启动的领域，统一旅游目的地形象和整体目的地品牌，有助于共享区域外旅游客源市场。通过客源共享和客源互送，提高合作方的认同感和归属感，提高区域旅游合作力、品牌力和竞争力。

第一，基于共同的地缘特征和共同的文化基因，突出区域特色，统一设计区域旅游目的地形象标识和宣传口号，树立统一的区域旅游品牌，开展联合宣传和促销。

第二，围绕品牌线路、特色产品或目的地，编制区域旅游自驾游手册、自由行攻略、旅游宣传视频、旅游宣传手册等区域旅游宣传资料。

第三，实施区域联合营销计划，共同开辟客源市场，联合参加区外旅游交易会和博览会等旅游节事会展。

第四，建立区域内客源互送机制，区域内互结友好旅游城市，互设置旅游营销中心，互办旅游宣传推广活动，促进区域内外客源互送。

第五，开发区域型旅游节事活动，举办共同的旅游文化节庆活动，创建区域节事品牌，定期开展区域性旅游促销活动。

案例链接：

大运河旅游联盟

扬州蜀冈-瘦西湖风景名胜区、杭州西湖、山东泰山、四川青城山-都江堰、河南云台山、桂林漓江、北京颐和园等7个城市景区以大运河共同资源为背景，成立大运河旅游联盟。共同建立"运河城市精品景区合作机制"，共同协商运河旅游推广大计，探讨大运河沿线城市旅游合作、发展、共赢模式，设计大运河旅游精品新线路，加强区域旅游合作与交流。明确整合各自优势资源，加强区域联动与合作，共同建设具有国际竞争力的旅游目的地。各运河城市景区联手宣传推介，塑造运河城市旅游品牌形象，提升运河旅游品牌内涵；整合资源和平台，推出相关景点套票与打包产品，形成一批高质量有特色的运河旅游项目，开发精品运河旅游线路；规范服务流程与标准，带动运河城市景区的整体服务水平提升。

环阿尔泰山跨境旅游合作区

环阿尔泰山跨境旅游合作区主要在旅游规划编制、旅游基础设施建设、旅游公共服务提升、跨境旅游线路设计、旅游宣传推广、旅游市场监管、旅游资源保护与开发、旅游安全保障、旅游人才建设、游客往来便利化等领域进行合作。主要合作任务：一是共同开发跨国旅游线路，构建利益相关方参与机制；二是建立四国旅游资源、信息、客源的共建、共享平台；三是建立四国政府、企业、社区、游客间对话平台；四是建立四国旅游跨境合作中利益相关方行为规范，构建全面保障机制。

厦台旅游交流合作

厦门与台湾一衣带水，隔海相望，对台是厦门区别于其他旅游城市的最大特色和优势。厦金旅游部门建立常态化沟通联系机制，联手举办"两门旅游节"，联合印制《七彩两门旅游手册》，共同建设"发现金门"专题网站，吸引台湾18个民间协会在厦设立旅游代表处，推进两岸旅游产业的对接与合作。推进台湾导游、领队在厦培训考核、换证执业工作常态化，打响海峡旅游品牌。出台台湾居民赴厦游的奖励政策，灵活调整对台旅游政策、深耕细作对台旅游市场、深度开发对台旅游产品；不断开发厦金旅游特色产品，持续建设对台双向旅游黄金通道。

第十章

全域旅游营销

大众旅游时代的到来，旅游成为拉动区域消费需求、导入人流的重要方式，为此以吸引游客为目的的旅游市场营销活动日益变得重要而有价值。保持相对稳定的旅游目的地品牌形象和科学、有效的旅游营销手段是吸引游客和保持市场占有率的主要途径。全域旅游营销一方面是实现营销主体多元化，要求区域内旅游利益相关主体的共同参与，其中包括当地政府部门、旅游企业、旅游行业协会、游客和间接的利益相关者；另一方面是营销的整体性，其本质是目的地整体营销，需要统一形象、统一品牌。

第一节　营销机制

营销机制很大程度上决定着全域旅游营销工作的发展方向和运作模式，好的营销机制可以让全域旅游营销工作顺畅高效、事半功倍。全域旅游营销的整体性和区域性，决定了它的多主体参与和长期持续性。与传统营销相比，全域旅游营销的主要特征是"多主体营销、整体营销和整体品牌建设"。

一、指导思想

充分发挥市场的力量，协调政府部门、旅游行业协会、旅游企业、居民等利益相关者的诉求，构建以政府为主导共同营销机制，以部门协同为特征的协同营销机制，以政企协联合营销为特征的市场化营销机制，以社会共同参与为特征的的全域社会营销机制，并整合各方资源建设全域旅游目的地市场营销共同体，

二、标准要求

根据国家以及地方相关文件要求①，全域旅游营销的主要要求与内容包括四个方面。一是建立多主体营销联动机制，即建立政府、行业、企业、媒体、公众等多主体的营销参与机制。二是建立部门联动营销机制，即建立文化、大外宣、体育、外事侨务等多部门公共参与营销的联动机制。三是编制整体营销规划或方案，定位准确，战略明晰，推动营销工作制度化或机制化。四是设立旅游营销专项资金。全域旅游营销要建立利益共享的多主体参与、多部门联动机制，推动全域旅游营销工作制度化并提供充足的营销资金保障。

三、主要做法

（一）营销工作机制

营销工作机制的形成是全域旅游营销的制度性保障，需通过政府推动和市场化运作来形成固定的营销机构、稳定的资金投入和开展常态化的营销活动。

第一，编制整体营销方案。编制包含近、中、长期的全域旅游营销规划和方案，使全域旅游营销工作前后衔接，品牌内涵相互一致。

第二，成立全域旅游营销机构，推动全域旅游营销工作机制化和制度化运行，确保向市场传递一个统一、稳定、持续的全域旅游品牌。

第三，形成稳定的营销财政投入机制。通过政府公共财政设立专项营销资金，形成稳定的全域旅游营销投入机制。

第四，形成市场化的营销投入机制。利用多种市场化的融资渠道，依法合规成立全域旅游营销基金，或从每年的旅游收入中提取一定比例的金额用于全域旅游营销工作。

第五，出台相应的客源市场开发奖励办法。

（二）共同营销机制

共同营销是发展全域旅游的内在需求，是全域旅游业内主体的共同使命。全域旅游共同营销的形成依赖于营销信息共享，营销主体合作以及其媒体资

---

① 《全域旅游示范区创建工作导则》（旅发〔2017〕79 号）、《国务院办公厅关于促进全域旅游发展的指导意见》和《国家全域旅游示范区验收细则》。

源共享。

第一，建立旅游信息发布机制。在全域旅游营销活动中，需及时、动态和系统地发布全域旅游线路、旅游产品和旅游活动等信息，促使旅游动机转化为旅游行为，获得更好的营销效果。

第二，成立全域推广联盟。整合景区、旅行社、酒店、游船公司等旅游企业营销资源，成立全域旅游营销联盟。推动景区、村镇和旅行社、在线渠道之间的相互组合与配合，各类旅游协会应对上对外联系，共同营销并共塑全域旅游品牌。

第三，建立融媒体中心。通过微信、微博等多媒体融合宣传推广，提升旅游目的地在新媒体界和多媒体中的排行影响力。

（三）建立协同营销机制

协同营销是全域旅游特征在营销领域的具体反映，它需要其他涉旅主体协助或联合营销旅游产品与品牌，与其他部门或行业的营销相互依存、相互补充和共享市场。

第一，做好内部营销。首先把全域旅游的理念和观念在领导干部中进行营销，统一思想认识。其次在行业、社会中广为传播，营造全社会旅游氛围，达成全域旅游发展共识，形成全域旅游可持续发展的定力。

第二，建立联合营销机制。建立政府引导、部门协同、企业联合、社区参与、媒体支持的"五位一体"联合营销机制，融合政府部门、行业协会、旅游企业、媒介公众等各方力量，构建全域旅游营销共同体。最终的目标是要形成市场化的全域旅游营销力量，而不能单凭政府；形成多主体参与的全域旅游营销机制，而不能单凭旅游部门和旅游企业。

第三，创新协同营销方式。在各行业各部门中推广捎带营销、贴牌营销等。例如，有的地方把每一场政务接待都做成了专场全域旅游营销，获得了很好的营销效果。有的地方通过地方名特产品贴旅游标签的形式进行销售，旅游营销过程中也涉及地方特产的营销，二者形成了合作共赢的关系。

第四，启动社会营销。动员社区与居民树立"人人都是旅游宣传员"的理念，通过培训让人人知旅游、懂旅游和讲旅游，营造社会旅游的良好氛围。

案例链接:

山东省旅游品牌协同营销

山东省旅游部门与宣传、外事、体育、商务等部门建立联合宣传机制，针对山东省重点客源市场，将旅游推广营销纳入省级高层出访和接待来访活动中，在全省重大外事活动中，使用"好客山东"标识。挖掘、整合全省具有代表性的文化、旅游、民间艺术、饮食文化，配以声光电和视频效果，形成可拆装组合、适合不同海外目的地人群欣赏口味的旅游营销模块，在高层出访和外事接待中使用，讲好山东故事，提升吸引力，扩大旅游对外交流。发挥山东名人资源在文化旅游开发中的作用，通过建立名人纪念馆（园），举办纪念、研讨活动等，不断扩大名人文化的影响力。

福建省厦门市"厦门全域推广联盟"

福建省厦门市创立"厦门全域推广联盟"。联盟成员包括市发改委、市文广新局等62家单位，成立半年来，依托市旅发委"三网五端"平台，累计达244万阅读人次。联手漳（州）泉（州）金（门）旅游部门开展旅游推介活动，多领域拓展国内客源市场。

湖北省武汉市"武汉城市圈全域旅游e卡通"

武汉城市圈旅游联盟成立以后发行的"武汉城市圈全域旅游e卡通"，是发展全域旅游理念的典型代表，是武汉城市圈全域旅游揭开序幕后的第一个突破口，也是全国在城市圈发行的第一张全域旅游卡的第一张卡。

陕西省韩城市"韩城旅游招商服务处"

韩城实行市级领导包抓、财政保障经费、部门镇办包联的办法，拟在全国主要城市设立32个"韩城旅游招商服务处"，实现韩城旅游国内市场的全覆盖，其中，20多个服务处已挂牌成立并开展工作。

浙江省各市旅游推广中心

淳安、洞头、安吉、桐庐等地专门建立旅游推广中心，武义成立以政府主导、企业参与的旅游联合营销中心，天台依托天台山旅游集团公司整合旅游营销资源，形成旅游一体化营销新格局。

第二节　营销品牌

旅游品牌是指游客对旅游目的地或旅游产品及产品系列服务的良好的认知程度和综合印象。旅游产品或目的地的不可移动性也决定着其要靠品牌传播，旅游品牌对游客的消费决策影响显得尤为重要。旅游营销进入全域旅游品牌竞争时代，品牌影响力已经成为现代旅游业的核心竞争力。在激烈的旅游市场竞争中，旅游品牌形象塑造已成为全域旅游占领旅游市场制高点的关键。

一、指导思想`

与传统的旅游营销相比，除了产品品牌营销之外，全域旅游营销的特征是更加注重旅游目的地品牌的整体营销。全域旅游营销辩证把握旅游产品品牌与目的地品牌的关系，在精准定位的基础上统一目的地品牌形象，整合提升区域内各类品牌资源，创建"主题突出、特色鲜明、传播广泛、认可度高"的全域旅游目的地品牌。从"认知度、可信度、知名度、美誉度、向往度、体验度、参与度、满意度、忠诚度"九大维度出发创建多层次、覆盖全产业链的旅游产品品牌体系。通过产品品牌不断强化和有效支撑目的地整体品牌价值，实现由"景点旅游营销观"向"全域旅游营销观"转变。

二、标准要求

根据国家以及地方相关文件要求①，全域旅游营销品牌的主要要求与内容包括四个方面。一是有特色鲜明的旅游主题品牌形象，并享有良好的市场知名度和美誉度，形成良好的市场吸引力。二是全域旅游形象定位准确、鲜明和统一，并能锚定自己的地域特征和自身的文化特质。三是形成良好的形象视觉系统。制作一整套风格统一又各具特色的形象标识，配套旅游吉祥物、旅游购物品等系列元素，有旅游形象大使或旅游形象代言人。四是常态化开

---

① 《全域旅游示范区创建工作导则》（旅发〔2017〕79 号）、《国务院办公厅关于促进全域旅游发展的指导意见》和《国家全域旅游示范区验收细则》。

展品牌推广活动，在国家级和省级媒体平台上进行品牌推广，充分利用融媒体、多媒体和新媒体等多种营销渠道，营销效果良好。

三、主要做法

（一）精确定位品牌

旅游品牌定位是为了游客清晰地识别记住旅游品牌特征与核心价值。其他行业的竞争更多地表现为产品层次的品牌竞争，但旅游的竞争除了产品的竞争之外，更多地体现在目的地品牌的竞争。全域旅游目的地品牌是全域旅游发展的灵魂所在，它对其所辖的产品品牌具有统领和提升作用，反过来产品品牌对目的地品牌具有主题强化和内容支撑作用。

第一，准确定义品牌。根据区域旅游资源特色、历史文脉精准定义全域旅游目的地的整体品牌形象。例如，画里山水 栖居阳朔、好客山东、老家河南、清新福建、七彩云南、多彩贵州等都已经成为中国著名的旅游目的地品牌。

第二，根据旅游目的地品牌筛选和引导旅游产品品牌建设，形成基于目的地品牌的主题产品系列。

第三，目的品牌＋多产品品牌。全域范围内构建产品品牌、线路品牌和目的地品牌体系。

案例链接：

吉林省全域旅游多品牌定位

吉林省一是推出"吉祥行 四季行 吉林市行""满族发祥地，吉祥四季行""寒来暑往——吉林市欢迎您！"旅游主题宣传语，并持续推出吉林至北京"松花湖号"、吉林至宁波"雾凇号"旅游列车车体广告宣传，打造流动宣传载体和城市名片。二是创新节庆活动。每年举办以"品开江鱼 享满族风"为主题的开江鱼美食节，以"消夏吉林市，避暑松花湖；康乾揽胜处，巷陌问民俗"为主题的松花湖休闲度假旅游节，以"秋景正堪赏，轻寒可人天；钟毓吉林市，醉美此江山"为主题的长白山蛟河红叶节，以"寒来暑往——吉林市欢迎您"为主题的中国吉林国际雾凇冰雪节，全力创建"吉祥行、四季行、吉林市行"四季旅游品牌。

（二）构建品牌形象系统

品牌形象系统是全域旅游品牌传播的形式部分，是品牌内容的形象化再现，也是游客接触、认知、认可、接受旅游产品和旅游目的地的直接诱因。树立全域旅游品牌的关键是品牌形象与品牌内容之间的高度印证，甚至品牌内容超越形象表达。

第一，通过专家咨询、网络评选等方式，确定准确、鲜明的符合本地实际的全域旅游形象和宣传口号。

第二，根据全域旅游，聘请专业设计机构或通过社会征询的方式，设计制作一整套风格统一又各具特色的全域旅游logo、吉祥物、全域旅游主题歌曲等。

第三，根据形象定位，所有商家将主题logo和吉祥物免费应用于旅游购物商品的开发和售卖中，将创意与科技结合起来，例如，利用新兴的3D打印技术和虚拟现实技术，让吉祥物"动"起来、"活"起来。形象定位、主题logo和吉祥物也需要与旅游购物、旅游节庆等相结合，从而多角度、长时间不断强化和巩固主题品牌。

第四，根据全域旅游形象定位，寻找与本地相关的旅游形象大使和旅游形象代言人。例如，云南旅游代言人杨丽萍、上海的旅游形象大使胡歌、河北旅游形象大使赵丽颖、新加坡旅游形象大使孙燕姿等，都是利用名人明星为当地旅游代言。

案例链接：

四川省"熊猫"主题旅游形象

作为中国国宝，熊猫这个古老神奇的物种主要栖息于四川、陕西和甘肃山区的中华大地上。但是，为什么一提去看"熊猫"，大家的第一反应总是"去四川"。其原因除了大熊猫主要栖息在四川省，且中国大熊猫繁育基地设立在四川省外，也和四川省重视目的地品牌形象建设有关。四川的旅游形象logo就包含"熊猫"元素，使得每一个看到四川省旅游形象logo的人都会联想到"熊猫""四川""sichuan"。在营销宣传中，一个地区的形象logo就像是一个人的名字，"四川"和"熊猫"已融为一体，深深地印在人们的脑海里：四川的旅游吉祥物——熊猫。在各种国际、国内的旅游博览会、旅游交易会上，不需看展厅的名字，只要看到青青竹叶间一个个大大小小的熊猫布偶，就知道这是"中国""四川"的展台。在商店里，可爱的熊猫布偶最能吸引小孩子的注意，不管这些熊猫布偶是不是四川省生产的，人们总是会想到，以后要去四川看熊猫。

旅游形象大使胡歌、赵丽颖、易烊千玺

说起名人为自己家乡代言，在众多成为家乡旅游形象大使的明星中，国内较具代表性的有胡歌和赵丽颖。胡歌是上海人，赵丽颖是河北人，且艺德优良，个人气质与城市特征比较符合，故当选为家乡旅游的形象代言人。利用明星效应和粉丝力量，宣传家乡旅游目的地，可以带动当地旅游产业的发展。另一种模式是旅游目的地在他地寻找知名度高、影响力大的公众人物担任本地区旅游形象大使。丹麦国家旅游局局长和"安徒生故乡"欧登塞市市长共同授予易烊千玺"丹麦旅游形象代言人"证书，通过明星力量传播丹麦的自然美景和风土人情，带领更多的人了解丹麦的魅力。

（三）品牌维护

全域旅游品牌维护是指旅游目的地针对外部市场环境变化及其对品牌的可能影响，有针对性地维护品牌形象、保持品牌市场地位和维持品牌价值的行为活动。品牌维护有利于巩固旅游市场地位，延长品牌生命周期，抵御市场竞争。

第一，在国家和省级媒体平台上常态化进行品牌宣传，在各层次、各类型旅游企业宣传中广泛应用旅游形象、宣传口号、吉祥物，形成品牌效应。

第二，持续营销，尽量长期保持基本媒体曝光率，在此基础上根据市场热度动态调整媒体曝光率。

第三，辩证把握品牌稳定性与品牌调整或创新的关系，科学动态调整品牌内涵和品牌形象，尽量保持品牌的稳定性与持续性，调整创新过程中品牌内涵的一致性。

第四，强化品牌注册与知识产权保护，并针对品牌潜在风险，做好品牌危机公关预案。

案例链接：

西藏自治区"天上西藏"旅游品牌认证

西藏自治区开展"天上西藏"区域整体品牌申报、旅游全要素产品品牌

认证及品牌市场化运营。通过"政府＋高校科研机构＋市场主体"的方式，设立"天上西藏"品牌认证中心及相应的品牌服务中心。依托品牌运营市场主体，采取"线上平台＋线下体验"模式，开展"天上西藏"品牌运营，构建适应现代旅游业发展要求的品牌运营机制，以"天上西藏"旅游整体品牌带动旅游分销渠道一体化，实现旅游产业的品牌化、规模化、效益化。

第三节　营销策略

相较于传统旅游营销策略，全域旅游营销策略最大的特征就是共同营销与协同营销，需整合行业内外的营销资源，建立多部门、多行业、全社会参与的共同营销平台，形成全域旅游营销网络，综合运用产品、价格、渠道和促销等策略，持续强化全域旅游目的地旅游品牌。

一、指导思想

把握全域旅游的特征与规律，综合运用现代新技术、新媒体和新手段，有效整合政府、部门、行业、企业、社区等宣传营销渠道，构建完备的全域旅游营销渠道体系。推广捎带营销、贴牌营销等协同营销和共同营销方式，重点创新全域旅游整体营销模式，推动全域旅游营销主体多元化、渠道多元化和方式多元化，形成线上线下贯通、跨业合作、区域联动全域旅游营销格局。

二、标准要求

根据国家以及地方相关文件要求①，全域旅游营销策略的主要要求与内容包括三个方面。一是根据全域旅游目的地形象主题和目标客源市场制作新颖独特、类型多样的图文影像宣传资料，同时在国家、省（自治区）、市主流媒体进行宣传推介。二是参加国家、省（自治区）、市主办或组织的旅游交易会、展销会等宣传促销活动。三是创建期间，举办特色旅游节庆活动或与旅

---

① 《全域旅游示范区创建工作导则》（旅发〔2017〕79号）、《国务院办公厅关于促进全域旅游发展的指导意见》。

游相关的、规模较大的各类比赛，以取得较好的宣传效果。

三、主要做法

（一）营销渠道体系

全域旅游营销渠道体系是指全域旅游产品或目的地从供给方转移到全域旅游消费领域所经过的各个销售环节和销售渠道紧密联合的有机组织体系。

第一，部门渠道。充分利用好党政部门的政务接待，把政务接待变成旅游营销专场；利用大外宣部门进行旅游宣传。

第二，产业渠道。依托行业博览会和展览会捎带营销旅游产品和目的地；依托农业部门的地理标志产品等名优特产对旅游进行贴牌营销；依托地方其他名特优产品进行贴牌营销；依托文化活动和体育赛事进行融合式旅游宣传。

第三，企业渠道。依托地方的知名著名企业的重大商业活动及其产品销售进行旅游宣传。

第四，社区渠道。依托社区活动宣传旅游；依托社区组织进行旅游宣传；依托社区窗口从业人员进行旅游宣传。

第五，建立旅游目的地营销系统，具备信息输入、存储、更新、查询、检索、分析、预定、应用和显示等多重功能，对外发挥宣传服务功能，对内进行目的地营销精确管理。

案例链接：

黑龙江省伊春市"传统媒体＋新媒体＋自媒体＋融媒体"立体化体系

伊春紧紧抓住互联网时代信息化发展新趋势，运用"传统媒体＋新媒体＋自媒体＋融媒体"的立体化的营销模式，分别在央视、黑龙江卫视、辽宁卫视等媒体平台进行硬广与软文同步宣传；同时依托伊春旅游网站、微博、微信等自有平台，今日头条、驴妈妈、美团网等手机APP平台进行旅游线路和产品宣传。策划旅游推介活动，通过新浪微博直播，和旅游达人合作，提高宣传的实效性、覆盖面。

上海松江区"三网领衔、四媒并举"的营销体系

上海松江旅游旗舰店在淘宝、携程、驴妈妈三家知名在线旅行网站上线，与OTA平台实现无缝对接，同时推进传统纸媒、电视电台、户外广告及新媒体营销传播。

（二）营销模式创新

有效的旅游营销方式稳定下来之后便可以成为全域旅游目的地营销的模式，营销模式与营销方式相比更具有稳定性、系统性和长期有效性。全域旅游营销需要不断地总结营销方式，总结营销模式，从而保持长期营销绩效。

第一，线上线下整合营销。建设或引进智慧旅游营销平台，整合线下"高铁、机场、公共汽车站、景区、村镇"等实体营销渠道或旅游实体，达到线上线下整合营销的效果。

第二，跨界营销。充分借助"旅游+"，依托商贸活动、科技活动、文化节事、体育赛事、特色企业、知名院校、城乡社区等涉旅营销渠道进行旅游宣传。例如，通过"旅游+文化""旅游+生态"等营销模式开展文化营销、绿色营销、网络营销，实现旅游与其他行业的跨界整合营销。

第三，区域联动营销。在深度旅游越来越流行的当下，可以采取跨区域的合作，开发跨区域旅游线路，形成全新深度体验。同时，也要建立起跨区域旅游服务接待机制，为游客提供全程无忧的旅游服务。

第四，四季营销，实施旅游品牌轮耕战略。例如，吉林夏季做避暑旅游品牌，冬季做冰雪旅游品牌，实现"两季驱动，四季融合"。

案例链接：

北京市国际旅游跨界营销

北京市搭建国际旅游营销与交往平台，扩大首都国际旅游影响力。依托海外中国文化中心、孔子学院、世界旅游城市联合会等机构场所搭建世界性的北京旅游营销平台。其中，世界旅游城市联合会不断发展壮大。会员总数达到193个，其中城市会员128个，占66.3%，覆盖全球62个国家和地区。

宁夏建设OTA全域旅游频道"全域宁夏"

宁夏全域旅游利用OTA平台优势、用户优势、大数据优势进行特色旅游目的地建设、大数据共享、目的地线上宣传、目的地品牌包装盒活动策划等，通过"线上+线下+体验"的品牌沉浸式营销，全方位展现"塞上江南·神奇宁夏"产品线路，满足大众化、多样化、特色化旅游市场需求，提升精准化营销效果，助力宁夏全域旅游的发展。

上海松江区"官媒引领，主宾分享"营销模式

上海松江区与度假区、区新闻办、重点旅游景区（点）建立旅游宣传会商机制，发挥旅游宣传志愿者作用，利用微信、微博等分享松江旅游，大力支持像《大美松江欢迎您》制作者等摄影爱好者、《一个规划师眼中的松江》创作者等文学爱好者推介松江，营销推广"佘山大境界、问根广富林"松江旅游目的地形象。

第十一章

全域旅游组织与实施保障

全域旅游建设是一项系统工程，科学有效地组织与实施是全域旅游可持续发展的重要保障。通过推动体制机制改革落地，构建党政统筹的全域旅游领导机制，组建功能完善的全域旅游行政管理机构，配套全域旅游发展评估与考评机制，提供全方位的政策保障，调动地方、部门和群众的积极性，形成全域旅游长期发展的合力和定力。

第一节 组织领导

一、建立全域旅游领导机制

当地党委、政府应将推进全域旅游工作纳入党政工作全局，建立以党委、政府主要负责人任组长的全域旅游工作领导小组，制订全域旅游规划和实施工作方案，以召开旅游发展大会、领导小组会议等常态化工作手段，形成"党委领导、政府推动、部门联动"的党政统筹推进的工作机制。同时围绕全域旅游发展深化"放管服"改革，各级项目审批部门简政放权，简化审批程序，提高审批效率，整合区域资源，推进旅游业向综合产业、从行业监管向综合服务升级。

二、创新旅游发展评价与考核机制

合理地制定全域旅游发展评估指标体系，把全域旅游工作纳入政府绩效考核，合理设定旅游工作的考评权重，科学合理设置奖惩制度，健全考核问责制度，对全域旅游发展工作进行全程监控与督办，及时解决发展过程中出现的新情况、新问题，确保全域旅游安全、健康和可持续发展。

三、建立部门联动机制

通过党政统筹机制，督促涉旅部门结合各自职能支持全域旅游发展，将全域旅游工作列入本单位的重要工作和议事日程。发改、财政、住建、金融等部门出台有关全域旅游发展的政策文件。统计部门创新全域旅游统计指标体系，为全域旅游发展提供科学的数据支撑。交通、林业、水利、体育等行业在发展过程中树立旅游意识，根据旅游需求充分考虑旅游功能。

第二节　分期推动

一、动员筹备阶段

动员筹备阶段主要完成全域旅游发展前期工作，通过宣传动员提高全社会全域旅游发展意识，达成全域旅游发展共识。需要制订全域旅游行动计划或方案，召开全域旅游工作现场会或发展大会，制订全域旅游发展实施方案或行动计划，并分解任务，落实责任，签订目标责任书。各相关部门制定各自工作方案，细化落实任务，层层夯实责任，形成共建共享的全域旅游发展格局。

二、组织实施阶段

组织实施阶段主要任务是对标发展。在党政统筹下，对照全域旅游发展标准和指标体系，全面推进全域旅游发展工作。收集、整理已完成工作项目的有关材料，验收存档；组织开展自查与督办工作。省市全域旅游发展机构可指导下辖区域进行分阶段、分步骤、分类开展全域旅游发展工作，同时从省市层面重点考虑全域旅游宏观调控，例如，跨区域全域旅游合作、成系列的全域旅游产品开发以及区域联合营销等单凭一个地方无法推进的全局性全域旅游发展工作。

三、评估提升阶段

评估提升阶段主要任务是邀请第三方评估机构进行专业的评估，查漏补缺，总结经验，形成评估报告。根据督办和评估意见对全域旅游的发展进行整改、完善和提升，推动产品更新、业态升级、品牌创建和目的地形象塑造，同时做好后续发展、管理和服务工作，形成长效机制。

第三节　实施保障

一、加大财政资金投入

当地财政部门应根据本地旅游资源禀赋、经济发展和财政状况设立旅游发展专项资金，并根据旅游业的年度营收情况，灵活调整专项资金额度。运用政府和社会资本合作（PPP）等模式，利用财政贴息方式对重大旅游项目开发、公共基础设施建设融资给予支持。用好国家专项建设基金、各类产业基金和政策性银行贷款，加快旅游基础设施和公共服务设施建设。相关部门将适宜发展全域旅游的交通运输、城乡建设、农林牧副渔、生态保护、文化保护、乡村振兴、养生养老等方面的财政资金纳入统筹范围，统筹用于旅游与相关事业的融合发展，提高资金的利用效率，并获得资金整合效应。

二、强化现代金融支持

发挥财政资金带动效应，引导私募股权、创业投资基金、天使基金、绿色基金等投资各类旅游项目。社会资本依法合规利用 PPP 模式、"互联网 +"模式、众筹模式及发行债券等方式投资旅游业。旅游企业可利用债务融资工具，推动旅游项目资产证券化，形成旅游项目特许经营权、酒店间夜权、景区门票收费权抵押等多元化的融资方式。推动优质的旅游企业在主板、中小板、创业板、科创板上市以及新三板、齐鲁股权交易市场等挂牌。创新旅游消费信贷产品，可成立旅游消费金融公司，发展互联网金融。运用市场力量和社会资本成立旅游发展基金，引导金融机构加大对旅游企业和旅游项目融资支持。

三、强化旅游用地保障

研究自然保护区、文物保护单位或文化遗址保护区旅游用地方式，从立法的层面科学合理地划定保护区旅游用地的范围、强度和比例，兼顾保护与开发的问题。将旅游发展所需用地纳入国土空间规划，年度土地利用计划适当向旅游用地倾斜，科学计划旅游产业用地指标，优先保障旅游重点项目和乡村旅游扶贫项目用地指标。通过城乡建设用地增减挂钩、四荒地和工矿废弃地复垦利用的方式建设旅游项目。农村集体经济组织可依法使用建设用地自办或以土地使用权入股、联营等方式开办旅游企业。城乡居民可以利用自有住宅依法从事民宿等旅游经营。在不改变用地主体、规划条件的前提下，市场主体利用旧厂房、仓库提供符合全域旅游发展要求的，可执行在五年内继续按原用途和土地权利类型使用土地的过渡期政策。

四、强化人才与科技保障

将旅游人才队伍建设纳入重点人才支持计划。建立旅游发展专家智库。发展旅游职业教育，与校企开展深化合作，培养适应全域旅游发展要求的专业人才，推进涉旅行业全员培训。针对性地组织对各市县委书记，分管副市（县）长，旅游局局长，相关部门负责人，重点旅游乡镇长，村主任，重点旅游区负责人，旅游院校骨干，重点旅游企业负责人等进行全域旅游培训。制订人才专项政策吸引规划，建筑、设计、艺术等各类专业人才到基层挂职等方式帮扶指导旅游发展，制定旅游高层次人才柔性用人机制。推动旅游科研单位、旅游规划单位与国土、住建、交通、住建等相关规划研究机构，共同服务全域旅游建设。增强科学技术对旅游产业发展的支撑作用，充分发挥技术对旅游的工具性作用和内容生产作用，加速推进旅游业现代化、信息化建设，加快旅游科技产品开发。

第四节 推广示范

一、健全档案资料

全域旅游行政主管部门负责收集整理全域旅游相关工作情况的各种材料，建立档案资料汇编制度，确定专人负责，做到有分管领导、有资料汇编人员、有联络通信人员，并及时建档，积累丰富翔实的图文资料，为下一步总结经验、提炼模式和推广示范做好资料储备。

二、总结发展经验

总结归纳和提炼全域旅游各不同发展主体的发展经验，形成总体全域旅游发展的主要做法、经验和亮点，总结出重大突破、重大创新和主要模式。

三、加强宣传推广

通过中心学习组、大讲堂、专题讲座等形式，设立专题专栏，加大宣传力度，开展系列宣传报道活动，提高广大干部群众的对发展全域旅游的知晓率，营造"人人知晓、人人关心、人人支持"全域旅游发展的社会环境氛围。把好的改革与创新、好的经验和做法、好的路径和模式，利用国家和地方主流媒体、交流会议等方式，向全国推广，传播全域旅游发展理念和发展经验，在全国发挥示范与引领效应。

第十二章

全域旅游发展评估

　　发展全域旅游需要改革旅游业发展评价体系，合理增加对旅游生态效益、社会效益、文化效益的评价指标，增加游客评价和居民评价指标，推动由景点旅游评价观转向目的地综合评价观。充分利用大数据和云计算等现代统计分析技术，创新旅游数据收集、分析和应用体系，探索建立符合全域旅游特点的旅游服务质量评价体系、产业发展评价体系和综合效益评价体系，并且按照"建设—评估—整改—再评估—再整改"形成工作循环，形成现代旅游的科学评估与改进机制，不断把全域旅游事业推向更高的发展水平。

第一节　评估依据

　　中国全域旅游发展评估所依据的政策与标准主要有以下几个方面：一是党和国家社会经济发展的相关战略和政策；二是原国家旅游局印发的《全域旅游示范区创建工作导则》；三是国务院办公厅《关于促进全域旅游发展的指导意见》（国办发〔2018〕15号）；四是《国家全域旅游示范区验收标准》（简称《标准》）；五是各地的地方全域旅游标准和地方对全域旅游工作要求。依据国家政策文件和相关精神，结合地方实际，制订全域旅游发展评估方案，开展全域旅游发展评估工作，总结梳理有效做法、经验、创新与模式，认真查找弱项与短板，制定整改提升措施，不断推进旅游业转型升级和提质增效。

第二节　评估标准

根据文化和旅游部关于创建国家全域旅游示范区的要求，全域旅游的发展评估需要构建一个框架和一套标准，其中评估框架为总体要求，评估标准是结合地方实际情况，设置发展全域旅游的规定任务及自选任务。规定任务是《导则》和《标准》所要求的内容，自选任务为全域旅游发展的需要创新的内容。

一、评估框架

全域旅游发展评估的框架可以概括为八个：一是旅游业具备一定的产业首位度；二是建成以党政统筹、综合管理和社会化治理为主要特征的现代旅游治理体系；三是基本形成全域旅游产品与产业供给体系；四是具有功能完善、覆盖率高、面向散客的旅游公共服务网络；五是形成具有区域影响力的全域旅游目的地品牌，具有较高的品牌价值；六是具备强大的市场监管能力、行业自律和社会自治能力，良好的市场秩序和开心、放心、舒心的旅游环境；七是形成具有示范推广价值的全域旅游创建特色、亮点或模式；八是无重大旅游安全事故。

表 12 – 1　评估框架

序号	评估指标与内容
1	旅游业具备一定的产业首位度。 评估主要指标：从区域层面或地方层面明确把旅游业定位为战略性支柱产业，旅游业成为区域重要产业，旅游工作成为政府中心工作之一
2	建成以党政统筹、综合管理和综合治理为主要内容的现代旅游治理体系。
2.1	建立与全域旅游发展相适应的旅游综合管理机构。 评估主要指标：成立旅游综合管理机构，例如，全域旅游领导小组、旅游发展委员会或文化旅游委员会等

序号	评估指标与内容
2.2	构建旅游综合执法机制。 评估主要指标：建立旅游综合执法机构或机制；联合执法机构或机制，具有类似功能的执法机构，执法机构执法人员落实，有序开展综合执法活动
3	基本形成全域旅游产品与产业供给体系
3.1	有相对较高质量的景点旅游吸引物体系，景点旅游要素健全，产业发展基础较好。 评估主要指标：有 1 家以上国家 5A 级景区或有 2 家以上国家 4A 级景区或其他国家级的旅游相关品牌
3.2	全域旅游产品丰富与业态多元。 评估主要指标：休闲度假、养生养老、研学亲子、生态、文化、科技等新型旅游产品和新业态丰富，有 5 处以上年接待量达到 30 万以上的旅游风景道、特色小镇、特色村等全域旅游景区（产品）或旅游产业融合发展业态，并形成 2 处以上旅游产业园、旅游集聚区或旅游功能区等全域旅游新业态
4	具有功能完善、覆盖率高、面向散客的旅游公共服务网络。 评估主要指标：高覆盖率的集散咨询体系；完备的全域旅游标识标语系统；全程智慧化的线上旅游服务能力；自驾车营地旅游服务系统；厕所和停车场等旅游便民公共设施发达
5	形成具有区域影响力的全域旅游目的地品牌，具有较高的品牌价值。 评估主要指标：品牌知名度和美誉度；品牌市场号召力（游客规模、增长幅度）
6	具备强大的市场监管能力、行业自律能力和社会治理能力，良好的市场秩序和开心、放心、舒心的旅游环境
7	形成具有示范推广价值的全域旅游创建特色、亮点或模式。 评估主要指标：全域旅游示范区创建过程中，主管单位具有自己的创建特色、亮点，形成符合自身的创建模式，具有良好的示范效应
8	无重大旅游安全事故。 评估内容：创建以来没有重大旅游安全事故

二、评估标准

全域旅游评估标准的内容可以分为六个模块：一是顶层设计，包括体制机制、规划引领和政策供给；二是产品与产业，包括产品开发和业态融合；三是品质旅游，包括旅游设施与旅游服务；四是综合环境，包括生态环境、市场环境、安全环境、卫生环境、社会环境等；五是整合营销；六是改革创新，反映地方全域旅游发展中的主要亮点、重大突破、重大创新或新的发展模式。全域旅游发展评估可设立一套指数体系，其测度方法可以采取层次分析法、主因子分析法和结构模型法等。

表 12 – 2　全域旅游发展评估标准

序号	评估指标与内容
1	顶层设计
1.1	体制机制
1.1.1	建立党政统筹的全域旅游组织领导机制
1.1.1.1	成立区党政统筹的全域旅游工作领导小组
1.1.1.2	创建以来，每年专题部署全域旅游工作
1.1.2	建立旅游综合管理机构
1.1.3	建立有助于推进全域旅游发展的配套机制
1.1.4	建立常态化的旅游综合执法或联合执法机制
1.1.5	具有较为发达的旅游社会组织，旅游社会化治理水平高
1.2	政策供给
1.2.1	制定促进全域旅游发展的综合性政策文件
1.2.2	制定促进全域旅游发展的财政政策
1.2.2.1	安排旅游发展资金
1.2.2.2	创建期内，安排旅游发展专项资金占财政收入的 5% 以上或绝对额在 2000 万以上，三年内年均增幅 10% 以上
1.2.3	建立具备整合各类资金投入旅游的平台和载体，制定促进旅游投融资政策
1.2.4	建立涉旅项目用地保障机制
1.2.5	旅游教育与人才培训政策

序号	评估指标与内容
1.2.6	其他具有当地特色的，有利于促进全域旅游发展的政策
1.3	旅游规划
1.3.1	将旅游发展作为重要内容纳入经济社会发展、城乡建设、土地利用、基础设施建设和生态环境保护等规划中
1.3.2	编制促进全域旅游发展的相关规划
1.3.3	对涉及旅游的重大项目，在立项、规划，充分征求旅游行政管理部门意见
1.3.4	完善规划体系
1.3.5	健全的旅游规划管理与实施机制
2	产品产业
2.1	旅游产业
2.1.1	旅游景区。有一定数量和规模的各类旅游景区（点），能为旅游者提供丰富多彩的游览服务
2.1.2	旅游住宿
2.1.2.1	有不同规模、档次和类型的星级饭店、文化主题旅游饭店及其他住宿新业态
2.1.2.2	特色民宿
2.1.3	旅游餐饮
2.1.3.1	在城镇、旅游线路沿线有可接待团队旅游者的特色餐馆
2.1.3.2	有地方风味的特色食品及特色美食活动
2.1.4	旅游购物
2.1.4.1	有生产或经营"地方礼物"的旅游纪念品、工艺品的厂家、家庭作坊、商店，且商品种类丰富、包装实用大方
2.1.4.2	旅游购物场所整洁舒适、价格合理、管理规范，销售服务诚信周到
2.1.5	旅游娱乐。有为旅游者举办常态化的具有地方特色民俗风情表演节目或大型旅游演艺节目，节目精彩，特色突出，能有效提升当地知名度和影响力
2.1.6	旅行服务商。有不同类型的旅行服务商，能较好满足当地旅游市场需求
2.1.7	旅游企业
2.1.8	旅游项目与投资

序号	评估指标与内容
2.1.8.1	涉旅重大项目
2.1.8.2	创建以来，辖区年度涉旅社会总投资
2.1.8.3	创建以来，单个旅游项目完成投资额度
2.2	产业融合
2.2.1	旅游＋城镇化、工业和商贸，获得国家品牌并开发成旅游产品对游客开放
2.2.2	旅游＋农业、林业和水利，获得国家品牌并开发成旅游产品对游客开放
2.2.3	旅游＋科技、教育、文化、卫生和体育，获得国家品牌并开发成旅游产品对游客开放
2.2.4	旅游＋交通、环保和国土，获得国家品牌并开发成旅游产品对游客开放
3	品质旅游
3.1	旅游厕所
3.1.1	有 A 级以上的旅游厕所
3.1 2	A 级景区、星级酒店、乡村旅游民俗村等的厕所数量充足、位置合理、干净无味、实用免费、管理有效；建筑风格与周边环境相协调
3.1 3	重点旅游线路沿线、主要街区、旅游集散服务中心以及旅游餐饮、旅游购物等旅游服务场所设立的厕所数量充足、布局合理，清洁卫生
3.1 4	涉旅厕所设有满足特殊人群专用的通道及无障碍厕位且设施符合规范要求
3.1 5	厕所公共信息图形符号规范清晰，指向明确
3.2	旅游停车场
3.2.1	3A 级及以上景区、乡村旅游民俗村、3 星级（含）以上旅游饭店等主要涉旅场所的停车场符合规范要求，分布合理、配套完善、管理规范、中英文标识准确。4A 级（含）以上景区等应配套建设生态停车场
3.2.2	有针对旅游旺季解决停车场供应不足的措施
3.3	旅游交通
3.3.1	交通通达性
3.3.2	城区、中心镇通往 3A 级（含）以上景区、旅游度假区等主要旅游景区道路畅通，交通便捷

序号	评估指标与内容
3.3.3	在国省干线公路、旅游公路或通景公路沿线设置公路服务区、旅游驿站、旅游观景台、摄影点、汽车营地等
3.3.4	出租汽车服务良好；有城市公交系统，公交线路覆盖率较高；有城市观光巴士、旅游专线车或公共汽车且车况良好、服务周到；提供汽车租赁业务服务
3.3.5	有旅游风景道、城市绿道、骑行专线、徒步道等慢行系统，慢行系统贯穿主要城镇、乡村和景区、舒适性高、人车分流、景观设计及绿化较好
3.4	旅游集散咨询服务体系
3.4.1	主要旅游集散地设有旅游集散中心、旅游咨询服务中心、旅游咨询点；建设位置合理、设施齐全、功能完善、环境整洁，符合规范要求
3.4.2	在车站、码头等交通集散地以及市民广场、星级饭店、旅行服务商经营场所、旅游集散中心、旅游咨询服务中心、城区主要节点等设有本地旅游地图、广告牌，为游客和当地居民提供全面准确的旅游信息
3.5	旅游引导标识系统
3.5.1	通往景区的道路沿线设有中英文对照的交通指示牌、旅游标识牌，位置合理，标准规范
3.5.2	交通集散地以及3星级（含）以上饭店、国家3A级（含）以上旅游景区、乡村旅游民俗村、旅行服务商经营场所、游客集散地、游客服务中心、特色餐馆、娱乐和购物场所设置符合国家标准的公共信息图形符号
3.5.3	国家A级旅游景区、旅游度假区等游览场所设置有中外文对照的引导标识（景区介绍牌、导览图、景物介绍牌、导游全景图、指示牌等），位置合理，标准规范
3.6	旅游服务
3.6.1	旅游服务标准化和服务标杆化
3.6.2	旅游服务质量
3.7	智慧旅游
3.7.1	建立旅游大数据中心，建立集交通、气象、治安、客流信息等为一体、互联互通的旅游信息数据平台

续表

序号	评估指标与内容
3.7.2	智慧旅游基础设施。主要旅游场所提供免费 Wi-Fi 服务、通信信号全覆盖；4A 级及以上旅游区、星级酒店等主要旅游场所要求视频监控覆盖；4A 级及以上旅游景区等涉旅场所提供二维码导览讲解或其他智能导游、电子讲解服务
3.7.3	智慧旅游服务。建立智慧旅游网上服务平台
3.8	旅游志愿者服务体系
3.9	其他具有当地特色的提升旅游服务措施
4	综合环境
4.1	生态环境
4.1.1	城乡一体、景区内外环境美化。全民动员，开展清洁乡村、清洁景区、清洁星级饭店活动，营造良好的旅游环境
4.1.2	推进旅游村寨、旅游景区、旅游场站、城区、镇区等城乡垃圾污水无害化处理
4.1.3	旅游资源保护。对重点特色旅游资源制定保护规划、政策或措施
4.1.4	旅游资源开发不破坏生态环境和自然景观等
4.1.5	生态环境保护。对重点流域（例如风景河流、湖泊等）、重点生态区域（例如，生态功能区、生态旅游示范区、自然保护区等）制定生态保护或环境治理规划并有效实施
4.1.6	空气质量要求
4.1.7	其他旅游改善旅游环境措施
4.2	市场环境
4.2.1	有旅游执法队伍，执法机制健全、人员经费保障落实；有年度工作方案计划、日常检查方案、工作记录及总结报告
4.2.2	建立旅游市场联合执法和投诉统一受理机制，实现机构到位、职能到位、人员到位，向社会公开投诉电话，旅游投诉渠道畅通；投诉处理有记录、有总结，效果明显；创建以来，重大涉旅服务质量投诉较上年明显下降，无负面舆情
4.2.3	完善事中事后监管，建立旅游"红黑榜"评价机制

续表

序号	评估指标与内容
4.3	文明旅游环境
4.3.1	创建期间，每年定期开展文明旅游意识教育活动2次（含）以上。无严重不文明旅游现象
4.3.2	建立旅游不文明行为记录制度和部门间信息通报机制
4.3.3	在主要涉旅场所播放文明旅游宣传视频
4.3.4	各类旅游景区（点）、旅游星级饭店、旅行社和旅游餐饮、购物、娱乐等各种旅游服务场所以及广场应以适当方式张贴、宣传《中国公民国内旅游文明行为公约》
4.3.5	其他旅游改善文明旅游环境措施
4.4	安全环境
4.4.1	落实旅游安全生产责任制，建立旅游安全管理工作协调机制，每年进行安全生产检查不少于4次。年内无重大旅游安全责任事故发生
4.4.2	各类旅游景区（点）、星级饭店和游客集散场所等设有安全保卫人员，安全设施配套完善
4.4.3	旅游经营单位建立安全生产教育、防范制度，定期进行检查落实
4.4.4	本区域有紧急救援机构并公布紧急救援电话号码，且应安排年度应急救援演练，突发情况下可有效救助旅游者
4.4.5	提高旅游行业旅游保险的购买率和覆盖面
4.5	社会效益
4.5.1	创业就业
4.5.1.1	大力促进旅游创业就业
4.5.1.2	旅游主管部门及主要旅游经营单位与高校、科研院所、行业协会、旅游企业等单位形成特色旅游人才发展合作机制且双方合作紧密，取得良好成效
4.5.2	旅游富民
4.5.2.1	富民增收
4.5.2.2	有乡村致富带头人（企业）及其他扩大就业人数、增加低收入村（户）收入的措施
4.5.3	惠民便民

续表

序号	评估指标与内容
4.5.3.1	全面落实特殊群体减免门票的优惠政策
4.5.3.2	辖区3A级及以上景区、三星级及以上旅游饭店等主要涉旅场所配备为孕婴、老年人、残疾人服务的设施
4.5.3.3	有免费的城市公共开放空间
4.5.3.4	其他便民惠民措施
5	整体营销
5.1	建立营销机制，制定营销规划或方案，安排专门营销经费
5.2	有特色鲜明的旅游主题形象
5.3	营销宣传方式
5.3.1	根据旅游形象主题和目标客源市场制作独特新颖、形式多样的图文影像宣传资料，并在全国、全市主流媒体进行宣传推介
5.3.2	参加国家、地方主办或组织的旅游交易会、展销会等宣传促销活动
5.3.3	创建期间，通过举办特色旅游节庆活动或与旅游相关的、规模较大的各类比赛等，并取得较好的宣传效果
5.4	其他效果显著的旅游营销手段
6	全域旅游发展重大突破、重大改革创新、主要模式

三、评价指数体系

一个地区全域旅游的发展水平或发展质量可从不同的视角来衡量，从而构成一套科学的评价指数体系。

1. 旅游业增加值占比 = 旅游业增加值/GDP。用以衡量旅游经济在国民经济中的总体份额，占比越高表明全域旅游发展对全社会的经济影响程度越高，使用该指标时需要结合产业结构来进行分析。

2. 农民旅游年纯收入比 = 农民旅游收入/农民年纯收入。用以衡量农民在全域旅游发展过程中的获得感。

3. 就业人数比 = 旅游就业人数/社会就业人数，新增就业人数比 = 旅游业新增就业人数/社会新增就业人数。

以上两个指标越高则表明全域旅游发展对社会发展的影响程度就越高。

4. 政府旅游投入比 = 旅游财政专项资金/财政资金总预算额，表明一个地区对旅游业财政投入的程度，该比值越高表明地方政府越重视旅游。

5. 部门资金统筹利用率 = 各部门涉旅项目投资总额/各部门项目投资总额。

6. 部门旅游考核指标的权重 = 旅游指标分值/100，表明一个地方在政府考核中对旅游的重视程度。

7. 全域旅游知晓率 = 听说过全域旅游的居民数量/居民总数，表明一个地区对内部全域旅游宣传的力度和效果。

8. 社会资源的旅游转化率 = 被用来旅游利用社会资源数量/社会资源总数量，表明一个地区非景点旅游发达的水平。

9. 景点旅游收入占比 = 景点旅游收入/全部旅游收入，表明一个地方全域旅游经济结构的优化水平。

10. 景点旅游就业占比 = 景点就业人数/旅游就业总人数，表明一个地区全域旅游发展的状况，该比值越低表明全域旅游发展水平越高。

11. 全域旅游景区比 = 无（低）门票景区/商业化景区，该指标越高表明全域旅游越发达。

12. 团散比 = 团队游客数量/散客数量，该比值表明全域旅游旅游者的占比，表明游客结构的变化，比值越低表明全域旅游发展的水平越高。

13. 游客分布集中度 = 游客出现的区域/总区域，表明全域旅游发展空间全域化的程度，比值越高则全域旅游发展水平越高。

14. 旅游产业融合度 = 融合业态旅游收入/旅游总收入，该指标越高，表明旅游业旅游与其他产业的融合度越高，全域旅游发展水平越高。

案例链接：

江苏省全域旅游评价维度

江苏省全域旅游评价维度有三个。一是全域旅游看政府。首先要看政府有没有将旅游业作为本地区的战略性支柱产业，其次要看旅游业是否已经成为本地经济社会发展的重要基础。最后要看是否已建立政府统筹各方协调的旅游发展推进机制。二是全域旅游看主体。市场主体、社会力量参与全域旅游创建。三是全域旅游看游客。游客的满意度是检验全域旅游创建有没有达标达效的唯一标准。

第三节　评估方法与流程

一、编制评估材料

全域旅游发展评估的材料一般要求编制《全域旅游发展评估方案》，从组织、分工、进度、材料等方面对评估工作进行系统安排。《全域旅游发展评估标准》用于地方自查、评估专家直接打分使用，也是日常发展工作中的操作指南。可编制评估评分表格、意见反馈表格等配套材料用于控制整个评估过程，形成评估内容和评估成果。

二、制定评估方案与标准

在采取听取汇报、现场座谈、实地考察等方式对全域旅游发展单位调研的基础上，依据国家文化和旅游部印发的《导则》和《标准》因地制宜地编制地方《全域旅游发展评估标准》和《全域旅游发展评估方案》，编制过程中既要吸纳专家意见，又要吸纳发展主体意见，还要征求党政、部门和地方意见。《全域旅游发展评估方案》主要由政府编制或者邀请第三方共同编制，并充分听取党政、各部门和发展主体的意见。《全域旅游发展评估标准》如果只是作为内部工作标准则只需各方认同，如果作为地方行业标准则需要通过标委会的评审后发布。

三、评估实施方法

评估的组织与实施需依据《全域旅游发展评估方案》和《全域旅游发展评估标准》，对材料进行审核与现场查看，做到材料与现场相互印证。总体按照分组审查、分项评分、综合评议的方式推进。

1. 材料审核。成立材料审核小组，负责审核各种证明台账材料，审核材料的针对性、真实性、准确性、有效性、完整性，并按照《全域旅游发展评估标准》进行专家打分。材料审核小组对通过审核材料尚不足以确定得失分的情况，应报告评估组组长，由评估组组长组织评估组成员研究商讨确定。如有必要增加现场查看，交由现场查看小组帮助进行现场核验，并做好现场查看情况记录，以便交换工作意见。

2. 现场考察。成立现场查看小组，负责现场抽取查看点，并督促主管单位及时将抽取的现场点串成现场查看线路，组织小组成员查看相关项目现场，并组织评议，并根据《全域旅游发展评估标准》提出现场查看初步得失分情况。

3. 综合评议。材料审核小组与现场查看小组交换意见，确定分项得分。分项评分原则上坚持现场查看与证明材料相统一，出现较大争议，以现场查看意见为主，经过充分协商、评议，评估组确定每小项得分、失分结果并填写分项评分表。

四、开展评估培训

为确保全域旅游发展评估工作的顺利开展，增强评估工作的科学性，组织召开评估工作业务培训会，对评估要点、评估内容、评估方法及评估流程等方面进行详细解读说明，确保参与评估人员准确掌握评估标准，明确工作要求。

五、下达评估通知

由旅游主管部门下发评估通知，明确评估工作的具体安排、相关要求和主要内容，主管单位应提前做好自评工作以及相关准备工作。

六、提交评估材料

各主管单位依据《全域旅游发展评估标准》，立足本区发展实际，准备并提交如下材料：发展情况汇报、申请评估单位基本情况表、自评情况报告以及有关的辅助视频、素材等证明材料。

七、组织现场评估

（一）召开现场评估会议

参会人员包括评估组成员、主管单位相关人员、主管领导。明确评估检查工作的内容、程序和要求；听取被评估单位主要领导关于创建工作的情况汇报。

（二）开展验收工作

1. 材料审核。由评估组材料审核小组负责，查阅文件、相关资料和记录，给出初步打分。

2. 现场查看。由评估组现场查看小组负责，具体查看与评估工作相关项目的现场，提出拟定分数。重点检查与评估相关现场，例如，旅游交通、基础设施、产品体系、产业融合、宣传推广、旅游环境、公共服务、共建共享等。实地查看旅游企业与旅行服务商等，体验特色旅游服务项目，了解当地政府促进旅游业发展的优惠、奖励相关政策落实情况。

3. 专家汇评。评估组成员召开汇评会议，对初步分值进行复核，对存在争议的分值进行协商评议，并给出最终得分。各小组组长、成员在《专家评分表》和《全域旅游发展总评分表》签名确认，并填写专家评估意见与建议表。

（三）召开现场评估反馈会

参会人员包括评估组成员、主管单位相关人员、主管领导。评估组组长反馈初评情况。现场评估不形成最终结论，由评估组将评估结果报请评估工作领导小组审定。

八、撰写评估报告

评估组对专家反馈意见进行整理，形成全域旅游发展评估分报告，提请评估工作领导小组审定。全域旅游发展主体根据评估组提出的意见建议，制定全域旅游发展整改方案，明确整改的"路线图"和"时间表"，并上报旅游主管部门备案。

第四节　评估组织保障

一、组织机构

（一）成立领导小组

成立党政主要负责人任组长，旅游主管部门领导任执行组长、其他领导任副组长、相关处（科）室负责人参加的全域旅游发展评估领导小组。领导小组主要负责组织和统筹协调地方全域旅游发展评估工作，解决评估工作中的重大疑难问题，审批评估结果和意见，确保评估工作顺利进行。

（二）组建专家小组

成立全域旅游发展评估工作专家小组，成员可由高校科研院所、本地专家、旅游规划咨询公司等组成。专家小组全面参与地方全域旅游发展评估工作，对评估过程中的关键问题进行论证，为全域旅游示范区评估工作提供咨询指导，走进现场进行实际评估，并提出意见和建议。

（三）成立推进小组

成立党政领导任组长的全域旅游发展评估工作推进小组。小组成员由旅游主管部门、专业机构和政府研究室、督查室、财政局、农业、林业等部门抽调人员组成。小组的任务是按全域旅游发展评估领导小组及顾问专家团队的要求，根据评估的具体流程与要求，推进、实施、保障全域旅游发展评估工作，落实各项任务。

二、进度安排

1. 第一阶段：依据文化和旅游部出台的《导则》和《标准》，结合地方旅游发展实际情况，编制完成《全域旅游发展评估标准》和《全域旅游发展评估方案》。

2. 第二阶段：向各部门、专家等征求意见，并反馈意见，对评估方案进行修订，同时筹备评估前期工作，并及时与上级主管部门沟通情况。

3. 第三阶段：下发《关于全域旅游发展评估的通知》，并依据编制的《全域旅游发展评估标准》和《全域旅游发展评估方案》，开展全域旅游发展评估工作。

4. 第四阶段：评估工作小组根据评估情况、专家评估的意见和建议，撰写地方全域旅游发展评估分报告。

5. 第五阶段：根据评估报告提交整改工作方案，总结提炼地方全域旅游发展经验或模式。

6. 第六阶段：利用国家和地方主流媒体，做好地方全域旅游发展经验和发展模式的宣传推广，协助新闻媒体推出高质量的报道和文章。

第十三章

全域旅游发展建议与展望

第一节　全域旅游可能出现的问题

一、重创轻建

国家全域旅游示范区创建工作的推出旨在促进全域旅游发展，重在建设与示范。许多地方通过示范区创建工作统一旅游工作思想，明确区域旅游发展方向，推动旅游体制机制改革创新，统筹资源、资金和土地等生产要素，推动旅游产品业态升级，带动其他产业发展，实现经济集聚和集群化发展。把创建示范区与区域经济社会统筹发展，达到"以创促建、以创促改、以创促管"的良好效果。但有些地方将发展全域旅游等同全域旅游示范区创建，并作为一种政绩来看待，各方面投入不够，也有的地方投入能力不足，最后造成全域旅游精品化和特色化不够，一些旅游项目与工程的品质不高，甚至造成建设性破坏或建设性浪费，还有的过度依赖外来资本，地产化倾向明显，可持续发展能力堪忧。

二、用全域否定景点

全域旅游是对景区旅游的继承与创新，不是相互否定的关系。景区（点）是旅游永恒的吸引物，景点旅游将为全域旅游的发展奠定良好的基础，推动从"景区旅游"模式向"全域旅游"模式转变，就是要推动旅游从景区内走向景区外，发挥景区对周边旅游资源、村镇等的带动与辐射效应，解决景区内外"两重天"的问题，实现景区内外一体化发展。但发展全域旅游，也不是把所有旅游资源全部圈起来，全部建成商业化景区。相反，通过发展全域旅游，增加社会化公益型景区的供给数量，从而迫使商业化景区降价，总体上可降低门票经济的比例，打破现有的景区思维陷阱和景区利益格局，从而增加目的地流量。目的地依托流量提供增值服务，提高旅游二次甚至多次消费，实现旅游业从"资源型经济"向"服务型经济"的华丽转身。其中，杭州西湖、慈善南岳、新疆的免费景区等均带来了较好的社会效益，都是典型全域发展范例。

三、怀疑主义

由于理论界对全域旅游解释滞后，社会界、产业界和学界还有部分人对全域旅游持有怀疑态度，认为全域旅游理论不成熟，缺乏理论依据，只是政府的工作手段，将不会形成广泛的社会共识，亦不具备可持续发展的条件。事实上，全域旅游诞生以来得到了各级党委和政府积极而广泛的响应，一年左右的时间就有 500 家创建单位；多个省市的党委和政府一把手亲自抓全域旅游，并撰文诠释和推广全域旅游思想和理念。习近平总书记、李克强总理和汪洋副总理等中央领导也对全域旅游表示高度认可，并作出重大批示。2017 年、2018 年连续两次政府工作报告中都把全域旅游作为一项重要的工作，并且在 2018 年国务院出台促进全域旅游发展的意见，文化和旅游部在"三定"方案中把全域旅游作为其主要的工作职责之一。由此可见，全域旅游已经上升为一项国家战略，形成了长久发展的定力。广大老百姓和游客也对全域旅游具有良好的认知和认同。发展全域旅游之前，我国旅游发展史上从未出现如此大的社会共鸣和共识。为什么全域旅游在 3 年时间内能够引起"星星之火，成燎原之势"呢？主要有以下几个原因。一是全域旅游是当前中国县域和区域经济社会发展的新模式和新路子，它符合后工业化社会发展需求和我国经济结构软化发展的规律和趋势，从而成为各地促进经济社会发展的重要发展思想旗帜和工作路径，并切实推动各地的经济社会发展，也就是习近平总书记所说的"发展全域旅游，路子是对的"。二是全域旅游切切实实为老百姓和游客带来了好处和旅游福利，例如，湖北远安把老百姓满不满意作为全域旅游发展的终极标准。发展全域旅游之后旅游市场秩序明显改观，旅游价格回落、旅游产品多样化、公共服务和生态环境显著改善，这些都是切切实实的旅游福利。三是全域旅游为旅游企业业务转型、业务创新和业务拓展带来新的机会和新的空间，全域旅游受到广大社会资本的青睐。四是全域旅游为其他行业和其他部门的发展和业务转型提供新阵地和新领域，也为它们带来新顾客、新消费和新市场。例如，水利部门和交通部门都面临着由工程建设向工程管理和利用的转型问题，水利旅游和旅游公路已经分别成为两个行业新的增长点。所以，全域旅游是一种平台经济和共享经济形态，符合政府、民间、企业和百姓多方诉求和多方利益，并且切实发挥了作用，产生了良好的效应，才能够在短短的时间内形成如此广泛的共识。

四、部门联动不畅

全域旅游已经超出旅游的范围，需要党政来领导和推动，整合其他部门资源和其他行业资源，这可能被一些人误以为是旅游部门争夺政治权利和旅游发展地盘，狭隘地把全域旅游问题政治化。政治对旅游顶层设计具有重要的影响。首先发展全域旅游是对旅游发展规律深刻认知和调研论证之后，为顺应大众化和自助化旅游趋势而采取的科学决策。发展全域旅游主张党政推动，在一定程度上是旅游部门让渡权力，以顺应发展规律，抓住发展机遇，获取发展机会。其次，全域旅游要求旅游部门主动对接其他部门，为其他部门提供生产性服务。全域旅游的终极目的是通过旅游业促进和带动区域经济、社会、生态、文化、民生等多位一体的包容性增长，是一种新的区域社会经济发展模式。因此，全域旅游已经超出了旅游的范围，它体现了旅游业在新常态下对全社会的历史担当。再次，全域旅游是美丽中国、健康中国和幸福中国建设背景下的一种新型的旅居生活方式，它开辟了国民的第二生活空间，将引领国民生活新时尚和新潮流，整体提高国民休闲质量和幸福指数。全域旅游被政治化的最大影响是导致其他部门对旅游业产生抵制情绪，部门联动不顺畅，资金整合困难，产业融合艰难，从而成为旅游部门的"独角戏"。

第二节　发展建议

一、辩证地把握全域化的程度

全域旅游的内涵就是一种以旅游为主导的区域发展模式。对于经济欠发达地区，它可以主导一个地方的发展，例如，贵州、阳朔等；对于经济发达地区，它可以服务于一个地方的发展，例如，北京、苏州等。从景点旅游向全域旅游转变要义是要从原来孤立的旅游景点和线路向景区外、网络化、多领域的系统性发展的方向转变，让旅游的理念融入地方经济社会发展全局，树立全域旅游发展意识和形成共识，而不是全域都要或都能搞旅游，应遵循全域旅游点线面的增长基本规律。不能把全域旅游教条地等同全面旅游，不能把全域旅游简单地理解为"五全模式"或"十全模式"，① 这些教条式的解读已经引发部分地区的全域旅游业遍地开花、低水平重复建设和过度建设的现象，造成旅游资源与资产的浪费与闲置，应该引起业界的警惕。故需要科学辩证地把握全域化的程度，学会判断什么能够全域化，什么不能全域化，以及能够全域化到什么程度。例如，"生态全域化"是可以的，但"设施全域化"就不科学，在现实中也没有必要。一种文化的全域化会受到地域范围的限制，例如，长城文化在八达岭镇可以全域化，但放在北京则不能全域化；而皇城文化对于北京来说则可以全域化。

二、强化全域旅游的支持政策

全域旅游是新生事物，在培育引导期需要国家调动相关力量和资源支持全域旅游的发展，把全域旅游作为一项中长期国家战略，给予配套政策和资金支持，形成全域旅游发展定力。目前，国家提出七个优先：优先纳入中央和地方预算内投资支持对象；优先支持旅游基础设施建设；优先纳入旅游投资优选项目名录；优先安排旅游外交、宣传推广重点活动，纳入国家旅游宣传推广重点支持范围；优先纳入国家旅游改革创新试点示范领域、优先支持A级景区等国家重点旅游品牌创建；优先安排旅游人才培训，优先列入原国家旅游局重点联系区域。这些政策涉及旅游业改革、产业发展、品牌建设、人才培养等多个方面。同时，也需要各省市自治区对市县全域旅游的发展给予更多的指导和支持，特别是在体制机制改革、土地利用、社会治理、生态保护等方面需要强化政策创新与突破。

---

① 这些模式可以用来宣传和动员，但不能用来指导全域旅游实践。

三、充分发挥全域旅游事业功能

发展全域旅游既要求旅游业的产能达到一定的水平，形成对区域经济发展的影响力和调控力，没有一定的产业首位度的地方搞全域旅游是不现实的。因此，全域旅游对旅游经济总量有一定的要求，现实中我国旅游发达的地方，例如，桂林阳朔、昆明石林、湖南张家界、安徽黄山等，旅游经济总量占到区域经济的 1/3 以上，就业也达到 1/3 以上。与景点旅游相比，全域旅游更突出事业属性。全域旅游秉承生态绿色的理念，是一种生态绿色发展的模式，一方面把"青山绿水、蓝天白云、冰天雪地"视为最好的环境旅游资源，另一方面以发展全域旅游来缓解旅游热区、生态环境敏感区的游客压力，更好地保护旅游资源和生态环境，这有别于传统区域发展模式。全域旅游同时还要追求旅游社会效益，建设无（低）门票公益型景区，打破景区垄断经营和"一枝独大"的格局，整体降低门票价格水平，提高民众旅游福利水平，突显事业功能、就业功能和公共服务提供能力等社会效益。在全域旅游的核心指标设计中应更多地关注就业、生态环境、公共服务、扶贫等事业类指标。唯其如此，方能实现区域可持续发展模式。由此可见，绿色、生态和公益是全域旅游区别于传统区域发展模式的本质特征。

四、构建全域旅游发展系统

全域旅游建设是一项复杂的系统工程，需要进行全方位、立体化、系统性的改革创新。全域旅游不仅仅是旅游空间的拓展，还表现为以下几个方面：首先是体制机制创新与突破，需改革创新全域综合统筹发展的领导体制、旅游管理的综合协调机制和旅游综合执法机制等，培育其他部门的旅游意识和旅游管理职责；其次，推进"多规合一"，将全域旅游发展理念融入经济社会发展全局，发挥社会其他资源和产业的旅游功能；再次，改革评价指标体系，将发展旅游作为区域内各级政府和相关部门的重要发展目标和重要考核内容，创新旅游数据征集和分析体系，加强综合效益评估和动态评价，增强其他部门的旅游发展责任；复次，建立现代投融资机制，促进投资主体的多元化，形成全域旅游发展合力；最后，创新旅游业态的内容生产，推进旅居的生活方式，创建区域品牌，等等，提高全域旅游发展的品质。

五、探索符合自身特色的发展路径

全域旅游的发展规律决定了全域旅游的发展必须因地制宜，既要充分地吸纳一些成熟模式的优点，更要总结自身的特色优势、发展亮点和成功经验，在此基础上探索符合自身特色发展路径和发展模式。

案例链接：

北京市各区围绕自身的城市功能定位，把创建工作与各区中心工作或重大活动相结合，形成了各具特色的创建模式，五区的旅游品质和特色品牌得到了提升。延庆把"冬奥会、世园会与国家全域旅游示范区"三区联创，出台《关于服务保障世园会冬奥会大力发展全域旅游的实施意见》，创建全域旅游发展的长城、世园、冬奥三张"金名片"，不断提升服务品质和国际影响力。怀柔以雁栖湖国际会都扩容提升为契机，充分发挥APEC峰会、"一带一路"国际合作高峰论坛等大型会议的国际影响力，超前谋划国际交往中心功能，以"国际会都"为导向发展全域旅游。此外，昌平围绕京郊休闲，平谷以世界休闲大会为导向，门头沟突出山地资源发展全域旅游。

此外，还有七点建议也值得关注：一是要充分发挥国家全域旅游示范区的试点示范作用，总结全域旅游发展模块及其关键技术，做好总结推广，加强指导培训；二是要将旅居人口纳入当地的人口管理范围，建设旅居社会，推动旅游治理社会化；三是要全面推动全域旅游理论体系的研究与构建，探索中国特色的本土旅游理论；四是要从法律层面解决生态保护区与旅游发展的关系，探索保护区的伤害最低化旅游利用方式，确保旅游科学供地；五是地方进行"党委领导、政府推动、综合管理、综合执法"全域旅游体制机制改革创新；六是要从国家层面引导国家全域旅游示范区与文明卫生城市、美丽乡村等联合创建；七是全域旅游的一些规定性动作需要提供统一的建设标准，特别是旅游统计和数据中心建设。统计存在统一口径的问题，所以地方不能各搞各的，否则还是会出现"横向不可比，纵向不可加"的问题，既浪费改革资源，又无法起到积极的作用。统计和数据中心建设的专业性比较强，县级单位技术支撑会相对困难，因此需要提供标配方案。

第三节　发展展望

全域旅游是我国旅游资源丰富或生态资源丰富地区的发展的必由之路。全域旅游的提出主要是基于大众化和自助化旅游新时代，以解决我国旅游业转型时期出现的"全域旅游生产力与景点旅游生产关系"之间的主要矛盾，从而实现我国旅游业可持续发展和经济社会全面发展。

从国家对全域旅游的重视程度来看，全域旅游已经成为一项中长期国家战略，成为统筹城乡发展和促进乡村振兴的重要平台产业，国家各部委将加大对全域旅游的政策和资金支持力度，全域旅游也将成为政府各部门之间分工协作的重要平台，是探索我国行政体制机制综合改革与创新的"试验田"。

从生态建设来看，我国自然保护地与旅游发展高度兼容，全域旅游有望成为我国生态敏感区未来发展的必由之路。通过发展全域旅游，我国约20%左右的国土面积将成为国家全域旅游功能区。全域旅游功能区成为继生产、生活和生态之后的又一重要国土空间形态，并由此创新我国生态保护新格局和国土空间划分新格局。

从全域综合效应来看，全域旅游作为旅游业提质增效、可持续发展的重要推动力，是区域统筹协调发展的重要模式，也将成为新型城镇化和乡村振兴的新载体，成为老百姓脱贫致富的新出路和实现美好生活的新方式，对我国"稳增长、调结构、增就业、惠民生、降风险"发挥了重要作用。未来，全域旅游将更加有效地促进社会结构优化、生态环境改善和社会治理能力提升，成为老百姓幸福的重要源泉以及全面小康社会建设和人民美好生活的关键指标之一，其战略意义和影响远远超越旅游业本身。

从理论研究与示范价值来看，对全域旅游的研究将会保持较高的热度，将形成全域旅游本土理论体系，为我国旅游理论做贡献，并为世界旅游提供借鉴价值。全域旅游将成为促进中国融入世界旅游大潮、增强国际竞争力的新举措，并为世界贡献中国旅游经验。[1]

---

① 资料来源：《2017 全域旅游发展报告》，国家旅游局.

国务院办公厅关于促进全域
旅游发展的指导意见

国办发〔2018〕15号

各省、自治区、直辖市人民政府，国务院各部委、各直属机构：

旅游是发展经济、增加就业和满足人民日益增长的美好生活需要的有效手段，旅游业是提高人民生活水平的重要产业。近年来，中国旅游经济快速增长，产业格局日趋完善，市场规模品质同步提升，旅游业已成为国民经济的战略性支柱产业。但是，随着大众旅游时代到来，中国旅游有效供给不足、市场秩序不规范、体制机制不完善等问题日益凸显。发展全域旅游，将一定区域作为完整旅游目的地，以旅游业为优势产业，统一规划布局、优化公共服务、推进产业融合、加强综合管理、实施系统营销，有利于不断提升旅游业现代化、集约化、品质化、国际化水平，更好满足旅游消费需求。为指导各地促进全域旅游发展，经国务院同意，现提出以下意见。

一、总体要求

（一）指导思想

全面贯彻党的十九大精神，以习近平新时代中国特色社会主义思想为指导，认真落实党中央、国务院决策部署，统筹推进"五位一体"总体布局和协调推进"四个全面"战略布局，牢固树立和贯彻落实新发展理念，加快旅游供给侧结构性改革，推动旅游业从门票经济向产业经济转变，从粗放低效方式向精细高效方式转变，从封闭的旅游自循环向开放的"旅游＋"转变，从企业单打独享向社会共建共享转变，从景区内部管理向全面依法治理转变，从部门行为向政府统筹推进转变，从单一景区（点）建设向综合目的地服务转变。

（二）基本原则

统筹协调，融合发展。把促进全域旅游发展作为推动经济社会发展的重要方式，从区域发展全局出发，统一规划，整合资源，凝聚全域旅游发展新合力。大力推进"旅游＋"，促进产业融合、产城融合，全面增强旅游发展新功能，使发展成果惠及各方，构建全域旅游共建共享新格局。

因地制宜，绿色发展。注重产品、设施与项目的特色，不搞一个模式，防止千城一面、千村一面、千景一面，推行各具特色、差异化推进的全域旅游发展新方式。牢固树立绿水青山就是金山银山理念，坚持保护优先，合理有序开发，防止破坏环境，摒弃盲目开发，实现经济效益、社会效益、生态效益相互促进、共同提升。

改革创新，示范引导。突出目标导向和问题导向，努力破除制约旅游发展的瓶颈与障碍，不断完善全域旅游发展的体制机制、政策措施、产业体系。开展全域旅游示范区创建工作，打造全域旅游发展典型，形成可借鉴可推广的经验，树立全域旅游发展新标杆。

（三）主要目标

旅游发展全域化。推进全域统筹规划、全域合理布局、全域服务提升、全域系统营销，构建良好自然生态环境、人文社会环境和放心旅游消费环境，实现全域宜居宜业宜游。

旅游供给品质化。加大旅游产业融合开放力度，提升科技水平、文化内涵、绿色含量，增加创意产品、体验产品、定制产品，发展融合新业态，提供更多精细化、差异化旅游产品和更加舒心、放心的旅游服务，增加有效供给。

旅游治理规范化。加强组织领导，增强全社会参与意识，建立各部门联动、全社会参与的旅游综合协调机制。坚持依法治旅，创新管理机制，提升治理效能，形成综合产业综合抓的局面。

旅游效益最大化。把旅游业作为经济社会发展的重要支撑，发挥旅游"一业兴百业"的带动作用，促进传统产业提档升级，孵化新产品和新业态，不断提高旅游对经济和就业的综合贡献水平。

二、推进融合发展，创新产品供给

（四）推动旅游与城镇化、工业化和商贸业融合发展。建设美丽宜居村庄、旅游小镇、风情城区以及城市绿道、慢行系统，支持旅游综合体、主题功能区、中央游憩区等建设。依托风景名胜区、历史文化名城名镇名村、特色景观旅游名镇、传统村落，探索名胜名城名镇名村"四名一体"全域旅游发展模式。利用工业园区、工业展示区、工业历史遗迹等开展工业旅游，发展旅游用品、户外休闲用品和旅游装备制造业。发展商务会展旅游，完善城市商业区旅游服务功能，开发具有自主知识产权和鲜明地方特色的时尚性、实用性、便携性旅游购物品，增加旅游购物收入。

（五）推动旅游与农业、林业、水利融合发展。大力发展观光农业、休闲农业，培育田园艺术景观、阳台农艺等创意农业，发展具备旅游功能的定制农业、会展农业、众筹农业、家庭农场、家庭牧场等新型农业业态，打造一二三产业融合发展的美丽休闲乡村。建设森林公园、湿地公园、沙漠公园、海洋公园，发展"森林人家""森林小镇"。科学合理利用水域和水利工程，发展观光、游憩、休闲度假等水利旅游。

（六）推动旅游与交通、环保、国土、海洋、气象融合发展。加快建设自驾车房车旅游营地，推广精品自驾游线路，打造旅游风景道和铁路遗产、大型交通工程等特色交通旅游产品，发展邮轮游艇旅游、低空旅游。开发建设生态旅游区、天然氧吧、地质公园、矿山公园、气象公园以及山地旅游、海洋海岛旅游等产品，大力开发避暑避寒旅游产品，推动建设避暑避寒度假目的地。

（七）推动旅游与科技、教育、文化、卫生、体育融合发展。充分利用科技工程、科普场馆、科研设施等发展科技旅游。以弘扬社会主义核心价值观为主线发展红色旅游，开发爱国主义和革命传统教育、国情教育等研学旅游产品。科学利用传统村落、文物遗迹及博物馆、纪念馆、美术馆、艺术馆、世界文化遗产、非物质文化遗产展示馆等文化场所开展文化、文物旅游，推动剧场、演艺、游乐、动漫等产业与旅游业融合开展文化体验旅游。加快开发高端医疗、中医药特色、康复疗养、休闲养生等健康旅游。大力发展冰雪运动、山地户外运动、水上运动、汽车摩托车运动、航空运动、健身气功养生等体育旅游，将城市大型商场、有条件景区、开发区闲置空间、体育场馆、运动休闲特色小镇、连片美丽乡村打造成体育旅游综合体。

（八）提升旅游产品品质。深入挖掘历史文化、地域特色文化、民族民俗文化、传统农耕文化等，实施中国传统工艺振兴计划，提升传统工艺产品品质和旅游产品文化含量。利用新能源、新材料和新科技装备，提高旅游产品科技含量。推广资源循环利用、生态修复、无害化处理等生态技术，加强环境综合治理，提高旅游开发生态含量。

（九）培育壮大市场主体。大力推进旅游领域大众创业、万众创新，开展旅游创客行动，建设旅游创客示范基地，加强政策引导和专业培训，促进旅游领域创业和就业。各类市场主体通过资源整合、改革重组、收购兼并、线上线下融合等投资旅游业，促进旅游投资主体多元化。培育和引进有竞争力的旅游骨干企业和大型旅游集团，促进规模化、品牌化、网络化经营。落实中小旅游企业扶持政策，引导其向专业、精品、特色、创新方向发展，形成以旅游骨干企业为龙头、大中小旅游企业协调发展的格局。

三、加强旅游服务，提升满意指数

（十）以标准化提升服务品质。完善服务标准，加强涉旅行业从业人员培训，规范服务礼仪与服务流程，增强服务意识与服务能力，塑造规范专业、热情主动的旅游服务形象。

（十一）以品牌化提高满意度。按照个性化需求，实施旅游服务质量标杆引领计划和服务承诺制度，建立优质旅游服务商名录，推出优质旅游服务品牌，开展以游客评价为主的旅游目的地评价，不断提高游客满意度。

（十二）推进服务智能化。涉旅场所实现免费 WiFi、通信信号、视频监控全覆盖，主要旅游消费场所实现在线预订、网上支付，主要旅游区实现智能导游、电子讲解、实时信息推送，开发建设咨询、导览、导游、导购、导航和分享评价等智能化旅游服务系统。

（十三）推行旅游志愿服务。建立旅游志愿服务工作站，制定管理激励制度，开展志愿服务公益行动，提供文明引导、游览讲解、信息咨询和应急救援等服务，打造旅游志愿服务品牌。

（十四）提升导游服务质量。加强导游队伍建设和权益保护，指导督促用人单位依法与导游签订劳动合同，落实导游薪酬和社会保险制度，明确用人单位与导游的权利义务，构建和谐稳定的劳动关系，为持续提升导游服务质量奠定坚实基础。全面开展导游培训，组织导游服务技能竞赛，建设导游服务网络平台，切实提高导游服务水平。

四、加强基础配套，提升公共服务

（十五）扎实推进"厕所革命"。加强规划引导、科学布局和配套设施建设，提高城乡公厕管理维护水平，因地制宜推进农村"厕所革命"。加大中央预算内资金、旅游发展基金和地方各级政府投资对"厕所革命"的支持力度，加强厕所技术攻关和科技支撑，全面开展文明用厕宣传教育。在重要旅游活动场所设置第三卫生间，做到主要旅游景区、旅游线路以及客运列车、车站等场所厕所数量充足、干净卫生、实用免费、管理有效。

（十六）构建畅达便捷交通网络。完善综合交通运输体系，加快新建或改建支线机场和通用机场，优化旅游旺季以及通重点客源地与目的地的航班配置。改善公路通达条件，提高旅游景区可进入性，推进干线公路与重要景区连接，强化旅游客运、城市公交对旅游景区、景点的服务保障，推进城市绿道、骑行专线、登山步道、慢行系统、交通驿站等旅游休闲设施建设，打造具有通达、游憩、体验、运动、健身、文化、教育等复合功能的主题旅游线路。在国省干线公路和通景区公路沿线增设观景台、自驾车房车营地和公路服务区等设施，推动高速公路服务区向集交通、旅游、生态等服务于一体的复合型服务场所转型升级。

（十七）完善集散咨询服务体系。继续建设提升景区服务中心，加快建设全域旅游集散中心，在商业街区、交通枢纽、景区（点）等游客集聚区设立旅游咨询服务中心，有效提供景区、线路、交通、气象、海洋、安全、医疗急救等信息与服务。

（十八）规范完善旅游引导标识系统。建立位置科学、布局合理、指向清晰的旅游引导标识体系，重点涉旅场所规范使用符合国家标准的公共信息图形符号。

五、加强环境保护，推进共建共享

（十九）加强资源环境保护。强化对自然生态、田园风光、传统村落、历史文化、民族文化等资源的保护，依法保护名胜名城名镇名村的真实性和完整性，严格规划建设管控，保持传统村镇原有肌理，延续传统空间格局，注重文化挖掘和传承，构筑具有地域特征、民族特色的城乡建筑风貌。倡导绿色旅游消费，实施旅游能效提升计划，降低资源消耗，推广使用节水节能产品和技术，推进节水节能型景区、酒店和旅游村镇建设。

（二十）推进全域环境整治。开展主要旅游线路沿线风貌集中整治，在路边、水边、山边、村边开展净化、绿化、美化行动，在重点旅游村镇实行改厨、改厕、改客房、整理院落和垃圾污水无害化、生态化处理，全面优化旅游环境。

（二十一）强化旅游安全保障。组织开展旅游风险评估，加强旅游安全制度建设，按照职责分工强化各有关部门安全监管责任。强化安全警示、宣传、引导，完善各项应急预案，定期组织开展应急培训和应急演练，建立政府救助与商业救援相结合的旅游救援体系。加强景区（点）最大承载量警示、重点时段游客量调控和应急管理工作，提高景区灾害风险管理能力，强化对客运索道、大型游乐设施、玻璃栈道等设施设备和旅游客运、旅游道路、旅游节庆活动等重点领域及环节的监管，落实旅行社、饭店、景区安全规范。完善旅游保险产品，扩大旅游保险覆盖面，提高保险理赔服务水平。

（二十二）大力推进旅游扶贫和旅游富民。大力实施乡村旅游扶贫富民工程，通过资源整合发展旅游产业，健全完善"景区带村、能人带户"的旅游扶贫模式。通过民宿改造提升、安排就业、定点采购、输送客源、培训指导以及建立农副土特产品销售区、乡村旅游后备厢基地等方式，增加贫困村集体收入和建档立卡贫困人口人均收入。加强对深度贫困地区旅游资源普查，完善旅游扶贫规划，指导和帮助深度贫困地区设计、推广跨区域自驾游等精品旅游线路，提高旅游扶贫的精准性，真正让贫困地区、贫困人口受益。

（二十三）营造良好社会环境。树立"处处都是旅游环境，人人都是旅游形象"理念，面向目的地居民开展旅游知识宣传教育，强化居民旅游参与意识、形象意识和责任意识。加强旅游惠民便民服务，推动博物馆、纪念馆、全国爱国主义教育示范基地、美术馆、公共图书馆、文化馆、科技馆等免费开放。加强对老年人、残疾人等特殊群体的旅游服务。

六、实施系统营销，塑造品牌形象

（二十四）制定营销规划。把营销工作纳入全域旅游发展大局，坚持以需求为导向，树立系统营销和全面营销理念，明确市场开发和营销战略，加强市场推广部门与生产供给部门的协调沟通，实现产品开发与市场开发无缝对接。制定客源市场开发规划和工作计划，切实做好入境旅游营销。

（二十五）丰富营销内容。提高景区（点）、饭店宾馆等旅游宣传推广水平，深入挖掘和展示地区特色，做好商贸活动、科技产业、文化节庆、体育赛事、特色企业、知名院校、城乡社区、乡风民俗、优良生态等旅游宣传推介，提升旅游整体吸引力。

（二十六）实施品牌战略。塑造特色鲜明的旅游目的地形象，打造主题突出、传播广泛、社会认可度高的旅游目的地品牌，建立多层次、全产业链的品牌体系，提升区域内各类旅游品牌影响力。

（二十七）完善营销机制。建立政府、行业、媒体、公众等共同参与的整体营销机制，整合利用各类宣传营销资源和渠道，建立推广联盟等合作平台，形成上下结合、横向联动、多方参与的全域旅游营销格局。

（二十八）创新营销方式。有效运用高层营销、网络营销、公众营销、节庆营销等多种方式，借助大数据分析加强市场调研，充分运用现代新媒体、新技术和新手段，提高营销精准度。

七、加强规划工作，实施科学发展

（二十九）加强旅游规划统筹协调。将旅游发展作为重要内容纳入经济社会发展规划和城乡建设、土地利用、海洋主体功能区和海洋功能区划、基础设施建设、生态环境保护等相关规划中，由当地人民政府编制旅游发展规划并依法开展环境影响评价。

（三十）完善旅游规划体系。编制旅游产品指导目录，制定旅游公共服务、营销推广、市场治理、人力资源开发等专项规划或行动方案，形成层次分明、相互衔接、规范有效的规划体系。

（三十一）做好旅游规划实施工作。全域旅游发展总体规划、重要专项规划及重点项目规划应制定实施分工方案与标准，建立规划评估与实施督导机制，提升旅游规划实施效果。

八、创新体制机制，完善治理体系

（三十二）推进旅游管理体制改革。加强旅游业发展统筹协调和部门联动，各级旅游部门要切实承担起旅游资源整合与开发、旅游规划与产业促进、旅游监督管理与综合执法、旅游营销推广与形象提升、旅游公共服务与资金管理、旅游数据统计与综合考核等职责。发挥旅游行业协会自律作用，完善旅游监管服务平台，健全旅游诚信体系。

（三十三）加强旅游综合执法。建立旅游部门与相关部门联合执法机制，强化涉旅领域执法检查。加强旅游执法领域行政执法与刑事执法衔接，促进旅游部门与有关监管部门协调配合，形成工作合力。加强旅游质监执法工作，组织开展旅游执法人员培训，提高旅游执法专业化和人性化水平。

（三十四）创新旅游协调参与机制。强化全域旅游组织领导，加强部门联动，建立健全旅游联席会议、旅游投融资、旅游标准化建设和考核激励等工作机制。

（三十五）加强旅游投诉举报处理。建立统一受理旅游投诉举报机制，运用"12301"智慧旅游服务平台、"12345"政府服务热线以及手机 APP、微信公众号、咨询中心等多种手段，形成线上线下联动、高效便捷畅通的旅游投诉举报受理、处理、反馈机制，做到及时公正，规范有效。

（三十六）推进文明旅游。加强文明旅游宣传引导，全面推行文明旅游公约，树立文明旅游典型，建立旅游不文明行为记录制度和部门间信息通报机制，促进文明旅游工作制度化、常态化。

九、强化政策支持，认真组织实施

（三十七）加大财政金融支持力度。通过现有资金渠道，加大旅游基础设施和公共服务设施建设投入力度，地方统筹相关资金支持全域旅游发展。创新旅游投融资机制，有条件的地方设立旅游产业促进基金并实行市场化运作，充分依托已有平台促进旅游资源资产交易，促进旅游资源市场化配置，加强监管、防范风险，引导私募股权、创业投资基金等投资各类旅游项目。

（三十八）强化旅游用地保障。将旅游发展所需用地纳入土地利用总体规划、城乡规划统筹安排，年度土地利用计划适当向旅游领域倾斜，适度扩大旅游产业用地供给，优先保障旅游重点项目和乡村旅游扶贫项目用地。通过开展城乡建设用地增减挂钩和工矿废弃地复垦利用试点的方式建设旅游项目。农村集体经济组织可依法使用建设用地自办或以土地使用权入股、联营等方式开办旅游企业。城乡居民可以利用自有住宅依法从事民宿等旅游经营。在不改变用地主体、规划条件的前提下，市场主体利用旧厂房、仓库提供符合全域旅游发展需要的旅游休闲服务的，可执行在五年内继续按原用途和土地权利类型使用土地的过渡期政策。在符合管控要求的前提下，合理有序安排旅游产业用海需求。

（三十九）加强旅游人才保障。实施"人才强旅、科教兴旅"战略，将旅游人才队伍建设纳入重点人才支持计划。大力发展旅游职业教育，深化校企合作，加快培养适应全域旅游发展要求的技术技能人才，有条件的县市应推进涉旅行业全员培训。鼓励规划、建筑、设计、艺术等各类专业人才通过到基层挂职等方式帮扶指导旅游发展。

（四十）加强旅游专业支持。推进旅游基础理论、应用研究和学科体系建设，优化专业设置。推动旅游科研单位、旅游规划单位与国土、交通、住建等相关规划研究机构服务全域旅游建设。强化全域旅游宣传教育，营造全社会支持旅游业发展的环境氛围。增强科学技术对旅游产业发展的支撑作用，加快推进旅游业现代化、信息化建设。

各地区、各部门要充分认识发展全域旅游的重大意义，统一思想、勇于创新，积极作为、狠抓落实，确保全域旅游发展工作取得实效。国务院旅游行政部门要组织开展好全域旅游示范区创建工作，会同有关部门对全域旅游发展情况进行监督检查和跟踪评估，重要情况及时报告国务院。

国务院办公厅

2018 年 3 月 9 日

附件二

国家全域旅游示范区验收、认定和
管理实施办法（试行）

第一章　总　则

第一条　为深入贯彻党的十九大精神，统筹推进"五位一体"总体布局和协调推进"四个全面"战略布局，牢固树立和贯彻落实新发展理念，认真落实党中央、国务院关于全域旅游的部署安排，不断深化旅游供给侧结构性改革，加快推进旅游业转型升级，大力促进旅游优质发展，切实加强对国家全域旅游示范区（以下简称示范区）工作的管理，依据《国务院办公厅关于促进全域旅游发展的指导意见》（国办发〔2018〕15号）、《全域旅游示范区创建工作导则》等有关文件要求，制定本办法。

第二条　本办法所指的示范区是指将一定行政区划作为完整旅游目的地，以旅游业为优势产业，统一规划布局，创新体制机制，优化公共服务，推进融合发展，提升服务品质，实施整体营销，具有较强示范作用，发展经验具备复制推广价值，且经文化和旅游部认定的区域。

第三条　示范区聚焦旅游业发展不平衡不充分矛盾，以旅游发展全域化、旅游供给品质化、旅游治理规范化和旅游效益最大化为目标，坚持改革创新，强化统筹推进，突出创建特色，充分发挥旅游关联度高、带动性强的独特优势，不断提高旅游对促进经济社会发展的重要作用。

第四条　示范区验收、认定和管理工作，遵循"注重实效、突出示范、严格标准、统一认定，有进有出、动态管理"的原则，坚持公开、公平、公正，通过竞争性选拔择优认定。

第二章　职责及分工

第五条　文化和旅游部统筹国家全域旅游示范区创建单位（以下简称创

建单位）的验收、审核、认定、复核和监督管理等工作。

第六条 省级文化和旅游行政部门牵头负责本地区县级和地级创建单位的验收和监督管理等工作。

第七条 各级创建单位的人民政府负责组织开展创建、申请验收，及时做好总结、整改等相关工作。

第三章 验 收

第八条 文化和旅游部制定《国家全域旅游示范区验收标准（试行）》（以下简称《标准》）。《标准》基本项目总分1000分，创新项目加分200分，共计1200分。通过省级文化和旅游行政部门初审验收的最低得分为1000分。

第九条 文化和旅游部根据各地创建工作开展情况，启动创建单位验收工作。省级文化和旅游行政部门制定本辖区验收实施方案，报文化和旅游部备案后组织开展验收工作。验收以县级创建单位为基本单位。

第十条 县级创建单位开展创建满一年后方可向省级文化和旅游行政部门提出验收申请。地级创建单位，其辖区内70%以上的县级创建单位通过验收后，方可向省级文化和旅游行政部门提出验收申请。省级创建单位，其辖区内70%以上的地级创建单位通过验收后，由省级人民政府向文化和旅游部提出认定申请。

第十一条 省级文化和旅游行政部门依据《标准》，对县级、地级创建单位组织初审验收，根据得分结果确定申请认定的单位，并形成初审验收报告。

第十二条 验收包括暗访、明查、会议审核三种方式。暗访由验收组自行安排检查行程和路线，重点对创建单位的产业融合、产品体系、公共服务体系、旅游环境等《标准》要求的内容进行检查。明查和会议审核由验收组通过听取汇报、查阅资料、现场观察、提问交谈等方式，重点对创建单位的体制机制、政策措施、旅游规划等《标准》要求的内容进行检查。

第四章 认 定

第十三条 示范区认定工作注重中央统筹与地方主导相结合，示范优先与兼顾公平相结合，充分考虑不同地域经济发展水平差异，调动各地开展示范区创建的积极性。

第十四条 省级文化和旅游行政部门负责向文化和旅游部提交县级、地级创建单位的认定申请、初审验收报告、验收打分及检查项目说明材料、创建单位专题汇报文字材料及全域旅游产业运行情况、创建工作视频。

第十五条 文化和旅游部以省级文化和旅游行政部门上报的县级、地级创建单位的初审验收报告等材料为认定参考依据，组织召开专家评审会对照以下8个方面进行会议评审。

1. 体制机制。建立党政统筹、部门联动的全域旅游领导协调机制，旅游综合管理体制改革成效显著，运行有效。旅游治理体系和治理能力现代化水平高，具有良好的旅游业持续健康发展的法制环境。

2. 政策保障。旅游业作为地方经济社会发展战略性支柱产业定位明确，在经济社会发展规划和城乡建设、土地利用、基础设施建设、生态环境保护等相关规划，以及综合性支持政策、重大项目建设等方面得到具体体现并取得实效。

3. 公共服务。旅游公共服务体系健全，厕所、停车场、旅游集散中心、咨询服务中心、智慧旅游平台、安全救援、自驾游、自助游等设施完善，运行有效。

4. 供给体系。旅游供给要素齐全，布局合理，结构良好，假日高峰弹性供给组织调控有效。旅游业带动性强，与文化等相关产业深度融合发展，业态丰富，形成观光、休闲、度假业态协调发展的产业结构，综合效益显著。具有不少于1个国家5A级旅游景区，或国家级旅游度假区，或国家级生态旅游示范区；或具有2个以上国家4A级旅游景区。

5. 秩序与安全。旅游综合监管制度体系完善，市场监管能力强，投诉处理机制健全，建立旅游领域社会信用体系，市场秩序良好，游客满意度高，近三年没有发生重大旅游安全生产责任事故或重大旅游投诉、旅游负面舆情、旅游市场失信等市场秩序问题。

6. 资源与环境。旅游资源环境保护机制完善，实施效果良好，近三年未发生重大生态环境破坏事件。旅游创业就业和旅游扶贫富民取得积极成效。

7. 品牌影响。旅游目的地品牌体系完整，特色鲜明，识别度、知名度高，市场感召力强。

8. 创新示范。大力推进改革创新，积极破除全域旅游发展的瓶颈和障碍，具有解决地方旅游业长期发展问题的突破性、实质性措施，或在全国产生重要影响的发展全域旅游的示范性创新举措。

第十六条 文化和旅游部对通过会议评审的县级、地级创建单位，根据工作需要委托第三方机构进行现场检查，综合会议评审和现场检查结果确定公示名单，进行不少于5个工作日的公示。公示阶段无重大异议或重大投诉的通过公示；若出现重大异议或重大投诉等情况，文化和旅游部调查核实后做出相应处理。

第十七条 文化和旅游部对通过会议评审的省级创建单位进行不少于5个工作日的公示。公示阶段无重大异议或重大投诉的通过公示；若出现重大异议或重大投诉等情况，文化和旅游部调查核实后做出相应处理。

第十八条 对通过公示的创建单位，文化和旅游部认定为"国家全域旅游示范区"。

第十九条 被认定为示范区的单位要按照高质量发展要求，不断深化改革，加快创新驱动，持续推进全域旅游向纵深发展。

第二十条 未通过认定的创建单位要根据文化和旅游部反馈的意见制定整改方案，落实整改措施。省级文化和旅游行政部门负责督促未通过认定的创建单位整改提高。

第五章 监督管理

第二十一条 文化和旅游部建立国家全域旅游产业运行监测平台，对示范区和创建单位旅游产业运行情况进行动态监管。示范区和创建单位应按照要求报送本地区旅游接待人次、过夜接待人次、旅游收入、投诉处理等数据，以及重大旅游基础设施、公共服务设施、旅游经营项目等信息。

第二十二条 文化和旅游部建立"有进有出"的管理机制，统筹示范区的复核工作，原则上每3至5年完成对示范区的复核工作。省级文化和旅游行政部门对所辖区内已命名的示范区要进行日常检查，并参与复核工作。

第二十三条 文化和旅游部对于复核不达标或发生重大旅游违法案件、重大旅游安全责任事故、严重损害消费者权益事件、严重破坏生态环境行为和严重负面舆论事件的国家全域旅游示范区，视问题的严重程度，予以警告、严重警告或撤销命名处理。

第六章 附 则

第二十四条 本办法由文化和旅游部负责解释。各省、自治区、直辖市，新疆生产建设兵团可参照此办法，制定符合本地实际的全域旅游示范区工作管理相关规定。

第二十五条 本办法自发布之日起施行。

国家全域旅游示范区验收标准（试行）

序号	评价指标	总体要求	评分标准
1	体制机制	建立适应全域旅游发展的统筹协调、综合管理、行业自律等体制机制，现代旅游治理能力显著提升。	1. 领导体制：建立全域旅游组织领导机制，把旅游工作纳入政府年度考核指标体系
			2. 协调机制：建立部门联动、共同参与的旅游综合协调机制，形成工作合力
			3. 综合管理机制：建立旅游综合管理机构，健全社会综合治理体系
			4. 统计制度：健全现代旅游统计制度与统计体系，渠道畅通，数据完整，报送及时
			5. 行业自律机制：建立各类旅游行业协会，会员覆盖率高，自律规章制度健全，行业自律效果良好。
2	政策保障	旅游业在地方经济社会发展战略中具有重要地位，旅游规划与相关规划实现有机衔接，全域旅游发展支持政策配套齐全。	1. 产业定位：旅游业被确立为主导产业，地方党委或政府出台促进全域旅游发展的综合性政策文件和实施方案，相关部门出台专项支持政策文件
			2. 规划编制：由所在地人民政府编制全域旅游规划和相应专项规划，制定工作实施方案等配套文件，建立规划督查、评估机制。
			3. 多规融合：旅游规划与相关规划深度融合，国土空间等规划满足旅游发展需求
			4. 财政金融支持政策：设立旅游发展专项资金，统筹各部门资金支持全域旅游发展，出台贷款贴息政策，实施旅游发展奖励补助政策，制定开发性金融融资方案或政策。

续表

序号	评价指标	总体要求	评分标准
2	政策保障	旅游业在地方经济社会发展战略中具有重要地位,旅游规划与相关规划实现有机衔接,全域旅游发展支持政策配套齐全。	5. 土地保障政策:保障旅游发展用地新增建设用地指标,在年度用地计划中优先支持旅游项目用地。有效运用城乡建设用地增减挂钩政策,促进土地要素有序流动和合理配置,构建旅游用地保障新渠道
			6. 人才政策:设立旅游专家智库,建立多层次的人才引进和旅游培训机制,实施旅游人才奖励政策。
3	公共服务	旅游公共服务体系健全,各类设施运行有效。	1. 外部交通:可进入性强,交通方式快捷多样,外部综合交通网络体系完善
			2. 公路服务区:功能齐全,规模适中,服务规范,风格协调。
			3. 旅游集散中心:位置合理,规模适中,功能完善,形成多层级旅游集散网络
			4. 内部交通:内部交通体系健全,各类道路符合相应等级公路标准,城市和乡村旅游交通配套体系完善
			5. 停车场:与生态环境协调,与游客流量基本平衡,配套设施完善
			6. 旅游交通服务:城市观光交通、旅游专线公交、旅游客运班车等交通工具形式多样,运力充足,弹性供给能力强
			7. 旅游标识系统:旅游引导标识等系统完善,设置合理科学,符合相关标准
			8. 游客服务中心:咨询服务中心和游客服务点设置科学合理,运行有效,服务质量好
			9. 旅游厕所:"厕所革命"覆盖城乡全域,厕所分布合理,管理规范,比例适当,免费开放
			10. 智慧旅游:智慧旅游设施体系完善、功能齐全、覆盖范围大、服务到位。

续表

序号	评价指标	总体要求	评分标准
4	供给体系	旅游供给要素齐全，旅游业态丰富，旅游产品结构合理，旅游功能布局科学。	1. 旅游吸引物：具有品牌突出、数量充足的旅游吸引物。城乡建有功能完善、业态丰富、设施配套的旅游功能区
			2. 旅游餐饮：餐饮服务便捷多样，有特色餐饮街区、快餐和特色小吃等业态，地方餐饮（店）品牌突出，管理规范
			3. 旅游住宿：星级饭店、文化主题旅游饭店、民宿等各类住宿设施齐全，管理规范
			4. 旅游娱乐：举办富有地方文化特色的旅游演艺、休闲娱乐和节事节庆活动
			5. 旅游购物：地方旅游商品特色鲜明、知名度高，旅游购物场所经营规范
			6. 融合产业：大力实施"旅游＋"战略，实现多业态融合发展。
5	秩序与安全	旅游综合监管体系完善，市场秩序良好，游客满意度高。	1. 服务质量：实施旅游服务质量提升计划，宣传、贯彻和实施各类旅游服务标准
			2. 市场管理：完善旅游市场综合监管机制，整合组建承担旅游行政执法职责的文化市场综合执法队伍，建立旅游领域社会信用体系，制定信用惩戒机制，市场秩序良好
			3. 投诉处理：旅游投诉举报渠道健全畅通有效，投诉处理制度健全，处理规范公正，反馈及时有效
			4. 文明旅游：定期开展旅游文明宣传和警示教育活动，推行旅游文明公约，树立文明旅游典型，妥善处置、及时上报旅游不文明行为事件
			5. 旅游志愿者服务：完善旅游志愿服务体系，设立志愿服务工作站点，开展旅游志愿者公益行动
			6. 安全制度：建立旅游安全联合监管机制，制定旅游安全应急预案，定期开展安全演练。

续表

序号	评价指标	总体要求	评分标准
5	秩序与安全	旅游综合监管体系完善，市场秩序良好，游客满意度高。	7. 风险管控：有各类安全风险提示、安全生产监督管控措施
			8. 旅游救援：救援系统运行有效，旅游保险制度健全。
6	资源与环境	旅游资源环境保护机制完善，实施效果良好。旅游创业就业和旅游扶贫富民取得一定成效，具有发展旅游的良好社会环境。	1. 资源环境质量：制定自然生态资源、文化资源保护措施和方案
			2. 城乡建设水平：整体风貌具有鲜明的地方特色，城乡建设保护措施完善
			3. 全域环境整治：旅游区、旅游廊道、旅游村镇周边洁化绿化美化，"三改一整"等工程推进有力，污水和垃圾处理成效显著
			4. 社会环境优化：广泛开展全域旅游宣传教育，实施旅游惠民政策，旅游扶贫富民方式多样，主客共享的社会氛围良好。
7	品牌影响	实施全域旅游整体营销，品牌体系完整、特色鲜明。	1. 营销保障：设立旅游营销专项资金，制定旅游市场开发奖励办法
			2. 品牌战略：实施品牌营销战略，品牌体系完整，形象清晰，知名度和美誉度高
			3. 营销机制：建立多主体、多部门参与的宣传营销联动机制，形成全域旅游营销格局
			4. 营销方式：采取多种方式开展品牌营销，创新全域旅游营销方式
			5. 营销成效：市场规模持续扩大，游客数量稳定增长。
8	创新示范	创新改革力度大，有效解决制约旅游业发展瓶颈，形成较强的示范带动作用。	1. 体制机制创新：具有示范意义的旅游领导机制创新、协调机制创新、市场机制创新、旅游配套机制创新；旅游综合管理体制改革创新；旅游治理能力创新；旅游引领多规融合创新；规划实施与管理创新。

续表

序号	评价指标	总体要求	评分标准
8	创新示范	创新改革力度大，有效解决制约旅游业发展瓶颈，形成较强的示范带动作用。	2. 政策措施创新：全域旅游政策举措创新；财政金融支持政策创新；旅游投融资举措创新；旅游土地供给举措创新；人才政策举措创新
			3. 业态融合创新：旅游发展模式创新；产业融合业态创新；旅游经营模式创新
			4. 公共服务创新：旅游交通建设创新；旅游交通服务方式创新；旅游咨询服务创新；"厕所革命"创新；环境卫生整治创新
			5. 科技与服务创新：智慧服务创新；非标准化旅游服务创新
			6. 环境保护创新：旅游环境保护创新
			7. 扶贫富民创新：旅游扶贫富民方式创新；旅游创业就业方式创新
			8. 营销推广创新：营销方式创新。
9	扣分事项	一票否决项	1. 重大安全事故：近三年发生重大旅游安全生产责任事故的
			2. 重大市场秩序问题：近三年发生重大旅游投诉、旅游负面舆情、旅游市场失信等市场秩序问题的
			3. 重大生态环境破坏：近三年发生重大生态环境破坏事件的
			4. 旅游厕所："厕所革命"不达标。
		主要扣分项	1. 安全生产事故：近三年发生旅游安全生产责任事故，处理不及时，造成不良影响的
			2. 市场秩序问题：近三年发生旅游投诉、旅游负面舆情、旅游市场失信等市场秩序问题，处理不及时，造成不良影响的
			3. 生态环境破坏：近三年发生生态环境破坏事件，处理不及时，造成不良影响。

附件四

国家全域旅游示范区验收细则

序号	内容	评分标准
1	体制机制	
1.1	领导体制	
1.1.1	建立党政统筹的全域旅游组织领导机制	成立党政统筹的全域旅游发展领导小组或类似机构，并成立创建办公室。领导小组对全域旅游发展进行战略部署，发挥了领导作用，有效解决重大问题或事项，效果良好的，最高得10分
1.1.2	旅游考核机制	把旅游工作纳入到政府年度考核体系，并成为主要考核指标最高得10分
1.2	协调机制	
1.2.1	建立健全旅游综合协调机制	能够及时解决跨部门协调问题，统筹产业融合发展事宜，部门间协调顺畅、形成工作合力的，最高得10分，效果一般得6分，没有不得分
1.2.2	旅游综合监管机制	强化涉旅部门联合执法，与相关监管部门协调配合，各司其职，形成既分工又合作的工作机制，依法治旅水平高，效果好的，最高得15分
1.3	综合管理机制	
1.3.1	旅游管理体制改革	文化和旅游主管部门综合管理能力强，承担起旅游资源整合与开发、旅游规划与产业促进、旅游监督管理与综合执法、旅游营销推广与形象提升、旅游公共服务与资金管理、旅游数据统计与综合考核等职能的，最高得15分
1.3.2	社会综合治理体系	健全社会综合治理体系，最高得5分

序号	内容	评分标准
1.4	统计制度	健全现代旅游统计制度与统计体系，渠道畅通，数据完整，报送及时，最高得 15 分
1.5	行业自律机制	
1.5.1	行业协会及其运行	主要地方旅游企业（个体经营单位）组建综合的或专业的行业协会，会员覆盖率高，运行效果良好的，最高得 5 分。现场检查发现运行状况不好则酌情扣分
1.5.2	协会自律机制	行业协会建立自律机制，自律规章制度健全，并执行良好的协会，最高得 3 分。行业协会建立行业诚信服务机制，并能够定期公布诚信信息最高得 2 分。两者最高得 5 分
2	政策保障	
2.1	产业定位	
2.1.1	主导产业	本地经济社会发展规划中将旅游业定位为主导产业，最高得 5 分
2.1.2	地方支持政策文件	党政出台促进全域旅游发展的综合性高质量政策文件和实施方案，落实情况良好的最高得 8 分。现场检查发现落实情况不好则酌情扣分
2.1.3	部门支持政策文件	发改、财政、城建、交通部门等出台（或通过人民政府出台）全域旅游发展专项政策文件，且配套实施方案，落实情况良好的，每出台 1 个得 2 分，最高得 7 分。现场检查发现落实情况不好则酌情扣分
2.2	规划编制	
2.2.1	编制全域旅游规划	以全域旅游理念编制定位准确、特色鲜明的全域旅游发展规划，涵盖《全域旅游示范区创建导则》的主要内容和要求，对全域旅游的发展具有引领性、指导性和操作性意义的，最高得 5 分
2.2.2	全域旅游规划配套实施方案	制定全域旅游示范区创建工作实施方案，明确创建工作进度和部门任务分工，配套督办考核措施并由人民政府印发的，最高得 5 分

序号	内容	评分标准
2.2.3	完善专项规划体系	制定旅游产品开发、公共服务、营销推广、市场治理、乡村旅游等旅游专项规划、实施计划或行动方案。每1个专项得2分，累计不超过5分
2.2.4	旅游规划督导评估机制	建立规划督查、督办、考核、奖惩、评估机制的，最高得5分。现场检查发现督导实施效果不好则酌情扣分
2.3	多规融合	
2.3.1	符合国土空间规划	城乡规划、土地利用规划、生态环境保护规划等相关规划充分满足旅游业发展需求，每项得4分，累计不超过10分
2.3.2	与相关规划融合	与文化、农业、水利、林业等规划深度融合。每个规划得2分，累计不超过10分
2.4	财政金融支持政策	
2.4.1	设立旅游发展专项资金	财政预算中单列旅游发展专项资金，达到一定的规模或增速的最高得10分
2.4.2	统筹各部门资金支持全域旅游建设	统筹各部门资金用于发展旅游的，达到一定的规模的最高得5分
2.4.3	政府贷款贴息或金融机构提供金融服务	出台对旅游项目，特别是乡村旅游以及旅游公共类项目，优先安排政府贷款贴息政策，并付诸实施；或金融部门主动对接全域旅游，为旅游项目提供金融服务，效果良好的最高得5分
2.4.4	旅游发展奖励或补助政策	对本地区列入国家、省市重点项目和对重大项目年度完成率较高的制定奖励政策并付诸实施的最高得5分
2.4.5	开放性金融融资政策	制定有利于综合运用现代金融手段及开发性金融融资方案或政策的最高得5分
2.5	土地保障政策	

续表

序号	内容	评分标准
2.5.1	旅游用地保障	保障旅游发展用地新增建设用地指标，在年度用地计划中优先支持旅游项目用地的，最高得 12 分。现场检查发现落实情况不好则酌情扣分
2.5.2	旅游用地政策	有效运用城乡建设用地增减挂钩政策，促进土地要素有序流动和合理配置，构建旅游用地保障新渠道，最高得 18 分。现场检查发现落实情况不好则酌情扣分
2.6	旅游人才与培训	
2.6.1	专家智库	建立旅游发展咨询委员会、顾问委员会或类似专家智库，效果良好的，最高得 5 分
2.6.2	人才引进	引进专业人才或专家短期工作，或开展人才交流、交换、挂职等干部交流活动的，最高得 5 分
2.6.3	旅游培训	开展校企人才联合培养或建立旅游人才培训基地的得 2 分；经常性开展旅游培训活动，轮训乡村旅游骨干的每 50 人次得 1 分；外出参观培训、经验交流和研讨会每 30 人次得 1 分。最高得 7 分
2.6.4	奖励机制	在旅游人才的奖励机制方面有具体举措，建立稳定长效的奖励机制，效果良好的，最高得 3 分
3	公共服务	
3.1	外部交通	
3.1.1	外部可进入性	
3.1.1.1	直达机场	直达机场距离中心城市（镇）在 150 公里以内的，得 6 分；150 – 200 公里以内的，得 3 分；高于 200 公里以上的，得 1 分。最高得 6 分
3.1.1.2	铁路、公路、港口等	有过境高速公路进出口、高铁停靠站、国际邮轮港口、旅游直升机场或开通有旅游专列的，得 8 分；有一般过境国道、客运火车站或客运码头的，得 4 分；其他省道得 2 分。最高得 8 分
3.1.2	外部交通网络	外部交通方式快捷多样，外部综合交通网络体系完善，最高得 6 分

续表

序号	内容	评分标准
3.2	公路服务区	
3.2.1	功能、规模与服务	功能齐全,规模适中,服务规范,高速公路或国道服务区改造成复合型服务区,每完成1个得1分;国(省)道沿线建成每1处服务区得4分,每建成1处服务点得2分,最高得10分。现场检查发现服务质量不好则酌情扣分
3.2.2	风貌设计	每发现1处风貌不协调的扣1分,最多扣5分
3.3	旅游集散中心	
3.3.1	位置合理	与铁路、机场或汽车总站等交通枢纽或交通驿站一并规划建设。在其他地方建设扣3分,最高扣8分
3.3.2	规模适中	规模适度,能够满足游客需求。规模面积偏小的扣2分,最多扣6分
3.3.3	功能完善	与其他交通方式实现无缝衔接,具有旅游集散、旅游咨询、综合服务等功能,各项功能运营良好,形成多层级旅游集散网络。每少一项扣2分,最高扣6分
3.4	内部交通	
3.4.1	通景公路	中心城市(镇)抵达5A级旅游区或国家旅游度假区的道路须达到1级或2级公路标准;抵达4A级旅游区和省级旅游度假区的道路须达到2级或3级公路标准。每发现1条不达标,扣2分,最多扣8分
3.4.2	乡村旅游公路	中心城市(镇)抵达乡村旅游点道路须达到等级公路标准。每发现1条不达标,扣3分,最多扣12分
3.4.3	旅游连接线	连接核心旅游景区道路达到3级公路以上标准。每建成1条得5分,最高得10分。现场检查发现旅游连接线质量不好则酌情扣分
3.5	停车场	游客集中场所停车场规划建设须与当地生态环境相协调,与游客量基本相符,配套设施完善。每发现1处不达标扣1分,最多扣15分
3.6	旅游交通服务	

续表

序号	内容	评分标准
3.6.1	城市观光交通	提供多种城市观光交通方式，有城市观光巴士得2分，其他方式每项得1分，最高得4分。现场检查发现观光交通服务质量不好则酌情扣分
3.6.2	旅游专线公交	中心城区（镇）、交通枢纽等游客集散地开通有直达核心旅游吸引物的旅游专线公交，有串联核心旅游景区旅游专线。每有1条得4分，最高得12分。现场检查发现旅游专线公交服务质量不好则酌情扣分
3.6.3	旅游客运班车	中心城区（镇）到重要乡村旅游点须开通有城乡班车。每开通1条得1分，最高得4分。现场检查发现旅游客运班车服务质量不好则酌情扣分
3.7	旅游标识系统	
3.7.1	全域引导标识	
3.7.1.1	全域全景图设置	旅游集散中心位置显著处、重要通景旅游公路入口、核心旅游吸引物入口处配套设置全域全景图。每发现1处应设未设或不规范设置扣2分，最多扣6分
3.7.1.2	旅游吸引物全景导览图	旅游景区、旅游度假区或旅游风景道等核心旅游吸引物入口位置显著处须设置全景导览图。每发现1处应设未设或不规范设置扣2分，最多扣4分
3.7.1.3	交通标识和介绍牌	在通往重要旅游景区的公路沿线适当设置旅游交通标识，重要景点景物须设置介绍牌。每发现1处应设未设或不规范设置扣1分，最多扣7分
3.7.2	公共信息图形符号	游客集中场所须设置旅游公共信息图形符号，标识内容、位置与范围参照 GB 10001 标准。每发现1处应设未设或不符合规范扣1分，最多扣8分
3.8	游客服务中心	
3.8.1	咨询服务中心	主要交通集散点，如机场、火车站、客运站、码头等位置显著处设置有旅游咨询服务中心，并保持有效运营。每发现1处缺失扣2分，最多扣16分

续表

序号	内容	评分标准
3.8.2	游客服务点	城市商业街区、主要旅游区（点）、乡村旅游点等游客集中场所位置显著处须设置咨询服务点，并保持有效运营。每发现1处缺失扣1分，最多扣9分
3.9	旅游厕所	
3.9.1	分布合理	主要游客集中场所步行10分钟，或旅游公路沿线车程30分钟内须设置有旅游厕所或市政公厕。每发现1处不达标扣2分，最多扣10分
3.9.2	管理规范	主要游客集中场所厕所设备须无损毁、无污垢、无堵塞；厕所无异味、无秽物（地面或池面）。每发现1处不达标扣2分，最多扣10分
3.9.3	比例适当	主要游客集中场所已建的A级、AA级旅游厕所男女厕位至少有8个以上比例达到1∶2或2∶3。每少1个扣1分，最多扣4分
3.9.4	文明宣传	主要游客集中场所厕所内须开展有爱护设施、文明如厕的宣传。每发现1处未达标扣1分，最多扣3分
3.9.5	免费开放	主要游客集中场所对外服务临街单位厕所至少有3处免费向游客开放。每少1处或者标志标识不清晰不规范扣2分，最多扣3分
3.10	智慧旅游	
3.10.1	智慧设施	游客集中场所实现免费Wi－Fi、通信信号畅通、视频监控全覆盖。每发现1处不达标扣1分，最多扣10分
3.10.2	智慧服务	
3.10.2.1	导游、导览	国家4A级以上旅游景区须提供智能导游、电子讲解、实时信息推送、在线预订、网上支付等服务；主要乡村旅游点或民宿须提供在线预订、网上支付等服务。每发现1处不达标扣1分，最多扣4分
3.10.2.2	个性化服务	有针对自助旅游者的咨询、导览、导游、导航、分享评价、实时信息推送等智能化旅游服务系统。每缺少1项扣1分，最多扣6分

序号	内容	评分标准
3.10.3	运营监测中心	
3.10.3.1	大数据中心	建立旅游大数据中心，具有交通、气象、治安、客流信息等全数据信息采集功能，根据功能情况酌情扣分，最多扣1分；没有专人负责数据采集与运维工作的扣1分。两者最多扣2分
3.10.3.2	展示平台	建立全域旅游监测指挥平台和专门展示中心。每缺少一项扣1分，最多扣2分
3.10.3.3	功能完善	具有行业监管、产业数据统计分析、应急指挥执法平台、舆情监测、视频监控、旅游项目管理和营销系统等功能。每缺少一项扣1分，最多扣2分
3.10.3.4	上下联通	有与省、市连接的旅游服务线上"总入口"，并实现省、市、县互联互通。每发现1项不符合条件扣1分，最多扣2分
3.10.3.5	数据应用	在景区集疏监测预警或旅游交通精准信息服务等方面至少有2项突破。每缺少1项的扣1分，最高扣2分
4	供给体系	
4.1	旅游吸引物	
4.1.1	景区和度假区	
4.1.1.1	品牌突出	有1个国家5A级旅游景区或国家级旅游度假区得18分，每有1个国家4A级旅游景区或省级旅游度假区得5分。最高得18分
4.1.1.2	数量充足	3A级及以上旅游景区、省级及以上旅游度假区或国家级生态旅游示范区、国家森林公园、国家水利风景区、国家级文物保护单位、国家爱国主义教育基地、国家湿地公园、国家地质公园、国家矿山公园等吸引物总数不少于6个的，得8分；少于6个的，不得分；超过6个的，每增加1个得2分，最高得8分
4.1.2	**城市与特色村镇**	

续表

序号	内容	评分标准
4.1.2.1	城市旅游功能区	有功能完善、业态丰富的旅游主题功能区、休闲游憩区、特色文化街区等。每有1处得2分，最高得4分。现场检查发现功能不完善、业态不丰富则酌情扣分
4.1.2.2	城市旅游业态	配套城市公园、主题乐园、博物馆、图书馆、文化馆、科技馆、规划馆、展览馆、纪念馆、动物园、植物园等主客共享的旅游设施。每有1处得2分，最高得4分。现场检查发现旅游设施服务不好则酌情扣分
4.1.2.3	乡村旅游布局	有自然环境优美、接待设施配套、资源有机整合的乡村旅游集聚带（区），有吃、住、游、娱等要素集聚、设施完善的旅游接待村落或特色小镇。每一处得4分，最高得10分。现场检查根据品质酌情扣分
4.1.2.4	乡村旅游业态	有田园综合体、田园艺术景观、观光农业、休闲农业、创意农业、定制农业、会展农业、众筹农业、现代农业庄园、家庭农场等多种业态丰富的乡村旅游产品。每项2分，最高得4分。现场检查发现业态旅游品质不好则酌情扣分
4.1.2.5	乡村旅游质量	有政府、企业、协会多元化推动机制，产业链条完整，在建设特色化、管理规范化、服务精细化上有成效的，最高得4分。现场检查发现1处不合格扣2分
4.1.2.6	品牌突出	每获得1个国家休闲示范城市、国家级旅游改革创新先行区、国家边境旅游试验区、国家公共文化服务体系示范区、全国旅游综合改革示范县等称号得2分；每获得1个国家级特色小镇、特色小城镇、中国民间文化艺术之乡、特色美丽乡村、历史文化名村、中国传统村落、特色景观旅游名镇名村、国家公共文化服务体系示范项目等称号得5分；每获得1个相应省级旅游称号得2分。最高得4分
4.2	旅游餐饮	
4.2.1	特色餐饮街区	在中心城区、旅游城镇（街道）有集中提供地方美食的特色餐饮街区、休闲夜市等。每有1处得2分，最高得12分。现场检查发现特色餐饮街区特色不足、服务不好则酌情扣分

序号	内容	评分标准
4.2.2	地方餐饮（店）品牌	每获得1个国家级特色餐饮（店）品牌称号得3分，1个省级特色餐饮（店）品牌称号得1分，最高得4分
4.2.3	快餐和特色小吃	在游客主要集散区域能够为游客提供便捷、丰富的快餐和小吃。不能够提供的，最多扣4分
4.2.4	餐饮管理	餐饮环境整洁卫生、菜品明码标价、服务热情周到。每发现1处不合格扣1分，最多扣7分
4.3	旅游住宿	
4.3.1	星级饭店	每有1家五星级饭店或2家四星级饭店得3分，最高得6分
4.3.2	文化主题旅游饭店	每有1家金鼎级文化旅游饭店得3分，每有1家银鼎级文化旅游饭店或地方特色的精品酒店得8分。现场检查发现饭店文化主题或特色不足则酌情扣分
4.3.3	连锁酒店	每引进1家品牌成熟度高的连锁酒店得2分，最高得6分
4.3.4	非标住宿	每有1家金宿级旅游民宿得3分，每有1家银宿级旅游民宿或非标住宿业态，如特色民宿、共享住宿、旅居车营地、帐篷酒店、森林木屋、沙漠旅馆、水上船坞等得2分，最高得8分
4.3.5	管理服务	住宿设施整洁卫生、明码标价、服务精细、绿色环保。发现1处不合格扣1分，最多扣6分
4.4	旅游娱乐	
4.4.1	演艺活动	常规性举行具有浓郁地方文化特色、规模满足市场需求的旅游演艺活动，包括室内剧场、巡回演出、实景演出等。每有项得6分，最高得18分。现场检查发现演艺活动品质不好则酌情扣分
4.4.2	休闲娱乐	有休闲集聚区，提供康体疗养、夜游休闲、文化体验等多种常态化的休闲娱乐活动。根据业态丰富度酌情扣分，最多扣8分
4.4.3	品牌节事	至少连续三年举办具有地方特色、形成品牌影响的节事节庆活动。每有1项得2分，最高得5分

序号	内容	评分标准
4.5	旅游购物	
4.5.1	品牌影响	旅游商品每获得 1 个国家级旅游商品大赛一等奖得 4 分、二等奖得 2 分、三等奖得 1 分；每获得 1 个省级旅游商品大赛一等奖得 2 分，二等奖得 1 分。最高得 10 分
4.5.2	特色与质量	形成农副土特产品系列、文创产品系列、实用产品系列等，设计精细，包装时尚，销售专业。每有一个系列得 3 分，最高得 15 分。现场检查发现商品特色不足、质量不好则酌情扣分
4.5.3	购物场所	在游客主要聚集场所，如游客服务中心、车站、景区、旅游街区等有经营规范的旅游商品精品店、特色店等。每发现 1 处不符合条件扣 1 分，最多扣 10 分
4.6	融合产业	
4.6.1	融合面广	形成以文化、工业、交通、环保、国土、气象、科技、教育、卫生、体育等为基础功能的旅游产业融合业态的，每项得 5 分，最高得 20 分
4.6.2	成长性好	旅游融合业态具有较好的市场成长性和可持续性，近三年年均游客增速达 20% 以上得 10 分，15% 以上得 6 分，10% 以上得 3 分，10% 以下不得分
4.6.3	示范性强	旅游融合业态每得到 1 个国家级称号，如国家体育旅游示范基地、国家中医药旅游示范区（基地）、国家公共文化服务体系示范区等得 10 分；每得到 1 个省级称号得 5 分。最高得 20 分
5	秩序与安全	
5.1	服务质量	
5.1.1	标准完善	制订符合本地实际的城市旅游和乡村旅游服务地方标准或规范。每制订 1 项得 1 分，最高得 4 分
5.1.2	标准执行	游客集中场所须实现标准化服务。每发现 1 处服务不规范扣 1 分，最多扣 3 分

序号	内容	评分标准
5.1.3	标准示范	获得"全国旅游标准化示范城市（区、县）""全国旅游标准化示范单位"等称号的，每有 1 个称号得 1 分，最高得 3 分
5.1.4	服务引领	每获得一个国家级旅游服务质量荣誉称号的，得 3 分；每获得一个省级旅游服务质量荣誉称号的，得 2 分；获得其他行业荣誉称号的，得 1 分。最高得 6 分
5.1.5	优质服务商目录	有优质旅游服务商目录，且游客能够方便获取的，最高得 4 分
5.2	市场管理	
5.2.1	执法队伍	整合组建文化市场综合执法队伍，承担旅游市场执法职责，最高得 9 分
5.2.2	秩序良好	发现 1 处"黑导""黑社""黑店""黑车"等扣 2 分；发现 1 处"擅自变更行程""虚假宣传"等扣 1 分。两者最多扣 7 分；发现 1 处"不合理低价游""强迫消费（购物）"扣 7 分。最多扣 7 分
5.2.3	信用管理	建立旅游领域社会信用体系，制定有旅游市场主体"红黑榜"制度最高得 6 分，建立旅游企业信用联合惩戒制度最高得 6 分。两者最高得 9 分
5.3	投诉处理	
5.3.1	线上投诉	有 12301 智慧旅游服务平台、12345 政府服务热线以及手机 APP、微信公众号、热线电话等投诉举报手段。每发现 1 种不畅通扣 1 分，最多扣 6 分
5.3.2	线下投诉	游客集中区均设有旅游投诉点，线下投诉渠道畅通，每发现 1 处不达标扣 1 分，最多扣 4 分
5.3.3	处理规范公正	投诉处理制度健全得 1 分，按章处理规范公正得 1 分，最高得 4 分
5.3.4	反馈及时有效	一般性投诉当日反馈结果得 6 分；3 日内反馈结果得 3 分；超过 3 日不得分

序号	内容	评分标准
5.4	文明旅游	
5.4.1	文明公约和指南	开展旅游文明公约和出境旅游文明指南宣教育活动，推行旅游文明公约。每开展1次得2分，最高得10分
5.4.2	文明典型	妥善处置、及时上报旅游不文明行为事件，有文明旅游典型且有国家主流媒体宣传报道，引起广泛社会反响的，每有1个得4分，省级主流媒体宣传的每有1个得2分。两者最高得10分
5.5	旅游志愿者服务	
5.5.1	服务工作站点	游客集中场所设立至少3处志愿者服务工作站，并有人值守。每少1处扣3分，最多扣9分
5.5.2	志愿公益行动	有常态化旅游志愿服务公益活动最高得3分，形成服务品牌的最高得3分。两者最高得4分。现场检查发现公益活动效果不好则酌情扣分
5.6	安全制度	
5.6.1	应急预案	有旅游安全风险提示制度得2分；有针对各种旅游突发公共事件应急预案，每个得1分。两者最高得4分
5.6.2	定期演练	创建期内每年至少进行过1次演练。有1次演练得2分，最高得4分
5.6.3	监管机制	建立相关部门参加的旅游安全联合监管机制的最高得4分，没有不得分
5.7	风险管控	
5.7.1	安全风险提示	有广播、新媒体、手机短信等多种信息预警发布渠道。每有1种渠道得2分，最高得6分
5.7.2	企业安全规范	旅游企业有健全的安全管理制度并有效执行。每发现1处不达标扣2分，最多扣6分
5.7.3	重点领域行业监管	创建单位在旅游意识形态管理方面有具体举措，没有发生相关事故，有针对特种旅游设施设备、高风险旅游项目、旅游节庆活动等安全监管措施。每发现1处监管不到位的扣3分，最多扣6分

续表

序号	内容	评分标准
5.8	旅游救援	
5.8.1	救援体系	与本地 110、120、119 等有合作救援机制的得 2 分；旅游企业有专门救援队伍或与其他专业救援队伍（或商业救援机构）合作的，每种合作方式 2 分。两者最高得 6 分。现场检查发现合作救援服务水平不高则酌情扣分
5.8.2	旅游保险	旅游景区以及高风险旅游项目实现旅游保险全覆盖且有效理赔。发现 1 次不达标扣 2 分，最多扣 4 分
6	资源与环境	
6.1	资源环境质量	
6.1.1	自然生态保护	对山水林田湖草生态保护和生态修复有针对性措施和方案的，得 8 分。发现 1 处生态资源明显破坏或盲目过度开发，或违反生态环境保护管理有关规定扣 8 分
6.1.2	文化资源保护	对地方历史文化、民族文化等有针对性保护措施和方案的，得 8 分。发现 1 处文化资源明显破坏或掠夺式开发扣 8 分
6.1.3	全域环境质量	近 1 年空气质量达优良级标准全年不少于 300 天得 5 分，不少于 250 天得 3 分，不少于 220 天得 2 分，不少于 200 天得 1 分，少于 200 天不得分；主要旅游区地表水水域环境质量符合 GB 3838 Ⅱ 类标准得 3 分，符合 GB 3838 Ⅲ 类标准得 1 分。最高得 8 分
6.2	城乡建设水平	
6.2.1	城市建设	城市建设风貌美观，辨识度高，富有地方文化特色，不扣分；城市风貌特色一般，但没有明显不协调，扣 3 分；城市风貌无特色、不协调的扣 6 分
6.2.2	村镇建设	旅游村镇建筑富有地方特点和乡土特色的不扣分；村镇风貌特色一般，但没有明显不协调，扣 2 分；村镇风貌无特色、不协调的扣 5 分
6.2.3	村镇保护	对历史文化名镇名村、中国传统村落等传统村镇有针对性保护措施和方案不扣分。每发现 1 处破坏扣 2 分，最多扣 5 分

续表

序号	内容	评分标准
6.3	全域环境整治	
6.3.1	环境美化	主要旅游区、旅游廊道、旅游村镇周边实现洁化绿化美化。每发现1处不合格扣2分，最多扣8分
6.3.2	"三改一整"	旅游接待户全面实现"改厨、改厕、改客房、整理院落"。每发现1处不合格扣2分，最多扣4分
6.3.3	污水处理	旅游景区、旅游村镇实现污水处理全覆盖。每发现1处不合格扣1分，最多扣4分
6.3.4	垃圾处理	旅游景区、旅游村镇实现垃圾分类回收、转运和无害化处理全覆盖。每发现1处不合格扣1分，最多扣4分
6.4	社会环境优化	
6.4.1	居民宣传教育	须向居民开展全域旅游的相关宣传教育，强化居民的旅游参与意识、旅游形象意识、旅游责任意识、旅游安全意识。每开展1次相关宣传教育或其他形式活动得1分，最高得5分
6.4.2	公益场所开放	公共博物馆、文化馆、图书馆、科技馆、纪念馆、城市休闲公园、红色旅游景区、爱国主义基地等公益性场所免费开放。每发现1处不符合条件扣1分，最多扣6分
6.4.3	对特定人群价格优惠	旅游接待场所对老人、军人、学生、残疾人等特定人群实施价格优惠。每发现1处不符合条件扣1分，最多扣4分
6.4.4	旅游扶贫富民成效	贫困地区近2年建档立卡贫困人口通过旅游就业等形式脱贫占地方脱贫人口总数的比例不低于15%得20分，不低于10%得10分，不低于5%得5分；非贫困地区旅游富民成效显著，近2年主要旅游乡镇（街道）农民年人均可支配收入超过3万元或年增幅不低于15%得20分，不低于10%得10分，不低于5%得5分。最高得20分
6.4.5	旅游扶贫富民方式多样	通过景区带村、能人带户、"企业＋农户""合作社＋农户"、直接就业、定点采购、帮扶销售农副土特产品、输送客源、培训指导、资产收益等各类灵活多样的方式，促进受益脱贫和就业增收致富。每有1种旅游扶贫富民方式得1分，最高得5分。现场检查发现扶贫富民方式效果不好则酌情扣分

续表

序号	内容	评分标准
7	品牌影响	
7.1	营销保障	
7.1.1	资金保障	旅游营销专项资金总额在800万以上得10分，500万以上得8分，200万以上得4分，200万以下不得分
7.1.2	奖励制度	制定旅游市场开发奖励办法，且办法切实可行，得到有效贯彻执行的，最高得5分
7.2	品牌战略	
7.2.1	品牌形象	目的地品牌形象清晰，知名度和美誉度高的，最高得7分。现场检查发现品牌形象不好则酌情扣分
7.2.2	品牌推广	在国家级媒体平台上进行品牌推广得4分；在省级平台媒体平台上进行品牌推广得2分。每开展1种常规性旅游品牌推广活动，具有国家级影响的，得4分；具有省内影响的，得2分。最高得8分
7.3	营销机制	
7.3.1	主体联动机制	建立政府、行业、媒体、公众等多主体共同参与的营销联动机制。根据情况酌情打分，最高得5分
7.3.2	部门联动机制	建立文化和旅游、宣传、体育等多部门共同参与的营销联动机制。根据情况酌情打分，最高得5分
7.4	营销方式	
7.4.1	多渠道营销	有效运用网络营销、公众营销、节庆营销等多种方式进行品牌营销，且至少有2种取得突出效果。每有1种得2分，最高得5分。现场检查发现营销渠道效果不好则酌情扣分
7.4.2	创新营销	利用多种新媒体方式进行创新性的品牌营销，且其中至少2种取得突出效果。每种得2分，现场检查发现营销方式效果不好、创新性不足则酌情扣分，最高得5分
7.5	营销成效	市场规模持续扩大，游客数量稳定增长，最高得10分。现场检查发现客流不足酌情扣分
8	创新示范	

续表

序号	内容	评分标准
8.1	体制机制创新	
8.1.1	领导机制创新	本项鼓励领导机制创新。最多加6分
8.1.2	协调机制创新	有示范意义的协调机制创新，最高得6分
8.1.3	市场机制创新	有示范意义的市场机制创新，最高得6分
8.1.4	旅游配套机制创新	有示范意义的旅游配套机制创新，最高得6分
8.1.5	旅游综合管理体制改革创新	有示范意义的旅游综合管理体制改革创新，最高得6分
8.1.6	旅游治理能力机制创新	有示范意义的旅游治理能力创新，最高得6分
8.1.7	旅游引领多规融合创新	鼓励地方创新，有体现旅游引领多规融合的，最高加8分。现场检查发现创新示范程度不高则酌情扣分
8.1.8	规划实施管理创新	规划实施与管理有创新举措的，最高加6分。现场检查发现创新示范程度不高则酌情扣分
8.2	业态融合创新	
8.2.1	旅游发展模式创新	旅游+城镇化形成创新发展模式的，最高加10分。现场检查发现示范意义和影响程度不高则酌情扣分
8.2.2	融合业态创新	融合业态特色鲜明、科技感强、生态性好的，最高加10分，现场检查发现创新程度和影响程度不高则酌情扣分
8.2.3	旅游经营模式创新	有旅游经营模式创新的最高加10分，现场检查发现创新程度和示范意义不高则酌情扣分
8.3	公共服务创新	
8.3.1	旅游交通建设创新	突破旅游业发展交通瓶颈举措，最高加8分。现场检查发现影响程度和示范意义不高则酌情扣分
8.3.2	旅游交通服务方式创新	提供自行车、汽车或其他专项交通租赁服务的，最高加8分。现场检查发现创新程度和服务品质不高则酌情扣分
8.3.3	旅游咨询服务创新	专门为远程旅游者提供旅游攻略服务最高加8分

序号	内容	评分标准
8.3.4	厕所革命创新	"厕所革命"推进力度大、效果好、管理优的加5分，现场检查发现实施效果和服务品质不高则酌情扣分，最高加5分。
8.3.5	环境卫生整治创新	解决长期制约当地旅游环境的问题，如搬迁垃圾场、清理污水池塘、河流的彻底整治、节能减排技术广泛应用等最多加3分。现场检查发现影响程度和示范意义不高酌情扣分。获得国家卫生城市、国家园林城市、国家生态县、国家绿化先进县、国家文明城市等称号加3分，获得省级类似称号加1分。两者最多加8分
8.4	科技与服务创新	
8.4.1	智慧服务创新	采用智慧化手段为游客和旅游企业提供个性化服务的，最高加10分。现场检查发现创新程度不高和服务品质不好则酌情扣分
8.4.2	非标准化旅游服务创新	有社区主导的旅游经营模式创新或其他非标准化特色旅游服务创新最高加10分。现场检查发现创新程度不高则酌情扣分
8.5	旅游环境保护创新	有旅游环境保护创新最高加8分。现场检查发现创新程度不高则酌情扣分
8.6	扶贫富民创新	
8.6.1	旅游扶贫富民方式创新	旅游扶贫富民经验得到全国层面认可和推广8分，得到省级层面认可和推广得6分。两者最高加8分
8.6.2	旅游创业就业方式创新	有旅游创业就业方式创新最高加4分。现场检查发现创新程度不高则酌情扣分
8.7	营销方式创新	创新营销方式，取得突出效果，并具有示范意义的最高加10分。现场检查发现其创新不高则酌情扣分
9	扣分事项	
9.1	一票否决项	
9.1.1	重大安全事故	近三年发生重大旅游安全生产责任事故的

续表

序号	内容	评分标准
9.1.2	重大市场秩序问题	近三年发生重大旅游投诉、旅游负面舆情、旅游市场失信等市场秩序问题的
9.1.3	重大生态环境破坏	近三年发生重大生态环境破坏事件的
9.1.4	旅游厕所	"厕所革命"不达标
9.2	扣分项	
9.2.1	安全生产事故	近三年发生旅游安全生产责任事故，处理不及时，造成不良影响的，扣35分
9.2.2	市场秩序问题	近三年发生旅游投诉、旅游负面舆情、旅游市场失信等市场秩序问题，处理不及时，造成不良影响的，扣30分
9.2.3	生态环境破坏	近三年发生生态环境破坏事件，处理不及时，造成不良影响的，扣35分

说明：

1. 《国家全域旅游示范区验收细则》指标包含7类基本项目、1类创新示范项目、1类扣分事项，共计1200分，其中基本项目1000分，创新示范项目200分，扣分事项100分。

7类基本项目包括：体制机制、政策保障、公共服务、供给体系、秩序与安全、资源与环境、品牌影响。

创新示范项目包括：体制机制创新、政策措施创新、业态融合创新、公共服务创新、科技与服务创新、环境保护创新、扶贫富民创新、营销推广创新。

扣分事项包括：对近三年发生重大安全事故、重大旅游投诉、重大生态环境破坏事项以及"厕所革命"不达标的，予以一票否决。对近三年发生安全生产事故、旅游投诉和生态环境破坏事件，处理不及时，造成不良影响的，将酌情扣分。

2. 基本项目分值安排为：体制机制（90分）、政策保障（140分）、公共服务（230分）、供给体系（240分）、秩序与安全（140分）、资源与环境（100分）、品牌影响（60分）。

3. 创新示范项目分值安排为：体制机制创新（50 分）、政策措施创新（30 分）、业态融合创新（30 分）、公共服务创新（40 分）、科技与服务创新（20 分）、环境保护创新（8 分）、扶贫富民创新（12 分）、营销推广创新（10 分）。

4. 打分方式：文档检查项目采用得分方式；文档、现场综合检查项目采用先文档检查得分，现场检查再减分方式；现场检查项目为减分方式；加分项目为加分方式。

全域旅游相关标准

一、旅游业基础标准

分体系	标准名称	标准号
指南、指引、导则	旅游规划通则	GB/T 18971—2003
	旅游发展规划评估导则	LB/T 041—2015
术语、代号、略缩语	旅游业基础术语	GB/T 16766—2017
图形、标识、符号	标志用公共信息图形符号 第 1 部分：通用符号	GB/T 10001.1—2012
	标志用公共信息图形符号 第 2 部分：旅游休闲符号	GB/T 10001.2—2006
	标志用公共信息图形符号 第 3 部分：客运货运符号	GB/T 10001.3—2011
	标志用公共信息图形符号 第 4 部分：运动健身符号	GB/T 10001.4—2009
	标志用公共信息图形符号 第 5 部分：购物符号	GB/T 10001.5—2006
	标志用公共信息图形符号 第 6 部分：医疗保健符号号	GB/T 10001.6—2006
	标志用公共信息图形符号 第 9 部分：无障碍设施符	GB/T 10001.9—2008
	公共服务领域英文译写规范 第 3 部分：旅游	GB/T 30240.3—2017
	公共信息导向系统设置原则与要求第 9 部分：旅游景区	GB/T 15566.9—2012
	旅游饭店用公共信息图形符号	LB/T 001—1995

二、旅游产品与业态标准——产品标准

子体系	标准名称	标准号
产品标准	国家生态旅游示范区建设与运营规范	GB/T 26362—2010
	民族民俗文化旅游示范区认定	GB/T 26363—2010
	旅游度假区等级划分	GB/T 26358—2010
	国家温泉旅游名镇	LB/T 042—2011
	温泉旅游企业星级划分与评定	LB/T 016—2017
	温泉旅游泉质等级划分	LB/T 070—2017
	风景旅游道路及其游憩服务设施要求	LB/T 025—2013
	高尔夫管理服务规范	LB/T 043—2015
	温泉旅游服务质量规范	LB/T 046—2015
	旅游演艺服务与管理规范	LB/T 045—2015
	旅游滑雪场质量等级划分	LB/T 037—2014
	国家商务旅游示范区建设与管理规范	LB/T 038—2014
	国家工业旅游示范基地规范与评价	LB/T 067—2017
	旅游休闲示范城市	LB/T 045—2015
	国家绿色旅游示范基地	LB/T 048—2016
	国家蓝色旅游示范基地	LB/T 049—2016
	国家人文旅游示范基地	LB/T 050—2016
	国家康养旅游示范基地	LB/T 051—2016
	红色旅游经典景区服务规范	LB/T 055—2017
	港澳青少年内地游学接待服务规范	LB/T 053—2016
	研学旅行服务规范	LB/T 054—2016
	会议服务机构经营与服务规范	LB/T 059—2016
	老年旅游服务规范	GB/T 35560—2017

三、旅游产品与业态标准——业态标准

分体系	标准名称	标准号
旅行社	旅行社等级的划分与评定	GB/T 31380—2015
	旅行社服务通则	GB/T 31385—2015
	旅行社出境旅游服务规范	GB/T 31386—2015
	导游服务规范	GB/T 15971—2010
	旅行社入境旅游服务规范	LB/T 009—2011
	旅行社行前说明服务规范	LB/T 040—2015
	旅行社服务网点服务要求	LB/T 029—2014
	旅行社国内旅游服务规范	LB/T 004—2013
	导游领队文明旅游引导规范	LB/T 039—2015
	旅行社老年旅游服务规范	LB/T 052—2016
	旅行社在线经营与服务规范	LB/T 069—2017
	旅行社服务质量诚信等级评定与划分	地方标准
	旅行社文明旅游工作指南	地方标准
	旅行社优质旅游产品规范	地方标准
	出境游领队服务规范	地方标准
住宿业	旅游饭店星级的划分与评定	GB/T 14308—2010
	星级饭店客房客用品质量与配备要求	LB/T 003—1996
	星级饭店访查规范	LB/T 006—2006
	绿色旅游饭店	LB/T 007—2016
	文化主题旅游饭店基本要求与评价	LB/T 064—2017
	精品旅游饭店	LB/T 066—2017
	旅游民宿基本要求与评价	LB/T 065—2017
	度假租赁公寓基本要求	国际标准
	汽车旅馆服务规范	地方标准
	度假酒店服务规范	地方标准
	家庭旅馆服务规范	地方标准
	经济型酒店服务规范	地方标准

续表

分体系	标准名称	标准号
旅游交通	内河旅游船星级的划分与评定	GB/T 15731—2015
	非公路旅游观光车安全使用规范	GB 24727—2009
	游览船服务质量要求	GB/T 26365—2010
	旅游客车设施与服务规范	GB/T 26359—2010
	旅游汽车服务质量	LB/T 002—1995
	国际邮轮口岸旅游服务规范	LB/T 017—2011
	绿道旅游设施与服务规范	LB/T 035—2014
	自驾游管理与服务规范	LB/T 044—2015
	自驾游目的地基础设施与公共服务指南	LB/T 061—2017
	自行车骑行游服务规范	LB/T 036—2014
	旅游观光车服务规范	地方标准
餐饮	旅游餐馆设施与服务等级划分	GB/T 26361—2010
	旅游娱乐场所基础设施管理及服务规范	GB/T 26353—2010
娱乐	游乐园（场）服务质量	GB/T 16767—2010
休闲购物	旅游购物场所服务质量要求	GB/T 26356—2010
	旅游特色街区服务质量要求	LB/T 024—2013
旅游区	旅游厕所质量等级的划分与评定	GB/T 18973—2016
	旅游景区质量等级的划分与评定	GB/T 17775—2003
	旅游景区服务指南	GB/T 26355—2010
	绿色旅游景区	LB/T 015—2011
	旅游景区讲解服务规范	LB/T 014—2011
	红色旅游经典景区服务规范	LB/T 055—2017
	低空旅游运营规范	国标（正在起草）
	漂流景区旅游服务规范	地方标准

四、旅游产品与业态标准——行业管理

分体系	标准名称	标准号
目的地管理	城市旅游集散中心等级划分与评定	GB/T 31381—2015
	海岛及滨海型城市旅游设施基本要求	GB/T 33538—2017
	城市旅游集散中心设施与服务	LB/T 010—2011
	城市旅游导向系统设置原则与要求	LB/T 012—2011
	城市旅游公共服务基本要求	LB/T 022—2013
	城市旅游服务中心规范	LB/T 060—2017
企业管理	旅游企业标准体系指南	LB/T 023—2013
	旅游企业标准化工作指南	LB/T 026—2013
	旅游企业标准实施评价指南	LB/T 027—2013
	旅游经营者处理投诉规范	LB/T 063—2017
人力资源管理	旅游类专业学生饭店实习规范	LB/T 031—2014
	旅游类专业学生旅行社实习规范	LB/T 032—2014
	旅游类专业学生景区实习规范	LB/T 033—2014

五、旅游产品与业态标准——信息技术与服务

分体系	标准名称	标准号
信息技术	旅游饭店管理信息系统建设规范	GB/T 26357—2010
	旅游电子商务网站建设技术规范	GB/T 26360—2010
	旅游景区数字化应用规范	GB/T 30225—2013
	旅游信息咨询中心设置与服务规范	GB/T 26354—2010
	饭店智能化建设与服务指南	LB/T 020—2013
	旅游企业信息化服务指南	LB/T 021—2013
	旅行社产品第三方网络交易平台经营和服务要求	LB/T 030—2014
	旅游电子商务旅游电子产品和服务基本规范	LB/T 057—2016
	旅游电子商务企业基本信息规范	LB/T 056—2016
	旅游电子商务电子合同基本信息规范	LB/T 058—2016
	旅游产品在线交易基本信息描述和要求	LB/T 062—2017

续表

分体系	标准名称	标准号
信息 服务	旅游景区游客中心设置与服务规范	GB/T 31383—2015
	旅游景区公共信息导向系统设置规范	GB/T 31384—2015
	旅游信息咨询中心设置与服务规范	GB/T 26354—2010
	城市旅游公共信息导向系统设置原则与要求	GB/T 31382—2015
	旅游目的地信息分类与描述	LB/T 019—2013

六、旅游安全标准

分体系	标准名称	标准号
旅游 安全	旅游安全管理办法	
	旅行社安全规范	LB/T 028—2013
	景区游客高峰时段应对规范	LB/T 068—2017
环境 安全	旅游饭店节能减排指引	LB/T 018—2011
	景区最大承载量核定工作导则	LB/T 034—2014